暨南大学本科教材资助项目

现代日语语法

〔げんだい に ほん ご ぶんぽう〕
现代日本語の文法

主　编◎王宝锋　陈凤川

副主编◎吴仕波　陈真　李广微

U0330440

中山大学出版社
SUN YAT-SEN UNIVERSITY PRESS
·广州·

图书在版编目（CIP）数据

现代日语语法/王宝锋，陈凤川主编；吴仕波，陈真，李广微副主编. —广州：中山大学出版社，2023.8

ISBN 978 - 7 - 306 - 07735 - 6

Ⅰ. ①现…　Ⅱ. ①王…　②陈…　③吴…　④陈…　⑤李…　Ⅲ. ①日语—语法—教材
Ⅳ. ①H364

中国国家版本馆 CIP 数据核字（2023）第 026080 号

XIANDAI RIYU YUFA

出 版 人：王天琪
策划编辑：吕肖剑
责任编辑：廖丽玲
封面设计：曾　斌
责任校对：赵　婷
责任技编：靳晓虹
出版发行：中山大学出版社
电　　话：编辑部 020 - 84110283，84111997，84110779，84113349
　　　　　发行部 020 - 84111998，84111981，84111160
地　　址：广州市新港西路 135 号
邮　　编：510275　　　　传　　真：020 - 84036565
网　　址：http://www.zsup.com.cn　　E-mail:zdcbs@ mail. sysu. edu. cn
印 刷 者：广州市友盛彩印有限公司
规　　格：787mm×1092mm　1/16　17.25 印张　492 千字
版次印次：2023 年 8 月第 1 版　2023 年 8 月第 1 次印刷
定　　价：52.00 元

如发现本书因印装质量影响阅读，请与出版社发行部联系调换

本书编委会

主　编：王宝锋　　陈凤川

副主编：吴仕波　　陈　真　　李广微

审　阅：下堂薗朋美　　谢　渊

　　　　李冬松　　刘海利

前　　言

　　为了更好地贯彻落实教育部 2018 年 1 月发布的《普通高等学校本科专业类教学质量国家标准（外国语言文学类）》和教育部高等学校外国语言文学类专业教学指导委员会于 2020 年春出版的《普通高等学校本科外国语言文学类专业教学指南》中的各项原则和规定，尽快使日语教育与新文科背景下的高等教育理念、标准等最新发展潮流同频共振，为了满足当前日语学习的要求和日语教学需要，编写团队以多年从事日语专业语法教学使用的教材为基础，在教学中反复纠错、修改、实践，编成这部《现代日语语法》。

　　本书采用日汉结合的方式编写，较为全面系统地介绍了现代日语的语法基础知识，既对日语词法进行了规范性的介绍，也对其进行了概括总结，力求突出重点。考虑到文化差异、思维方式以及学习者的母语干涉等因素，书中对日语中难以理解和掌握的语法现象重点地加以分析论述，并附有浅显易懂的例句，例句译文力求准确精练；本书还对词法部分给予适当的强调，在参考了名家教材和经典文献的基础上进行了一定程度的探索。

　　本书在编写过程中，承蒙暨南大学人才培养改革基金的资助，并由语法编写团队成员日籍教师下堂蔺朋美女士进行了最后的修改和审阅。此外，本书的出版还得到了中山大学出版社策划编辑吕肖剑先生的大力支持，在此一并致以谢忱。

　　由于编者水平所限，不妥之处在所难免，恳请读者批评指正，以便今后修改、完善。

编　者

2022 年 10 月

目 录
Cotents

第一章

总　论

第一节 日语语法的特点

一、黏着

对语言的类型进行划分，影响最大的属德国语言学家威廉·冯·洪堡特（Wilhelm von Humboldt，1767—1835），他把世界上的语言分为四种类型：孤立语（孤立語）、黏着语（膠着語）、屈折语（屈折語）和综合语（抱合語）（见表1.1）。

表1.1 语言的类型

语法结构种类	语法结构和性质	语言
孤立语（孤立語）	缺乏词形变化，词序严格	汉语
黏着语（膠着語）	有词形变化，词根部分后续词缀	日语、朝鲜语、蒙古语等
屈折语（屈折語）	具有丰富的词形变化以及词内部语音形式的变化	英语、法语、德语等
综合语（抱合語）	组成句子的各个要素形成一个不可分割的整体，宛如一词	阿伊努语、因纽特语等

从洪堡特的语言分类来看，日语被划归为黏着语类别。

所谓黏着语，是指在表示实质意义的词后面加上表示语法关系的词缀来表示各种语法范畴的语言。在日语的语法教学中，单词首先分为"独立词"和"附属词"。"独立词"是指具有独立意思的单词；"附属词"没有独立具体的意义，通过黏着在"独立词"之后，来表示各种语法关系或语法意义。例如：

雪が降っています。／正在下雪。

名词"雪"通过后续"が"构成主语，充当谓语的动词"降る"通过后续"て"来接续补助动词"いる"构成持续的状态，句子末尾通过后续助动词"ます"来构成礼貌语体，以表示说话比较客气。日语的句子就是在根据表达的需要不断地后续附属词——助词或助动词的过程中展开的。

二、活用

活用是日语的一大特点。词既包括固定形态且具有一定意义的词，也包括因用途而改变形态且具有一定意义的词。例如，"図書館"就是一个固定形态的词，而"書く"这个词根据文中要表达的意思不同可以变换为"書か、書こ、書き、書く、書け"等形式不同

的词。这种词的形态随表达的需要发生变化的现象就是所谓的词的活用，可活用的词即活用词。在诸多单词中，具有活用属性的词大多是从属于独立词里的动词、形容词和形容动词以及附属词中的助动词。

另外，词尾发生了变化，这也是一种语音屈折的现象，从这种意义上说，日语也用了"屈折"这种语法手段。不过，日语里这些词发生形态变化并不像英语那样是为了表达某种语法手段（如人称、数量、时态等），而是为了在后面"黏着"别的词。例如，"書く"变成"書か"，就可以黏上助动词"ない""れる""せる"等；变成"書け"，就可以黏上助词"ば"。这些词尾变化不反映性、时、数、格，后续的黏着成分主要是助动词和助词，可以表示推量、否定、使役、被动、可能、希望、敬体、各种接续关系（并列、顺接、逆接、假定）、意志、比况、样态、传闻等各种意义。

三、语序

日语句子的结构属于 SOV 型，即主要的句子成分的语序是"主—宾—谓"，动词总是位于句子的末尾。动词之后还可以后续表示语态、时态、语气等意义的词。例如：

太郎は新聞を読んでいる。／太郎在看报纸。

日语语序相对自由，即使改变词序，句子的意义仍基本保持不变。主要通过后续助词来表示句子成分之间的语法关系，其中格助词所起的作用尤为重要。例如：

明日 東京から 大阪へ 新幹線で 出発する。
東京から 大阪へ 新幹線で 明日 出発する。
新幹線で 東京から 大阪へ 明日 出発する。
／明天从东京出发乘新干线到大阪。

四、敬语

在日语中，敬语特别重要。它是日本人在交际活动中根据说话者、听话者、话题者之间的尊卑、长幼、亲疏等关系，为对他人表示尊重或礼貌而使用的一种语言表达形式。敬语的问题既涉及词汇学或修辞学的问题，同时也有语法方面的问题，如敬语表达方式的组成、一般动词构成敬语表达形式的语法规则，等等，这些主要是语法方面的问题。

传统的语法教材根据日本文化厅发行的『敬語の指針』（《敬语指南》）（2005），采用"尊敬语""谦让语""郑重语"的三分法。如今敬语被重新划分为"尊敬语""谦让语Ⅰ""谦让语Ⅱ""郑重语""美化语"五类，本书采用传统的三分法。

第二节 日语的语法单位

一、词

词（単語）是造句时能运用的最小语言单位，一种语言中词的总汇就叫作词汇（語彙）。

从词的意义和功能出发，日语的词分为两类：实词（概念語）和虚词（関係語）。实词表达一个实在的概念，在句中能独立运用；虚词没有或缺少实在的词汇意义，只能黏附在实词后表达语法意义。词的类别叫词类（品詞）。

（一）实词

日语中的实词根据形态可以分为活用词和无活用词。

1. 活用词

单词的活用，也就是单词的词形变化。具体地说，是词尾部分的变化。例如"行く"这个单词，可以有"行か（ない）、行き（ます）、行っ（た）、行（く）、行け（ば）、行こ（う）"六种词形变化（见表1.2）。

表1.2 "行く"的六种词形变化

活用词	行か（ない）	行き（ます）	行った	行く	行け（ば）	行こ（う）
意思	不去	去（敬语）	去了	去（简体）	如果去	打算去

实词中有活用的词又叫作用言（用言）。用言除了有活用之外，还可以单独构成谓语，也可以单独或带附属语成为修饰词。

用言按其意义和形态可分成动词、形容词、形容动词三种。

（1）动词（動詞）：用来叙述动作、作用、变化、存在等的词。动词单独用作谓语，根据在文中的不同作用灵活运用。如"来る、行く、帰る、旅行する、なる、サボる"等。

（2）形容词（形容詞）：表示某种状态，起谓语的作用和名词修饰的作用，根据在文中的不同作用灵活运用。形容词用来描述性质、状态、感情、感觉等，且以"い"为词尾。如"多い、少ない、高い、優しい"等。

（3）形容动词（形容動詞）：用来描述性质、状态、感情、感觉等的词，一般以其词干为基本形，词尾为"だ"或"です"。如"賑やか、静か、上手、滑らか"等。

2. 无活用词

实词中没有词形变化的词叫作无活用词。无活用词大致可以分成两种，一种是充当主语的词类，另一种是不能充当主语的词类。

能做主语的词，如"魚、花、ビール、二ヶ月"。

不能做主语的词，如"この、少し、けれども、いいえ"。

能做主语的无活用词叫作体言（体言）。体言可以根据意义分成名词、代名词、数词三种。

（1）名词（名詞）：表示人、事物、概念等的名称的词。如"学生、工場、入場券、暑さ、パソコン"等。

（2）代名词（代名詞）：指代名词的词，与名词相比，代名词要显得抽象、概括些，其具体的所指只有在具体的语言环境中才能确定。如"私、彼女、これら、どこ"。

（3）数词（数詞）：表示事物的数量、顺序等概念的词。如"15、2015 年、二ヶ月、三番目"等。

不能做主语的无活用词，可以根据其语法职能或意义分为连体词、副词、接续词、感叹词四种。

（1）连体词（連体詞）：用以修饰、限定体言，只能构成定语的词。如"この、こういう、そんな"等。

（2）副词（副詞）：从状态、程度等方面对用言进行修饰、限定的词，或对陈述语气进行先导的词。如"全然、しっかり、もっと、たぶん、とても"等。

（3）接续词（接続詞）：介于词、词组、分句、句子等之间，把它们连接起来并表示其间的关系的词。从意义上看，接续词可表示顺接、逆接、并列、累加、选择、说明、补充、转换话题等。如"しかし、および、あるいは、ですから"等。

（4）感叹词（感動詞）：表示感叹、呼唤、应答等的词，常位于句首或独自成句。如"ほら、いいえ、もしもし、やあ"等。

（二）虚词

虚词可以分成有活用的虚词和无活用的虚词两种。

有活用的虚词叫作助动词（助動詞）。助动词没有或很少有词汇意义，接在谓语成分中增添各种意义，如"せる、れる、たい、ない、た、らしい"等。

无活用的虚词叫作助词（助詞）。助词附属在各种成分中，提示词与词的关系或增添某种意义，如"が、を、に、で、から、のに、だけ、か、よ"等。

日语中有一些具有构成新词能力的成分，叫词素（造语成分），词素不能独立运用。包括：接头词（接頭語），如"お茶、ご飯、真ん中、こ犬、大喜び"；接尾词（接尾

语），如"田中さん、奥様、王君、私たち、書き方、寒さ"；汉字词词素（漢語の造語成分），如"不合理、諸国、科学的"。

日语单词的来源有以下三种：

（1）日语固有词汇（和語）。如"山、これ、畑"。

（2）从汉语中借用的或利用汉字造出的词汇（漢語）。如"数学、国家"。

（3）从汉语以外的其他语言中借用的词汇（外来語）。如"ペン、パン、ゴム"。

二、词组

词组（連語），又称短句、短语，在语法概念中是指完整语句中的片段。在日常的语言中，一个词组可以指单词的任何聚合；在语言学当中，一个词组是单词的一个群组（有时是一个单词）；在句子的语法中，词组作为一个单个的单元而起作用。从语法层级的角度上看，词组要比词句的等级更低。

三、句素

句子（文）是能够表达一个完整意思的语言单位，是句法研究的最大单位。句子是由句素（文素）构成的，句素是句法研究的基本单位。例如下面这个句子，可以分析成七个句素：

われわれは　日常生活で　転がる　ボールの　運動を　よく　観察する。/
我们在日常生活中经常观察滚动的球体运动。

从上句可以看出，句素有三种形式：

（1）实词加虚词，如"われわれは、日常生活で"。

（2）实词变成某种形态，如"転がる、観察する"。

（3）实词通过词序这种手段构成句素，如"よく"放在"観察する"之前。

在一个句子中，句素和句素都处在一定的关系中，它们逐层地结合起来。根据它们不同层次的结构关系，可以把句子组成成分分析出来。句子的组成成分叫作句子成分（文の成分）。例如：

われわれは　日常生活で　転がるボールの運動を　よく　観察する。
　主语　　　　补语　　　　　宾语　　　　　　状语　　谓语

作为实际的语音表达的语言，在不影响句子意义的表达和理解的情况下，尽可能地把句子划分成最小的语音段落，这种段落叫作句节（文節）。例如：

あなたが　行けば、私も　行く。/你如果去，我也去。

在实际发音时，句节与句节的断开处可以形成一个短暂的停顿。一个句子可以由一个句节构成，但更多的时候是由两个以上的句节组成。从句子的意义分析，把两个以上相邻的有某种关系的句节组合成一体，这种结构叫作连句节（連文節）。连句节可以不断扩大，直至组成句子。

四、句子

句子（文）是最基本的语言单位之一。用文字表达的时候，句子结尾处要加一个标点（句点）。有时候由于语调的关系，也可以用感叹号（感嘆符）或疑问号（疑問符）代替。

日语句子根据其主谓关系，可以进行如下分类：

（一）独词句（一语文）

独词句由体言或体言性词组构成，不能分出主语、谓语两个部分。如：春（春天）。

（二）主谓句（主述文）

主谓句是指可以分为主语、谓语两个部分的句子。根据其主语、谓语的层次又分为简单句和复合句。

1. 简单句（单文）

①くじらは魚類ではない。/鲸鱼不是鱼类。

②この本はちっとも面白くない。/这本书一点意思也没有。

2. 复合句（複文）

复合句又可分为包孕句、主从句、并列句。

（1）包孕句（有属文）：某一个或几个句子成分是从句的句子。例如：

象は鼻が長い。/象鼻子长。（包孕有谓语从句）

（2）主从句（合文）：由从句和主句构成，从句修饰主句。例如：

字が小さければ、書きなおしてもよい。/如果字太小，重写一遍也可以。

（3）并列句（重文）。例如：

冬が去り、春が来た。/冬去春来。

五、语段

语段（連文）是大于句子的语言单位，是篇章的直接构成要素。内容上，语段具有一个相对完整的意思；在文章中，语段具有换行的标记。语段是由句子或句群组成的，在文章中用于体现作者的思路发展或全篇文章的层次。有的段落只有一个句子，称为独句段。独句段一般是文章的开头段、结尾段、过渡段、强调段等特殊的段落。多数段落包括不止一个句子或句群，叫多句段。日文段落开头前一般空一格。

语段是篇章法研究的基本单位。语段的构成、语段内句子之间的关系、语段内句子间相互关联的手段、语段与语段之间的关系等，都属于篇章法研究的内容。

六、篇章

这里的"篇章"（談話·文章），包括口头发表的话语，也包括书面写出的文章。作为一个篇章，至少要有以下四个特征：

（1）有独立的内容，有明确的主题。

（2）形式上可以独立存在。

（3）可完成一个交际功能。

（4）由一个或几个结构关联的语段构成。

篇章是篇章法研究的最大语言单位，也是语言研究的最大语言单位（这是相对于语段或句子的层面而言的，不能单纯拿句子的多寡来衡量。也许三四个句子都未能组成一个语段，一个句子就成为一个篇章，这主要是从语言的交际功能考虑的）。

第二章

体　言

体言是与用言相对立的概念，由名词、代名词组成。体言在语法上具有如下特点：①体言是没有活用（即没有词尾变化）的独立词。②体言可以后续助词「は・が・も」等构成主语，这也是体言最主要的特点。③体言也可以后续助词、助动词等构成定语、状语、补充语、宾语、谓语等。④体言前面可以有定语修饰。

第一节 名　词

名词（名詞）即表示人、事、物等名称的词。名词除了具有体言的共同特点之外，还有两个特点。

（1）部分具有副词性用法，表示以现在为基准的相对时间概念。例如：

昨日、先生に家まで送っていただきました。／昨天老师送我回家。

"先日・昨日・本日・今日・今・明日・あさって・来月・今朝・午後・今晩・最近・毎日"等具有副词性用法，即不必后续助词而构成状语。

（2）部分没有或丧失了原有的实质意义。例如：

努力しないことには成功するはずがない。／不努力就不会成功。

没有实质意义，仅在句中起和名词基本相同的语法作用的名词，称为形式名词。

一、名词的分类

（一）名词通常可以分为四类

（1）普通名词。如：

人　木　口　紙　ゴミ　花　箱　南　春

（2）固有名词。如：

中国　日本　田中さん　佐藤さん

（3）数词。如：

一番目　第一回　100人　5つ

（4）形式名词。如：

話すこと　行くところ　研究のため　見渡す限り

（二）从形式上可将名词分为三类

（1）单纯名词：由一个语素构成的表示某一事物的名词。如：

人 木 口 紙 ゴミ 花 箱 南 屋 春

（2）复合名词：通过限定与被限定的关系、动宾结构组成，或者由同一单纯名词重复构成的名词。如：

北口 ゴミ箱 花屋 寒波 暖冬 長生き 体調管理人々 国々

（3）转化名词：由其他词类转化而成的名词，有以下几种转化方式。

①名词前后添加缀词转化成敬语名词、复数名词等，如：

お手紙 ご飯 鈴木さん わたしたち

②由动词的连用形转化成名词，如：

働く⇒働き 話す⇒話し 光る⇒光り

有些动词的连用形虽然不能转化为名词，但其复合动词可转化为名词，如：

山登り 花見 思い出 長引き 読み書き

③由形容词的连用形转化成名词，如：

近い⇒近く 遠い⇒遠く 多い⇒多く

④形容词或形容动词词干后加"み"或"さ"转化成名词，如：

美しい⇒美しさ 旨い⇒旨み 静か⇒静かさ

⑤可后续"する"转化成サ变动词的名词，如：

勉強する⇒勉強 出張する⇒出張 練習する⇒練習

⑥由副词转化成名词，如：

すべて しばらく ちょっと

（三）从语源上可将名词分为三类

（1）和语词：汉语和外来语传入之前固有的日语名词。如：

大人 子供 海 川 木

（2）汉语名词：由中国传到日本或日本人借用汉字组成的"和制汉语名词"。如：

授業 交通 野球 映画

（3）外来语名词：从汉语以外的语言吸收到日语中的名词，一般用片假名标记。如：

アメリカ チョコレート オリンピック アーティスト クリスマス ビール

（四）从意义上可将名词分为两类

（1）普通名词：表示同类事物的共同名称的名词。如：

<ruby>学<rt>がっこう</rt></ruby>校　<ruby>図書館<rt>としょかん</rt></ruby>　<ruby>信号<rt>しんごう</rt></ruby>　<ruby>砂糖<rt>さとう</rt></ruby>　<ruby>愛情<rt>あいじょう</rt></ruby>

（2）固有名词：表示仅适用于某项特定事物的名词，含人名、地名、团体名、作品名以及某一事件等的名称。如：

<ruby>紫式部<rt>むらさきしきぶ</rt></ruby>　<ruby>源氏物語<rt>げんじものがたり</rt></ruby>　アジア　<ruby>国際連合<rt>こくさいれんごう</rt></ruby>

二、名词的语法功能

（1）后续助词「は、が、も」等做主语。

① 富士山は3776 mで日本で1番高い山です。/富士山海拔3776米，是日本最高的山峰。

② おや、雨が降っている。/哎呀，下雨了。

③ さっきまであんなに泣いていた赤ちゃんもようやく寝ました。/刚才还在大哭的婴儿终于也睡着了。

（2）后续格助词「の」做定语。

① 暦の上では春とはいえ、真冬のような寒さが続いております。/虽然从日历上来看已经是春天了，但仍像严冬一样寒冷。

② 大学で一人暮らしをはじめて、毎日コンビニ弁当ばかり食べたら、ふとお母さんの味が恋しくなりました。/在大学开始一个人生活，每天总是吃便利店的盒饭，不由得怀念起妈妈做的饭菜的味道。

（3）后续格助词「へ、に、で」等做补语。

① 外国へは一回も行ったことがない。/一次也没有去过外国。

② 上京の折には、ご一報ください。/来东京的时候，请告诉我一声。

③ 酸性雨に汚された川では魚が生きられない。/鱼类无法在被酸雨污染过的河流里生存。

（4）后续格助词「を」做宾语。

① 庭で犬小屋を作った。/在院子里搭了个狗窝。

② 毎食前ごとにこの薬を飲んでください。/请在每顿饭前喝药。

（5）后接断定助动词"だ"（です、である）、推断助动词"らしい"、语气助词等做谓语。

① お電話です。/有您的电话。

② これは、あなたのために書いたお手紙でございます。/这是为您写的信。

③ 天気予報によると明日は雨らしい。/据天气预报说明天可能会下雨。

④ 一体、誰がこんないたずらをやったの？君か？/究竟是谁搞的这个恶作剧？是你吗？

（6）时间名词在句中做状语。

① このごろ、夜遅く変な電話ばかり掛かってくる。/最近半夜总是接到奇怪的电话。

② 今、電車に乗っているので、後でこちらから掛け直します。/我现在在电车上，待会儿给你回电话。

（7）做独立成分，主要用于称呼语。

① 走れ、メロス！/快跑，梅洛斯！

② お母さん、お腹がすいた。/妈，我饿了。

另外，在口语中，名词后的格助词有时会省略。这种表明谓语与各成分之间关系的助词脱落的现象被称为无助词化现象。

③ ああ、風強い。/啊啊，风真大。

④ あのう、ジュースありますか。/哎，有果汁吗？

在简短会话中，有时也会省略断定助动词，将名词直接用作谓语，多用于表现惊奇、激动、紧迫等语感。

⑤ 泥棒！泥棒！/小偷！小偷！

三、形式名词

形式名词是与实质名词相对立的概念。实质名词具有实质性意义，表示具体或抽象概念。形式名词在句中起到与名词相同的语法作用，但是没有或很少保留其原有的实质意义。形式名词一般都由实义名词引申、演变而来。同一个名词在不同的情况下既可以作为实质名词使用，也有可能作为形式名词使用，两者在句中所起的语法作用不同，这是需要引起注意的。

（一）形式名词的特质

形式名词有三种特质。

（1）形式名词不能单独使用，只能接在连体修饰语之后，表示连体修饰语所限定的意义、内容。

① 近所のおばさんに話したために、皆に知られてしまった。/因为跟邻居大妈说了，所以所有人都知道了。

② 担当の者と相談したうえで、改めてご返事させて頂きます。/我和负责人商讨之后，再给您回复。

（2）形式名词可以使用言体言化，并且连同前面的用言一起后接助词、助动词等，充

当各种句子成分。

① 一度も行った<u>こと</u>はない。/一次都没去过。

② 山田君はいつもゲームばかりしていて、全然勉強しなかったから、テストはうまく行かなかった<u>はず</u>だ。/山田总是在玩游戏，完全没有用功学习，估计考不好。

③ 日本で生活している<u>うち</u>に納豆が好きになった。/在日本生活了一段时间变得喜欢吃纳豆了。

（3）形式名词可以与其他成分结合构成惯用句型，从而表示某种附加意义。

① 科学が進んで、人間は月へさえ行く<u>ことができる</u>。/科学不断进步，人类就连月球也能登陆。

② せっかくのご好意とはいえ、わたしはただでもらう<u>わけにはいかない</u>。/虽说是一片好意，但我也不能白要。

（二）常用的形式名词

形式名词的接续法和名词相同，一般接在用言连体形或「体言＋の」后。常用的形式名词有「こと・もの・の・ところ・わけ・はず・つもり・かわり・ため・うえ・とおり・ほう・かぎり（限り）・しだい（次第）・せい・まま・うち・もと・ほか」。其意义和用法如下。

1.「こと」

（1）表示抽象的事物或概念。

① それはなかなか大変な<u>こと</u>です。/那是件相当严重的事。

② 遊びも仕事もどちらも一生懸命になるのはいい<u>こと</u>です。/既拼命玩又努力工作是件好事。

（2）接在用言连体形后，使该用言具有体言的性质。

① 閑静な<u>こと</u>が何よりもありがたい。/清静比什么都令人愉悦。

② 言う<u>こと</u>は易しいが、行う<u>こと</u>は難しい。/说起来容易，做起来难。

（3）接在「体言＋の」的后面，表示"与……有关的事情"。

① あなたの<u>こと</u>は一生忘れない。/我一辈子都不会忘记你。

② ベトナム出向の<u>こと</u>を奥さんに話しましたか？/调职到越南一事，你告诉你妻子了吗？

（4）表示提醒、劝告、主张、愿望或间接的命令。

① 風邪のときは、お湯をたくさん飲んで、休む<u>こと</u>です。/感冒就是要多喝热水，多休息。

② 人の陰口は言わない<u>こと</u>。/不要背地里说别人坏话。

（5）用「ことには」形式表示调整或强调语气。

① おいしいことにはおいしいが、量が少ないので腹持ちがよくありません。/好吃是好吃，但量太少吃不饱。

② 手伝うことは手伝ったが、不慣れでミスを連発し、逆に迷惑を掛けた。/帮忙是帮忙了，但由于不熟练连续犯了很多错误，反倒添了麻烦。

（6）用「ことができる」形式表示有可能、有能力做什么。

① 残念ですが、ご要望にお応えすることはできません。/很遗憾，没法满足您的要求。

② 彼は五ヶ国語を話すことができます。/他会说五个国家的语言。

（7）用「ことがある」形式表示有时或时常发生的情况。

① どんな名人、達人にも、時には失敗することがある。/无论是多么有名的人物或者专家，都有失败的经历。

② 彩香ちゃんと恵理子ちゃんはいつも仲良く遊んでいますが、たまに喧嘩をすることがあります。/彩香和惠理子两人平时很要好，总在一起玩耍，但偶尔也吵架。

（8）用「动词连用形＋た＋ことがある」形式表示有某种经历。

① そんな話しは聞いたこともないよ。/这种事我连听都没听说过。

② あの俳優は過去には週刊誌に泥酔写真を撮られたことがある。/那位演员曾经被周刊杂志拍到过烂醉的照片。

（9）用「ことはない」形式表示劝告、告诫对方不要采取某种行动或者表示按道理不会出现某种情形。

① 何も急ぐことはないよ。ゆっくりやればいいんだ。/不必着急，慢慢干就行了。

② 学生全員が同じ意見を持っていることはない。/不可能所有学生的意见都完全一致。

（10）用「ことにする」形式表示根据主观意志做出某种决定。

① 頭が痛いので、今日は学校を休むことにする。/因为头痛，所以决定今天不去上学了。

② あまりお金がないから、安いほうの靴を買うことにしよう。/因为没有太多钱，所以就买便宜的鞋子吧。

（11）用「ことになる」形式表示客观事物的发展趋势、结果。

① あの問題についての討論は、これで一段落を告げることになる。/关于那个问题的讨论，将会就此告一段落。

② あの人の生き方は地味だが、結局ああいう人が仕事の成功を得ることになるのだ。/他的作风朴实，这样的人最终是会取得成功的。

（12）用「ことにしている」形式表示生活规律和习惯。

① 私は毎日三十分間日本語の勉強をすることにしている。/我通常每天学三十分钟

日语。

② 小遣いは毎月三万円を越さない<u>こと</u>にしています。/我的零花钱每月不超过三万日元。

（13）用「ことになっている」形式表示预定或规定。

① 課長は会社の上層部と一般の社員の中間にあって、下の意見を伝える<u>こと</u>になっている。/通常课长位于公司上层和一般职员之间，向上级领导反映基层的意见。

② 飲み会に参加する人は、6時にロビーで待ち合わせる<u>こと</u>になっている。/参加聚会的人，规定6点在大厅集合。

2.「もの」

（1）宽泛地代表人或物。

① 君のような<u>もの</u>は体をうんと鍛えなくちゃだめだ。/像你那样的人必须努力锻炼身体。

② 人間は自然と闘い、しだいにその生活のしかたを便利で楽しく愉快な<u>もの</u>にした。/人与自然作斗争，逐渐使自己的生活变得方便、愉快、富有乐趣。

（2）以「ものだ（です、である）」的形式表示情理、常理、回忆、愿望、惊叹、感慨等，口语中有时说成「もんだ」。

① 一日も早く会いたい<u>もの</u>だ。/很想早日见面。
② 人は見かけによらぬ<u>もの</u>だね。/真是人不可貌相啊。
③ あのころは、どこの家でも酒を作っていた<u>もの</u>だ。/那个时候，家家户户都酿酒。

（3）以「ものではない」的形式表示劝阻、禁止或强烈的否定。

① 男の子はそんなことぐらいで泣く<u>もの</u>ではない。/男孩子不应该为这点事情而流泪。

② 他人の陰口をきく<u>もの</u>ではない。/不要在背后说别人的坏话。

3.「の」

（1）接在用言连体形后，使用言具有体言的性质。

① 一番大切な<u>の</u>は何ですか。/最重要的是什么？
② 日本年金機構は、職員が外部向けに電子メールを使用する<u>の</u>を禁止した。/日本年金机构禁止职员向外部发送或接收电子邮件。

（2）说话人在谈自己的事情时，表示一种委婉的语气。常用「～なんです、～なんで、～んで」的形式。

① 急いで作った<u>んで</u>、おいしくないかもしれませんよ。/匆忙做出来的，可能不太好吃哟。

② 雨が降りそうな<u>んで</u>、買い物はやめときます。/看样子要下雨，所以不去购物了。

（3）以「のは～からだ」的形式表示先提示结果，后提示原因。

① 彼が倒れた<u>の</u>は過労<u>からだ</u>。/他之所以倒下是因为劳累过度。

② 梅雨の季節が嫌いな<u>の</u>は、洗濯物は乾かない<u>からです</u>。/我之所以讨厌梅雨季节，是因为洗好的衣物总干不了。

(4) 以「のだ（んだ）、のです」的形式表示解释、说明或提示情况、加强语气等。

① 道路が渋滞している。きっとこの先で工事をしている<u>のだ</u>。/道路堵塞，肯定是前面正在施工。

② 誰がなんと言っても僕はやる<u>のだ</u>。/不管谁说什么，我都是要干的。

辨析「こと」、「もの」和「の」的意义与用法

「の」一般用于表示行为及感觉性事物，而「こと」则表示内容或观念性的问题。最简单的区分方法是：「見る・聞く」等感官动词及「～のに/～のは～からだ/～のは～ことだ」等惯用句型，只能使用「の」；而「信じる・考える」等动词及「～ことがある/～ことにする」等惯用句型，只能使用「こと」；除此之外，两者都可使用。如：「日本語を教えるのは難しい」表示某种体验和感觉，「日本語を教えることは難しい」则表示一般性及观念性的意思；「母に話すのを忘れた」强调说话的行为，「母に話すことを忘れた」强调说话的内容。

4.「ところ」

(1) 表示事物、行为动作的程度、范围和界限。

① A:「お母さん、私の靴下を探してもらえないか。」/妈妈，可不可以帮我找下袜子？

    B:「自分で探しなさい。私は今忙しくて、猫の手も借りたい<u>ところ</u>だよ。/自己找吧，我正忙得不可开交呢。

② それは私の願う<u>ところ</u>です。/那是我所希望的。

(2) 表示信息的来源或判断的出处。

① 聞く<u>ところ</u>によれば、山田さんは今月いっぱいで会社を辞めます。/听说山田干到月底就辞职。

② 彼が語る<u>ところ</u>では、彼の実家はかなりの資産家らしい。/据他所说，他父母似乎很有钱。

(3) 表示时间。

① お忙しい<u>ところ</u>、突然の訪問で申し訳ない。/在您百忙之中，突然造访实在抱歉。

② いまの<u>ところ</u>、まだ日本語で会話できません。/目前还不能用日语进行会话。

(4) 表示应该采取的行动方式、事情应有的结果等。

こっちからお詫びしなければならない<u>ところ</u>です。/按理说应该是我们向您道歉才是。

5. 「わけ」

（1）表示事物的理由、根据、情况等所导致的结果。

① これはいったいどういう<u>わけ</u>ですか。/这究竟是什么原因？

② そういう<u>わけ</u>で、私は今日遅刻したのです。/由此缘故，我今天迟到了。

（2）以「わけがない、わけはない」的形式表示没有理由、原因发生某种事态。

彼女がアメリカで育ったのですから、英語ができない<u>わけがない</u>。/她是在美国长大的，不可能不会英语。

（3）以「わけではない」的形式表示并非某种情形。

① 先生といっても何でも知っている<u>わけでもない</u>。/老师并非无所不知的。

② 日本人だからといって、だれもが歌舞伎や能にくわしい<u>わけではない</u>。/并非所有日本人都了解歌舞伎和能剧。

（4）以「わけにはいかない」的形式表示从常识、人情事理、社会惯例方面考虑不能做某种事情。

① 生活はいくら苦しくても、人にお金をくれと言う<u>わけにはいかない</u>。/就算生活再艰苦，也不能张口跟别人要钱。

② 大事な試験があるので、たとえ熱があっても、今日は学校を休む<u>わけにはいかない</u>。/今天有很重要的考试，哪怕是发烧，也最好不要请假。

6. 「はず」

（1）表示按某种情理推测、判断得出的结论理应如此。

① 軍隊に在籍したことがあるから、銃の使い方を知っている<u>はず</u>だ。/既然在军队待过，应该知道怎么用枪。

② 今日は日曜日で、会社は休みの<u>はず</u>だ。/今天是星期天，应该不用上班。

（2）表示估计、预计。

① あのレストランはお客さんが多いですから、おいしい<u>はず</u>です。/那家餐厅客人很多，应该很好吃。

② 先生はまだ来ていませんが、今日は来る<u>はず</u>です。/老师还没来，不过今天应该会来。

（3）以「用言连体形＋はずだった」的形式表示没有实现的假设、判断。

たしか、ボールペンは机の上に置いた<u>はず</u>だった。/我记得圆珠笔应该是放在桌子上了。

7. 「つもり」

（1）表示打算、计划、意愿等。

① お正月に故郷に帰る<u>つもり</u>です。/我打算春节回家。
② そんな<u>つもり</u>ではなかった。/我原本不是这么打算的。
③ 病気になっても学校を休まないつもりです。/即使生病了也不想请假。

（2）表示预计、假设等。

① 彼女は彼と結婚する<u>つもり</u>でずっと待っていた。/她计划要和他结婚，所以一直等着他。
② 死んだ<u>つもり</u>で働く。/拼死工作。

（3）表示与事实不符的自我判断。

① 彼女はすべてを知っている<u>つもり</u>だが、本当は何も知らない。/她以为自己什么都知道呢，其实什么也不知道。
② あの人は自分では有能な<u>つもり</u>だが、その仕事ぶりに対する周囲の評価は低い。/他认为自己很能干，其实周围的人对他工作的评价很低。

8.「かわり」
（1）表示以后项代替前项。

① 子供にとって母親の<u>かわり</u>になる人はいない。/对孩子来说，没有人能代替母亲。
② 私の<u>かわり</u>に山田さんが会議に出る予定です。/准备由山田代替我出席会议。

（2）表示补偿条件或交换条件。

① 父は朝早く起きる<u>かわり</u>に寝るのも早い。/父亲早上起得很早，晚上睡得也早。
② 息子にパソコンの使い方を教えてもらう<u>かわり</u>に、ケーキを焼いてあげた。/我让儿子教我使用电脑，作为交换我给他烤蛋糕。

9.「ため」
（1）接在动词连体形或「体言＋の」的后面，表示行为和目的。

① 映画オーディションに応募する<u>ため</u>、彼女は5年間伸ばし続けた髪をバッサリと切った。/为了参加电影试镜选拔，她毅然决然地剪掉了留了5年的头发。
② 人は食う<u>ため</u>に生きるのではなくて、生きる<u>ため</u>に食うのだ。/人不是为了吃饭而活着，而是为了活着而吃饭。

（2）表示事物给对象造成影响的原因、理由。

① 母は病気の<u>ため</u>、私の卒業式に来られなかった。/妈妈因为生病，所以没能来参加我的毕业典礼。
② 過労の<u>ため</u>、三日間の静養が必要だ。/由于劳累过度，需要静养三天。

10.「うえ」
（1）表示加上，在此基础上。

① わが家が手狭な<u>うえ</u>、子供も多くて、日曜日もゆっくりくつろげません。/我们家很小，孩子又多，星期天也不能好好休息。

② 彼は弁が立った<u>うえ</u>に、実行力もある。/他不但能言善辩，而且实干的能力很强。

（2）表示时间，"……以后"。

① この件については向こうの意向を聞いた<u>うえ</u>で、最終的な判断をしたい。/关于这件事，想先听一下对方的意见，再做最后的决定。

（3）表示范围。

① 計算の<u>うえ</u>では間違いは無い。/计算上没有错误。
② 信頼関係は協議する<u>うえ</u>で大事である。/在协议过程中，建立彼此的信任关系是很重要的。

（4）表示条件。

① 子供は、生きて行く<u>うえ</u>で必要な様々な知識を身近にいる大人から学ぶ。/孩子们向身边的大人学习生存必需的各种知识。

（5）表示根据。

① 暦の<u>うえ</u>ではもう春だというのに、まだ寒い日が続いている。/从日历上看已经是春天了，可是寒冷的天气还在持续。
② データの<u>うえ</u>では、視聴率が急に上昇している。/从数据上看，收视率在急剧上升。

11.「とおり」
（1）表示后项行为按照前接内容相同的方法、态度进行。

① 世の中は自分の考えの<u>とおり</u>には動いてはくれないものだ。/世界是不会按照自己的想法来运转的。
② 社長のいう<u>とおり</u>に実行しなさい。/照社长说的办吧。

（2）表示后项事实符合前项所述。

① 石の上にも三年という<u>とおり</u>、辛抱強く根気よく勤めることが大切です。/正如"只要功夫深，铁杵磨成针"这句话所言，百折不挠地持续工作是很重要的。
② 先の論文が示す<u>とおり</u>、そう遠くない将来、今ある数多くの仕事は専用ロボットに取って代わられることになる。/正如刚才的论文中所提示的那样，在不久的将来，目前的大量工作都将会被专用机器人所取代。

12.「ほう」
（1）表示比较。

① 人を泣かせるより、人を笑わせる<u>ほう</u>がエネルギーが要ります。/比起使人哭泣，逗人开心更耗费精力。
② 昔より、今の<u>ほう</u>が暮らしやすいです。/和以前相比，现在的生活更为便利。

（2）表示建议和劝告。

① 日本語スピーチコンテストは自分の日本語の実力を感じ取れる場所なので、チャンスがあるならドンドン受けた<u>ほう</u>がいいと思います。/日语演讲比赛能够使人切实感受到自身的日语水平，有机会的话最好积极参加。

② 今日は雨が降りそうだから、傘を持って行った<u>ほう</u>がいいよ。/今天好像要下雨，你最好带把伞出去。

（3）表示方向、方位、方面、领域。

① 弟がアフターサービスの<u>ほう</u>をやっている。/弟弟负责售后服务方面。
② 私の<u>ほう</u>からお電話します。/由我来给你打电话。

13.「かぎり（限り）」

（1）表示事物的极限。

① ボートが沖へ流されてしまい、子供たちは声を<u>限り</u>に呼んでいる。/小船被冲到海面，孩子们高声呼叫。

② 資源には<u>限り</u>がある。無駄遣いしてはいけない。/资源有限，不得浪费。

（2）表示期限。

① 今日を<u>限り</u>に、この学校ともお別れです。/今天就要告别这所学校了。

（3）表示假定或限定的条件。

① 重機は実践練習を積まない<u>限り</u>操作できません。/不经过反复的实践练习，就无法操作重型设备。

② 私の絵を喜んでくれる人がいる<u>限り</u>、これからも描き続けます。/只要有人喜欢我的画，我今后也会继续画下去。

（4）表示事物的范围。

① 新聞で報道されている<u>限り</u>では、地震の被害はそれほど大きくなかったようだ。/据报道，这次地震造成的损失似乎不大。

② 私が知る<u>限り</u>、彼女は大変よい人だ。/据我所知，她是一个非常好的人。

14.「しだい（次第）」

（1）表示状况、情形、根据。

① ネットは使い方<u>次第</u>で、人生をだめにする道具にも、未来を開く道具にもなる。/根据不同的利用方法，网络有可能沦为人生堕落的工具，也有可能成为开创未来的手段。

② 幸せかどうかは、自分<u>次第</u>である。/幸不幸福，全在于人自身。

（2）接在动词连用形之后，表示"一……就……"的意思。

① 落し物を見つけ<u>次第</u>、お知らせします。/一找到丢失的东西，就通知您。
② 資料が手に入り<u>次第</u>、すぐに公表するつもりだ。/我们打算资料一到手就马上公布。

15.「せい」

表示导致某种事态产生的原因，多用于不利的结果。

① 歳を取ったせいか、最近ものを忘れたりすることが多くなってしまいました。/也许是年龄大了的缘故，最近变得经常忘事。

② あなたの息子さんが何か悪いことをしても、それはあなたのせいではありません。息子さんはもう25歳ですからね。/无论你的儿子干了什么坏事，也并非你的过错，因为他已经25岁了。

16.「まま」

（1）表示在保持原有状态的条件下做后项动作。

① 日本では、外用の靴を履いたまま室内に入ってはいけない。/在日本，不能穿着外面的鞋子进入室内。

② 十年ぶりに帰省したが、故郷は相変わらず昔のままでした。/时隔十年重返故乡，故乡还是一如往昔。

（2）前项动作行为发生后，没有出现预期的结果。

① 山本さんは親戚に5千万円を借りたまま返さなかった。/山本跟亲戚借了5千万日元一直没还。

② 彼は先週からずっと会社を休んだままだ。/他从上周开始一直休息没上班。

（3）表示所见所闻的真实内容。

① 先生が教えたままを覚えていいです。/可以按照老师教的内容记忆。
② 見たまま聞いたままを話す。/如实告知所见所闻。

（4）表示随心所欲、任意。

① 春の風に誘われるままに、公園を散歩した。/随着春风来到了公园散步。
② あの人は、心の中に浮かんだ事をあまり考えず、そのまま言ってしまった時が多い。/那个人心里想到什么，常常不加考虑就直接说出来。

17.「うち」

（1）表示范围。

① この三つのネックレスのうちでどちらが好みですか。/这三条项链中你最喜欢哪条？

② 誕生日にもらったプレゼントのうち、半分は洋服でした。/收到的生日礼物中有一半是西服。

（2）表示时间的限定。

① 両親が元気のうちに、一度一緒に海外旅行にでも行こうと思う。/想趁着爸妈身体还硬朗，和他们一起去海外旅行一次。

② 雨が降らないうちに早く帰りましょう。/趁着还没下雨，赶快回去吧。

18.「もと」

（1）表示条件、前提。

① 風邪は万病の<u>もと</u>。/感冒是万病之源。

② 来週の月曜日に返すという約束の<u>もと</u>に彼にお金を貸しました。/约定好下个周一就还钱，才把钱借给了他。

（2）表示影响所及的范围。

① 今日も青空の<u>もと</u>で、笑顔をいっぱい咲かせよう。/今天也在蓝天之下尽情大笑吧。

② ぜひ、先生のご指導の<u>もと</u>に、勉強していきたいです。/我非常想在老师的指导下学习。

19.「ほか」

（1）表示肯定一点否定其余，或者否定一点肯定其余。

① 今日は家の掃除をする<u>ほか</u>には特に何も予定はない。/今天除了打扫家里之外，没有什么其他特别的计划。

② 今度引っ越したアパートは、ちょっと駅から遠い<u>ほか</u>は大体希望通りだ。/这次新搬进的公寓，除了离车站稍远不太方便之外，基本上符合我的预期。

（2）表示累加。

① 留学生田中さんの送別会には、同期の仲間の<u>ほか</u>に先生方も出席した。/除了同学好友外，老师们也出席了留学生田中的送别会。

② 米国では輸出が高い伸びを続けている<u>ほか</u>、設備投資も増加基調にあり、生産雇用は拡大傾向を持続している。/美国的对外出口继续高速增长，除此之外，设备投资也保持增长基调，生产雇用持续呈现扩大倾向。

第二节 代　词

代词属于体言之一，是指示人、事物、场所或方位的词。代词的特点是具有指代作用，可以代替已知的或者文脉中已经出现过的名词、句节或者句子，其意思根据所指代事物的内容而定。代词具有和名词相同的语法性质，但与名词相比还有四个不同点。

（1）一般不能缀以接头词。

（2）一般不能再派生为其他词。

（3）极少使用定语对其加以限定。

（4）人称代词有尊敬、自谦、简慢的区别。

代词分为人称代词、指示代词、反身代词三类。

一、人称代词

人称代词是指代人的词，根据指代对象可以分为第一人称、第二人称、第三人称及不定称（又称"疑问代词"）。其中，第三人称可根据指示对象的相对位置进一步分为近称、中称和远称。

人称代词可以加上「方・達・共・等」等后缀词表示复数，个别词可以通过自身重叠的方法表示复数，如「われわれ・だれだれ」等。

日语人称代词均含有尊敬、自谦或简慢的意义，且有男性用语和女性用语等语用上的差别，在使用时应根据说话人与听话人的关系、说话人所处的场合等正确选用。例如，第一人称，在与客人、尊长交谈或在正式场合中，应使用「わたし」，为了表示郑重可以用「わたくし」；女性也可以自称「あたし」，而「ぼく・おれ」是男性用语，「わし」是老年男性用语。又如，表示复数的结尾词「方・達・共・等」中，「方」含有尊敬之意，接在第二人称、第三人称的代名词之后表示尊敬；「達」比较中立，用途最广；「共」含有谦恭之意，接在第一人称代词之后；「等」语气稍微简慢。常用人称代词见表2.1。

表2.1 常用人称代词

第一人称	第二人称	第三人称			不定称
		近称	中称	远称	
私（わたくし） （たち、ども）	あなた （がた、たち）	この方（かた） （がた）	その方（かた） （がた）	あの方（かた） （がた）	どの方（かた） （がた）
私（わたし） （たち）	あなた （たち）	この人（ひと） （たち）	その人（ひと） （たち）	あの人（ひと） （たち）	どの人（ひと） （たち） どなた（たち）
僕（ぼく） （たち、ら）	君（きみ） （たち、ら）	彼（かれ）（ら）、彼女（かのじょ）（ら）			誰（だれ） （ら）
俺（おれ） （たち、ら）	お前（まえ） （たち、ら）	こいつ （ら）	そいつ （ら）	あいつ （ら）	どいつ （ら）

注：表中从上至下语气由尊敬至简慢。括号中为表示复数的结尾词。

二、指示代词

指示代词是指代事物、场所或方位的词，也有近称、中称、远称和不定称之分。一般而言，指代自己身边的（近的）用近称，指代对方身边的（较远的）用中称，指代自己和对方身边以外的（远的）用远称，而指代讲话人不知道或不确定的对象时用不定称。在谈话或文章中指代事物时，指代自己熟悉或刚提过的事物用近称，指代自己说过、对方已

经了解的事物用中称，指代自己和对方都熟悉或众所周知的事物用远称（见表2.2）。

表2.2　常用指示代词

类别	近称	中称	远称	不定称
事物代词	これ・この これら	それ・その それら	あれ・あの あれら	どれ・どの どれら
场所代词	ここ ここら	そこ そこら	あそこ あそこら	どこ どこら
方位代词	こっち こちら	そっち そちら	あっち あちら	どっち どちら

指示代词虽然分为事物代词、场所代词、方位代词三种，但是它们之间常可互相转用，甚至可用来指代人或其他事物，例如：

（1）指代事物的代词转用为人称代词，一般用于同辈以下较亲近的人。

（2）指代方位的代词转用为指代事物、场所或人称的代词。

（3）指代事物、场所的代词转用为指代时间的代词。

三、反身代词

反身代词是用于指代人、事物本身的代词。它像人称代词一样能指代人，但没有人称的区别，可以指代任何人称。指代事物时也没有近称、中称和远称的区别，复数可缀以结尾词「ら・たち」等。常用的反身代词有「自分・自身・自己・自体・己・各々・自ら」等。

① あなたは自分自身で生計を立てることが出来る年齢だ。/你已经到了可以自谋生计的年龄了。

② 桃李もの言わざれども下自ら蹊を成す。/桃李不言，下自成蹊。

第三节　数　　词

数词是表示事物数量和顺序的词，是体言之一，属于独立词，无词形变化。数词具有体言的共同语法特征，可以后续格助词构成主语、宾语、补语等，可以后续助动词构成谓语，可以接受定语的修饰，还可以借助连体格助词"の"来做定语。

①新しい一年が始まりました。/新的一年开始了。

② 朝早く起きることができれば一日を有意義に過ごすことができます。/如能早起的话，可以将一天过得更有意义。

③ 私の娘は来週、<u>20 歳</u>になります。／我的女儿下星期就 20 岁了。

④ <u>六十</u>の手習い。／活到老，学到老。

值得注意的是，除了上述语法功能之外，数词还具有副词性质，可以直接做状语。而名词中除了少量表示时间、方位的词外，一般都不能单独做副词使用。

① <u>第一</u>、安全に気をつけること。／第一条，注意安全。

② 電車の中に乗客が<u>二人</u>います。／电车里有两名乘客。

③ ノーベル文学賞受賞者の莫言先生と<u>一度</u>お会いしたことがある。／我和诺贝尔文学奖的获得者莫言先生曾有过一面之缘。

日语的数词分为三类，即基数词、序数词、数量词。

一、基数词

单纯计数的词叫基数词。基数词分为训读、音读两种。

训读：<ruby>一<rt>ひと</rt></ruby>つ、<ruby>二<rt>ふた</rt></ruby>つ、<ruby>三<rt>みっ</rt></ruby>つ、<ruby>四<rt>よっ</rt></ruby>つ、<ruby>五<rt>いつ</rt></ruby>つ、<ruby>六<rt>むっ</rt></ruby>つ、<ruby>七<rt>なな</rt></ruby>つ、<ruby>八<rt>やっ</rt></ruby>つ、<ruby>九<rt>ここの</rt></ruby>つ、<ruby>十<rt>とお</rt></ruby>…

<ruby>二十<rt>はたち</rt></ruby>、<ruby>三十<rt>みそ</rt></ruby>、<ruby>百<rt>もも</rt></ruby>、<ruby>千<rt>ち</rt></ruby>、<ruby>万<rt>よろず</rt></ruby>。

音读：<ruby>一<rt>いち</rt></ruby>、<ruby>二<rt>に</rt></ruby>、<ruby>三<rt>さん</rt></ruby>、<ruby>四<rt>し</rt></ruby>、<ruby>五<rt>ご</rt></ruby>、<ruby>六<rt>ろく</rt></ruby>、<ruby>七<rt>しち</rt></ruby>、<ruby>八<rt>はち</rt></ruby>、<ruby>九<rt>きゅう</rt></ruby>、<ruby>十<rt>じゅう</rt></ruby>、<ruby>十一<rt>じゅういち</rt></ruby>、<ruby>二十<rt>にじゅう</rt></ruby>、<ruby>三十<rt>さんじゅう</rt></ruby>…

<ruby>百<rt>ひゃく</rt></ruby>、<ruby>千<rt>せん</rt></ruby>、<ruby>万<rt>まん</rt></ruby>、<ruby>億<rt>おく</rt></ruby>、<ruby>兆<rt>ちょう</rt></ruby>。

二、序数词

表示事物次序的词叫序数词。序数词主要由基数词加上前、后缀构成。序数词的用法和基数词稍有不同，一般没有副词性用法。

序数词中常用到的前后缀有「<ruby>第<rt>だい</rt></ruby>～」「～<ruby>番<rt>ばん</rt></ruby>」「～<ruby>目<rt>め</rt></ruby>」「～<ruby>号<rt>ごう</rt></ruby>」「～<ruby>位<rt>い</rt></ruby>」「～<ruby>条<rt>じょう</rt></ruby>」「～<ruby>等<rt>とう</rt></ruby>」「～<ruby>級<rt>きゅう</rt></ruby>」「～<ruby>番目<rt>ばんめ</rt></ruby>」「～<ruby>度目<rt>どめ</rt></ruby>」「～<ruby>回目<rt>かいめ</rt></ruby>」「～<ruby>流<rt>りゅう</rt></ruby>」「ナンバー～」等。如：<ruby>第<rt>だい</rt></ruby><ruby>一課<rt>いっか</rt></ruby>、<ruby>一号<rt>いちごう</rt></ruby>、<ruby>二番目<rt>にばんめ</rt></ruby>等。

另外，在表示排行时，还可以用「長」「次」表示。如：<ruby>長男<rt>ちょうなん</rt></ruby>、<ruby>次男<rt>じなん</rt></ruby>、<ruby>長女<rt>ちょうじょ</rt></ruby>、<ruby>次女<rt>じじょ</rt></ruby>。

三、数量词

表示事物具体数量的数词叫数量词。数量词由基数词后续表示数量单位的量词构成。日语中基数词有音读和训读两个系统的读法，两者中又有变化（见表 2.3）。基数词与不同的量词搭配时，或用音读或用训读或两者并用，在这过程中部分量词也可能会发生浊化、半浊化等音变现象。因此，对于日语学习者而言，数量词比较烦琐，不容易掌握。

表2.3　常用数量词的读法

类别	一	二	三	四	五	六	七	八	九	十	疑问词
个	こ 一個 ひと 一つ	にこ 二個 ふた 二つ	さんこ 三個 みっ 三つ	よんこ 四個 よっ 四つ	ごこ 五個 いつ 五つ	ろっこ 六個 むっ 六つ	ななこ 七個 なな 七つ	はちこ 八個 やっ 八つ	きゅうこ 九個 ここの 九つ	じゅっこ 十個 とお 十	なんこ 何個 いく 幾つ
人	ひとり 一人	ふたり 二人	さんにん 三人	よにん 四人	ごにん 五人	ろくにん 六人	しちにん 七人	はちにん 八人	きゅうにん 九人	じゅうにん 十人	なんにん 何人
年龄	いっさい 一歳	にさい 二歳	さんさい 三歳	よんさい 四歳	ごさい 五歳	ろくさい 六歳	ななさい 七歳	はっさい 八歳	きゅうさい 九歳	じゅっさい 十歳	なんさい 何歳
兽/鱼/虫	いっぴき 一匹	にひき 二匹	さんびき 三匹	よんひき 四匹	ごひき 五匹	ろっぴき 六匹	ななひき 七匹	はっぴき 八匹	きゅうひき 九匹	じゅっぴき 十匹	なんびき 何匹
鸟/禽	いちわ 一羽	にわ 二羽	さんわ 三羽	よんわ 四羽	ごわ 五羽	ろくわ 六羽	ななわ 七羽	はちわ 八羽	きゅうわ 九羽	じゅうわ 十羽	なんわ 何羽
扁薄物品	いちまい 一枚	にまい 二枚	さんまい 三枚	よんまい 四枚	ごまい 五枚	ろくまい 六枚	ななまい 七枚	はちまい 八枚	きゅうまい 九枚	じゅうまい 十枚	なんまい 何枚
细长物品	いっぽん 一本	にほん 二本	さんぼん 三本	よんほん 四本	ごほん 五本	ろっぽん 六本	ななほん 七本	はっぽん 八本	きゅうほん 九本	じゅっぽん 十本	なんぼん 何本
书/笔记本	いっさつ 一冊	にさつ 二冊	さんさつ 三冊	よんさつ 四冊	ごさつ 五冊	ろくさつ 六冊	ななさつ 七冊	はっさつ 八冊	きゅうさつ 九冊	じゅっさつ 十冊	なんさつ 何冊
鞋袜	いっそく 一足	にそく 二足	さんぞく 三足	よんそく 四足	ごそく 五足	ろくそく 六足	ななそく 七足	はっそく 八足	きゅうそく 九足	じゅっそく 十足	なんそく 何足
车辆/机械	いちだい 一台	にだい 二台	さんだい 三台	よんだい 四台	ごだい 五台	ろくだい 六台	ななだい 七台	はちだい 八台	きゅうだい 九台	じゅうだい 十台	なんだい 何台
日币	いちえん 一円	にえん 二円	さんえん 三円	よえん 四円	ごえん 五円	ろくえん 六円	ななえん 七円	はちえん 八円	きゅうえん 九円	じゅうえん 十円	なんえん 何円
页数	いち 一 ページ	に 二 ページ	さん 三 ページ	よん 四 ページ	ご 五 ページ	ろく 六 ページ	しち 七 ページ	はち 八 ページ	きゅう 九 ページ	じゅう 十 ページ	なん 何 ページ

第三章

用 言

用言（用言）是和体言（体言）相对的一个术语，包括动词（動詞）、形容词（形容词）、形容动词（形容動詞）。从意义上说，用言的特征在于叙述动作、作用，或描写性质、状态；从功能上说，用言的特征在于可以表述人或事物的动态或静态的属性，临时的或固定的属性，具有明显的陈述功能；从语法上说，用言的特征是可以构成谓语、可以接受状语的修饰、有形态变化（活用）。

第一节 动 词

"动词（動詞）"是有活用的实词，属用言（用言）之一。从词汇意义上看，动词表示的是人或事物的动作、作用、状态、存在等；从功能上看，动词表述的是人或事物的动态属性、临时属性。动词有着与形容词、形容动词不同的几个特点。

（1）基本形（以终止形为基本形）最后一个假名是ウ段假名。

見る／看　　聞く／听　　読む／读　　書く／写
ru　　　　　ku　　　　　mu　　　　　ku

以一个假名为词尾的动词，词尾就是这个ウ段假名。以两个假名为词尾的动词，最后一个假名是ウ段假名。

（2）有命令形。

しっかりと前を見ろ！／好好看前面！

（3）可以发生形态变化，后接敬体动词"ます"构成敬体。

買います。／买。　　　　　　　会います。／见面。

（4）动词的语法功能主要是在句中做谓语。

明日は病院へ行きます。／明天去医院

（5）可以构成种种"体（アスペクト）"、种种"态（ヴォイス）"。
体（アスペクト）表示某动作，某行动的局面。例如：

ご飯を食べる。（開始）／正要开始吃饭。
ご飯と食べている。（進行）／正在吃饭。
ご飯を食べた。（完了）／吃完饭了。

态（ヴォイス）表示动词和参与者的关系状态。例如：

美紀子を叩く。（能動態）／打美纪子。
美紀子に叩かれる。（受動態）／被美纪子打了。

一、动词的分类

通常可按动词的形态和词尾变化规律分类（见表3.1），也可按动词的词意和作用分类（见表3.2）。

表3.1　按动词的形态和词尾变化规律分类

分类		例词	说明
五段动词		光_{ひか}る 貫_{つらぬ}く 立_たつ	基本形的词尾是最后一个假名，均在"ウ"段上。各活用形分别在该动词词尾所属行上的五个段上的假名
一段动词	上一段动词	起_おきる 落_おちる	基本形最后两个假名是词尾，词尾最后一个假名都是"る"，"る"前面的假名一定是在"イ"段上
	下一段动词	教_{おし}える 流_{なが}れる	基本形最后两个假名是词尾，词尾最后一个假名都是"る"，"る"前面的假名一定是在"エ"段上
变格动词	カ变动词	来_くる	只有这一个动词，各活用形在"カ"行内变化
	サ变动词	する	只有这一个动词，各活用形在"サ"行内变化

表3.2　按动词的词意和作用分类

分类	例词	说明
他动词	使_{つか}う、読_よむ	要求宾语"を"，又称及物动词
自动词	出_でる、立_たつ	不要求宾语"を"，又称不及物动词
存在动词	いる、ある、おる	只有这三个动词，表示事物的存在
可能动词	読_よめる 話_{はな}せる 泳_{およ}げる	由五段动词的未然形＋可能助动词"れる"约音而成，含"可能、会"的意义。如：読ま＋れる＝よめる（まれ约音为め）
敬语动词	いらっしゃる 伺_{うかが}う	表示对他人尊敬或自己表示谦虚时用的动词

（续表3.2）

分类	例词	说明
授受动词	くれる あげる もらう	表示授受关系的动词
补助动词	いる、くる いく、みる しまう、おく	基本失去原意和独立性，接在动词连用形＋て之后，起补助叙述作用

二、动词的活用和音便

（一）动词的活用形

现代日语的活用形有六种，即未然形（未然形）、连用形（連用形）、终止形（終止形）、连体形（連体形）、假定形（仮定形）和命令形（命令形）。各类活用动词的变化如下：

1. 五段动词

五段动词的活用特点是活用词尾分布在五十音图的ア、イ、ウ、エ、オ五个段上，因而得名。这类动词的活用示例见表3.3。

表 3.3　五段动词的活用示例

词例 词干	词尾	未然形	连用形	终止形	连体形	假定形	命令形
書く	書	① か ② こ	き	く	く	け	け
立つ	立	① た ② と	ち	つ	つ	て	て
思う	思	① わ ② お	い	う	う	え	え

2. 一段动词

一段动词的活用特点在于活用词尾最后一个假名"る"的变化，有时脱落，有时保留，有时变成其他假名。而"る"前的假名，即词尾的第一个假名始终不变。（见表3.4）

表 3.4　一段动词的活用示例

词例		词干＼词尾	未然形	连用形	终止形	连体形	假定形	命令形
上一段	起きる	起	き	き	きる	きる	きれ	きろ きよ
	見る	見	み	み	みる	みる	みれ	みろ みよ
下一段	食べる	食	べ	べ	べる	べる	べれ	べろ べよ
	寝る	寝	ね	ね	ねる	ねる	ねれ	ねろ ねよ

3. サ变动词

サ变动词"する"的活用特点是，词干与词尾既在サ行的イ、エ两段上变化，又有"る"的有无及变化。其他具有动词意义的词与"する"复合而成为复合サ变动词时，"する"就成了纯粹的词尾。有时，"する"会浊化为"ずる"，但其形态的变化规律与"する"完全相同（见表3.5）。

表 3.5　サ变动词的活用示例

词例	词干＼词尾	未然形	连用形	终止形	连体形	假定形	命令形
する		し せ	し	する	する	すれ	しろ せよ
愛^{あい}する	愛	し せ	し	する	する	すれ	しろ せよ
勉強^{べんきょう}する	勉強	し せ	し	する	する	すれ	しろ せよ
命^{めい}ずる	命	じ ぜ	じ	ずる	ずる	ずれ	じろ ぜよ

4. 力变动词

力变动词"来る"的活用特点是，词干与词尾既在カ行イ、オ两段上变化，又有"る"的有无及变化。当其活用形为两个假名时，"来"可以表示第一个假名，当其活用形仅是一个假名时，"来"就表示整个活用形（见表3.6）。

表 3.6　カ变动词的活用示例

活用形\词	未然形	连用形	终止形	连体形	假定形	命令形
来^くる	来^こ	来^き	来^くる	来^くる	来^くれ	来^こい

（二）五段动词的音便

五段动词的连用形在后接某些助词、助动词时，需使用不同于前文所列的连用形态，这种变化叫作五段动词的音便（音便^{おんびん}）。具体来说，五段动词（除サ行五段动词外）在后接て、ては、ても和た、たり时，活用词尾要变成“イ”、促音或拨音。

1. イ音便

イ音便（イ音便^{いおんびん}）是指カ行、ガ行五段动词连用形“き”“ぎ”变为“い”。ガ行五段动词的“て”“ては”“ても”等要发生浊化，变为“で”“では”“でも”等。

書^かく＋て　書いて　　書^かく＋た　書いた
嗅^かぐ＋て　嗅いで　　嗅ぐ＋た　嗅いだ

2. 促音便

促音便（促音便^{そくおんびん}）是指タ行、ラ行、ワ行五段动词的连用形“ち”“り”“い”变为促音“っ”。

立^たつ＋て　立って　　立^たつ＋た　立った
ある＋て　あって　　ある＋た　あった
歌^{うた}う＋て　歌って　　歌う＋た　歌った

3. 拨音便

拨音便（撥音便^{はつおんびん}）是指ナ行、マ行、バ行五段动词的连用形“び”“み”“に”变为拨音“ん”，且接在其后的“て”“た”“たり”等要发生浊化，变为“で”“だ”“だり”等。

死^しぬ＋て　死んで　　死ぬ＋た　死んだ
読^よむ＋て　読んで　　読む＋た　読んだ
遊^{あそ}ぶ＋て　遊んで　　遊ぶ＋た　遊んだ

但是，在五段动词音便现象中，有唯一一个不符合上述规律的例外，这就是“行く”。“行く”接“て”“た”等时，不发生イ音便，而是发生促音便。

行く+て　行って　　　　行く+た　行った

（三）特殊的五段动词

五段动词中，有几个与敬语有关的动词，其活用形与一般的五段动词略有差别。这几个五段动词均为ラ行五段动词，与一般的ラ行五段动词活用形有两个不同之处：一是连用形多出一个"い"来；二是命令形词尾是"い"，而不是"れ"（见表3.7）。

表 3.7　特殊的五段动词的活用

词例	词尾\词干	未然形	连用形	终止形	连体形	假定形	命令形
なさる	なさ	ら ろ	り い （っ）	る	る	れ	い

属于这种特殊活用的五段动词，除"なさる"外，还有"くださる""おっしゃる""いらっしゃる""ござる"，一共五个。它们后接助词、助动词的情况，如下所示：

ござる + ます　　　　　　ございます
なさる + た　　　　　　　なさった
くださる + ます + た　　　くださいました
おっしゃる + て　　　　　おっしゃって
いらっしゃる + たり　　　いらっしゃったり

三、自动词和他动词

根据是否要求宾语，可将动词分为自动词（自動詞）和他动词（他動詞）两类。最典型的他动词具有主语作用于宾语而使其发生变化的含义，其宾语用"を"表示。自动词是不带宾语的动词，表示在不考虑外力影响的情况下，主语主动地进行动作，或自然地发生变化，其主语用"が"来表示。

日语的一部分自动词、他动词在词形上有对应关系，它们拥有相同的词根，意义相互关联，这样的动词被称为相互对应的自他动词。如"開く/開ける、聞こえる/聞く、焼ける/焼く、起きる/起こす、降りる/降ろす、変わる/変える"等。

除相互对应的自他动词外，有一部分动词同时具有自他两种属性，如"吹く""開く""終わる"等；另外，有一些动词没有相对应的自动词或他动词，前者如"買う""考える""待つ"等，后者如"歩く""泣く""死ぬ"等。

（一）自动词和他动词的区别

1. 语义特征

同一词根、语义关联的自他动词，可以对事件从不同角度分别加以表述（见表 3.8）。

表 3.8　自动词和他动词的词义特征

分类	语义特征	例句
自动词	自动词从动作的对象出发，侧重于表示变化的结果，或者用于描述状态	窓が開いた。/ 窗户开了。 この仕事は時間がかかる。/ 这项工作费时间。 泥棒が捕まった。/ 小偷抓住了。
他动词	他动词从动作的主体出发，侧重表示动作的过程，描述主体对对象施加的影响、产生的作用	太郎が窓を開けた。/ 太郎把窗户打开了。 三ヶ月をかけてこの仕事をやり遂げた。 /我花了三个月的时间完成了这项工作。

2. 语感特征

自动词和他动词的语感特征见表 3.9。

表 3.9　自动词和他动词的语感特征

	语感特征	例句
自动词	自动词不涉及动作执行者，描述的事项不以人的意志为转移，常用来描写自然现象，是一种客观陈述	ドアが閉まります。ご注意ください。 /门要关了，请注意。 （不含有人的主观意志，语感较为客气、委婉）
他动词	他动词进行描写时，常常带有动作执行者的意志，常用于表述动作执行者主观意志下的动作	ドアを閉めますよ。早く乗ってください。 /我要关门了，快上车呀。 （使用了他动词，给人的感觉是说话人主观地要把门关起来，意志性比较强。因此，如果是列车广播的话，使用自动词更为合适）

3. 自他动词的对应形态

相互对应的自动词和他动词，词形上存在一定对应规律。

① 自—aru　他—u　：かかる／かける　刺さる　／　刺す
　　　　　　　　　　　ka ka ru　ka ke ru　　　sa sa ru　　　 sa su

② 自—aru　他—eru：変わる／変える　伝わる　／　伝える
　　　　　　　　　　　ka wa ru　ka e ru　　　tsuta wa ru　tsuta e ru

③ 自—u　　他—eru：開く／開ける　　空く　／　空ける
　　　　　　　　　　　a ku　a ke ru　　　　　a ku　　　　 a ke ru

④ 自—eru　他—u　：聞こえる／聞く　焼ける／焼く
　　　　　　　　　　　ki ko e ru　ki ku　　ya ke ru　ya ku

⑤ 自—iru　他—osu：起きる／起こす　降りる／降ろす
　　　　　　　　　　　o ki ru　o ko su　　o ri ru　o ro su

⑥ 自—iru　　他—asu ：伸びる／伸ばす　　　生きる／生かす
<small>no bi ru　no ba su</small>　　　　　<small>i ki ru　i ka su</small>

⑦ 自—u　　　他—asu ：減る／減らす　　　　乾く／乾かす
<small>he ru　he ra su</small>　　　　　<small>kawa ku　kawa ka su</small>

⑧ 自—eru　　他—asu ：燃える／燃やす　　　増える／増やす
<small>mo e ru　mo ya su</small>　　　　<small>hu e ru　hu ya su</small>

⑨ 自—eru　　他—su ：汚れる／汚す　　　　流れる／流す
<small>yogo re ru　yogo su</small>　　　　<small>naga re ru　naga su</small>

总的来说，以"る"结尾的自动词居多，以"す"结尾的他动词居多。

4. 自他动词的语法特征

自他动词有着不同的词义，自然有着不同的用法。表现在语法层面上，见表3.10。

表 3.10　自动词和他动词的语法特征

分类	格助词	体
自动词	仅涉及事物对象，做谓语时，该事物用"～が"表示。 例：予定が変わった。／计划变了。	表示状态存续时，是对现象进行说明。 例：庭には松の木が植わっている。／院子里种着松树。
他动词	涉及主体以及对象，主体用"～が"表示，对象用"～を"表示。 例：どうして勝手に予定を変えたか。／你为什么随便就把计划给改了？	表示状态存续时，主要侧重造成这种状态的主语人的作用。 例：庭には松の木が植えてある。／院子里种着松树。（暗示有人专门种的）

四、敬语动词

（一）敬语动词的意义和种类

敬语动词即不需要附加敬语助动词，单独表示敬意的实义动词。敬语动词分为三种。

（1）尊敬动词（尊敬動詞<small>そんけいどうし</small>）：对他人的动作和存在表示尊敬的动词（→相手を高める）。

（2）谦逊动词（謙遜動詞<small>けんそんどうし</small>）：对自己的动作和存在表示谦虚的动词（→自分を低める）。

（3）郑重动词（丁重動詞<small>ていちょうどうし</small>）：在陈述中表示郑重和客气的动词。

常用的敬语动词见表3.11。

表 3.11　常用的敬语动词

常用动词	尊敬动词	谦逊动词	郑重动词
行く・来る（去・来）	いらっしゃる	参る/伺う	参る
いる（在）	いらっしゃる	—	おる

（续表 3.11）

常用动词	尊敬动词	谦逊动词	郑重动词
食べる・飲む（吃・喝）	召し上がる	いただく	いただく
言う（说）	おっしゃる	申す/申し上げる	申す
見る（看）	ご覧になる	拝見する	—
する（干/做/作/办）	なさる	いたす	いたす
知っている（知道）	ご存じだ	存じている	存じている
くれる（给我）	くださる	—	—
あげる（给他/她）	—	さしあげる	—
もらう（给我）	—	いただく	—

（二）尊敬动词应用举例

1. 尊敬动词

（1）あそばす。"遊ばす"是由动词"遊ぶ"派生出来的，意义与普通动词"する"相同，即"干、做、办"的意思。在现代日语中使用不多，作为口语，中年妇女多用。

1）作为独立动词使用。

① いったい何を遊ばすつもりですか。/你究竟打算干什么？

② こうあそばすと正しいでしょう。/这样做对吧？

2）和接头词"お""ご"构成"お（ご）~遊ばす"的形式，~的部分是动词连用形或动作性的汉语名词。如：おかきあそばす/ 请写；お通り遊ばす/ 请通过；ご乗船遊ばす/ 请乘船。

（2）なさる。"なさる"是由动词"なす"派生出来的，意义也是"干、做、办"。

1）单独使用，相当于"する"。

① 田中さんは商売をなさったら、私はお手伝いしましょう。/田中若是做买卖，我助他一臂之力吧。

② 何のためにそんなことをなさるのか私には分かりません。/我不明白您为什么要做那种事。

2）お~なさる，"~"为动词连用形或动作性名词，表示对对方的尊敬。

③ どうぞお帰りなさらないでください。/请不要回家。

④ 先生は、ロボットをご研究なさるんですか。/老师您是研究机器人的吗？

3）~なさい，表示上级对下级口气缓和的命令。

⑤ レポートを木曜日まで提出しなさい。/星期四以前提交报告。

⑥ 木村君、立ちなさい。/木村君，站起来！

（3）おっしゃる。相当于"言う"，动作主语一般为对方，或者为第三者，绝不是说

话人（我），命令形是"おっしゃい"。

① 先生のおっしゃったことはよく聞かなければならない。/必须听老师的话。

② この方はお連れになりたいとおっしゃいました。/这位说想搭个伴儿。

（4）いらっしゃる。

1）单独使用相当于"くる/いく/いる"。

① 校長先生は今応接間にいらっしゃいます（＝いる）。/校长现在在接待室。

② 通産大臣は明日の午前当地にいらっしゃる予定です（＝いく）。/通产大臣预计明天上午到达。

③ 田村さんはうちにいらっしゃったことがあります（＝くる）。/田村曾来过我家。

2）做补助动词使用相当于"ている"。

④ おじいさんは新聞を読んでいらっしゃいます。/爷爷正在读报纸。

⑤ 鈴木おばあさんはもう予防注射を済ませていらっしゃったよ。/铃木奶奶打完了预防针。

3）"いらっしゃい"，表示上级对下级或同辈之间的语气缓和的命令。

⑥ 早く居酒屋へいらっしゃい。/早点儿来酒馆。

⑦ しばらくお茶でも飲んでいらっしゃい。/喝会儿茶再走吧。

4）"いらっしゃいませ"，原也是"いらっしゃる"的一种命令形，现在多作为店堂接客语，表示欢迎光临之意。

（5）くださる。指上级给下级东西，动作主语为对方或第三者，接受者为我或我一方的人。

1）单独使用相当于"くれる"。

① これは太田先生が下さった腕時計です。/这是大田先生给我的手表。

② どうか赤いバラを一本下さいますか。/可以给我一支红玫瑰吗。

2）作为补助动词使用，构成"～てくださる"。

③ すみませんが、この案を検討してください。/对不起，请研究一下这个方案。

④ 火曜日返事してくれば、幸いですが。/如果星期二能给答复的话就太好了。

3）"お/ご～くださる"的形式。

⑤ 課長から部長にお伝えください。/请科长转告部长。

⑥ 新しいプランについてご説明ください。/请就新计划做出说明。

（6）上がる/召し上がる。相当于"食べる""飲む"比较起来，"上がる""召し上がる"更客气、更尊敬。

① 刺身を上がりますか。/您吃生鱼片么？

② パパ、お茶でも上がる。/爸爸，请喝茶。

③ 途中で御飯を召し上がりますか。/路上吃饭么？

2. 谦逊动词

（1）いたす。相当于"する"，表示"干、作、办"之意。

1）单独使用，用"～をいたす"的形式。

① さっそく先生に電話をいたします。/我马上给老师打电话。

② いいのよ、叱られますから、自分でいたします。/行啦，会挨骂的，还是我自己干吧。

2）"お～いたす"的形式。

③ 奥さん、今日中お届けいたします。/夫人，今天给您送到。

④ このあと十分間お休憩いたします。/休息10分钟。

（2）申す/申し上げる。相当于"言う"，表示"说"的意思，比较起来，"申す""申し上げる"更客气。

1）用"～を（と）申す/申し上げる"的形式。

① 私は渡辺と申します。/我叫渡边。

② では、私からご挨拶を申し上げます。/好的，那么我来致辞。

2）用"お（ご）～もうしあげます"的形式。

③ 工場見学では、私がご案内申し上げます。/这次参观工厂，我来当向导。

④ ご健康を心からお祈り申し上げます。/衷心祝您身体健康。

（3）参る。

1）单独使用，意为"去""来"。

① 明日の朝また参りますから、その節ご返事ください。/明天早晨我还来，到时请您答复。

② 日曜日のお昼お宅へ参るつもりです。/我打算星期天到府上去。

2）"～て参ります"的形式，相当于"ていく"。

③ 子供をつれて参ります。/我带孩子去。

2）"～て参る"的形式，相当于"てくる"。

④ じゃ、いってまいります？/那，我去了。

⑤ すぐ取って参りますから、しばらくお待ちください？/我马上拿来，请等一下。

（4）伺う。

1）相当于"聞く、尋ねる"。

① 先生のお話を伺って、疑問が解けてしまった。/听了老师的话，茅塞顿开。

② 歩きながら、ご意見を伺いましょう。/边走边听您的意见。

2）相当于"訪ねる"。

③ 明日お宅へ伺ってよろしいでしょうか。/明天到府上拜访您，不知道您方便吗？

④ 私もお屋敷へ<u>伺います</u>から。／我也到府上拜访。

（5）上がる。相当于"訪れる"。

① 明日の夜六時に<u>上がりたい</u>と思います。／我想明天晚上六点前往拜访。

② すぐそちらへ<u>上がって</u>もいいですか。／马上去您那里拜访可以吗？

（6）承る。

1）相当于"聞く"。

① 純子さまから<u>承っています</u>。／我从纯子那里听说了。

② ご昇進のこと、人づてに<u>承りました</u>。／您高升之事，我听别人说了。

2）相当于"承知する"。

③ 定期預金でございますね。は、<u>承りました</u>。／是定期存款吧，晓得了。

④ ご希望の件、確かに<u>承りました</u>。／您的愿望，我知道了。

（7）あげる、さしあげる。相当于"与える"。

① お好きなら、貴方に<u>あげましょう</u>。／喜欢的话，就给您吧。

② いろいろ考えたうえで、お手紙を<u>さしあげる</u>ことにしました。／想了很多，决定给您写信。

（8）いただく。

1）相当于"食べる、飲む"。

① 酒もタバコも<u>いただきます</u>が、甘いものは<u>いただきません</u>。／我虽然喝酒吸烟，但不吃甜的东西。

② お料理はたいへん美味しいので、たくさん<u>いただきました</u>。／菜很好吃，我吃了很多。

2）相当于"もらう"。

③ これは上野さんから<u>いただいた</u>本です。／这是上野给我的书。

④ 先日結構なお土産を<u>いただき</u>、ありがとうございます。／前几天收到了很好的礼物，谢谢您。

3）用"～ていただく"的形式，相当于"～てもらう"。

⑤ 会社の経営について、<u>説明させていただきます</u>。／关于公司的经营，让我来说明一下。

⑥ 日本経済学を<u>教えていただきます</u>。／拜托您教我日本经济学。

4）用"お～いただく"的形式，相当于"～てもらう"。

⑦ この件について、山本さんから野村さんに<u>お伝えいただけ</u>ませんか。／关于这件事，能请山本转告野村么？

⑧ 先週突然<u>お知らせいただき</u>、びっくりしました。／上周突然收到您的消息，我大

吃一惊。

(9) 存じる。

1) 相当于"思う"（认为）。

① 日本語より中国語のほうが難しいと存じます。/我认为汉语比日语难。

2) 相当于"知る"（知道）。

② アメリカへいらっしゃった柴田さんのことはいっさい存じません。/对于去美国的柴田的情况一无所知。

3. 郑重动词

(1) いたす。相当于"する"（做、办）。

私がいたします。/我来干。

(2) 申す。相当于"言う"（说）。

お礼を申します。/谢谢。

(3) 参る。相当于"行く（去）、来る（来）"。

夏休み、東京へ参る予定です。/暑假计划去东京。

(4) ござる。

1) 相当于"ある"（有）。

① お怪我はございませんでしたか。/你没受伤吧。

2) でござる。相当于"です"（是）。

② 私はただ今ご紹介に預かりました木村でございます。/我是刚才被介绍的木村。
③ 右手に見えますのがアパートでございます。/右手方向看到的是公寓。

普通动词和敬语动词的对照见表3.12。

表 3.12　普通动词和敬语动词的对照

普通动词	尊敬动词	谦逊动词	郑重动词
ある	—	—	ござる
する	なさる	いたす	いたす
言う	おっしゃる	申す 申し上げる	申す
居る	いらっしゃる	—	—
来る 行く	いらっしゃる	伺う 上がる 参る	参る

（续表 3.12）

普通动词	尊敬动词	谦逊动词	郑重动词
見る	—	拝見する	—
思う 知る	—	存じる	—
聞く たずねる	—	伺う うけたまわる	—
やる あげる	さしあげる	—	—
くれる	下さる	—	—
もらう	—	いただく	—
食べる のむ	あがる めしあがる	いただく	—

五、授受动词

（一）授受动词的意义及用法

表示"给予"和"接受"关系的动词，称为授受动词。现代汉语中不管给谁都用动词"给"来表达；而日语中要用不同的授受动词表示不同人称和不同对象之间的授受关系。

授受动词共有 7 个，可分为 3 组。

A. くれる／くださる…………………┐
B. やる／あげる／さしあげる………┘具有"授"的意义的动词

C. もらう／いただく…………………… 具有"受"的意义的动词

"授"和"受"本是一对相关的反义词，就像"卖"和"买"一样，又像"教"和"学"一样。

① 友達が（私に）辞書を<u>くれた</u>。／朋友送辞典给我。

②（私は）友達に辞書を<u>もらった</u>。／我从朋友那儿得到辞典。

③ 社長が（私の）弟にネクタイを<u>くださった</u>。／经理送给我弟弟一条领带。

④（私の）弟が社長にネクタイを<u>いただいた</u>。／我弟弟从经理那儿得到了一条领带。

⑤ 兄が弟に五千円<u>やった</u>。／哥哥给了弟弟五千日元。

⑥ 兄が友達に時計を<u>あげた</u>。／哥哥给了他朋友一块手表。

⑦ 兄が社長にお酒を<u>差し上げた</u>。／哥哥送给经理一瓶酒。

1. 各组之间的区别——内外有别

A组和B组的相同之处在于都是"授"，区别就在于"内外有别"。A组是由外向内授，B组是由内向外授。日语的"内外"是一个相对概念，它的外延可大可小，要根据对象而定。"我"、说话人、我方的"授"用B组；他、第三者、非我方的"授"用A组，如图3.1所示。

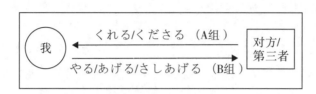

图3.1 "授"的内外有别

客观描述第三方的授受关系时，只能使用"あげる"。

⑧友達が（私に）辞書を<u>くれた</u>。／朋友送给我一本辞典。
⑨友達が学生に辞書を<u>あげた</u>。／朋友送给学生辞典。
⑩兄が友達に時計を<u>あげた</u>。／哥哥给了他朋友一块手表。
⑪兄が私の娘に時計を<u>くれた</u>。／哥哥送给我的女儿一块手表。

不同的授受表达方式，有可能表述的是同一个意思。也就是说A组和C组具有相对概念的对译词，大多数情况下这两组授受表达方式可以互换。而B组表达的"授"的意义却大多不能转换为C组表示"受"的词。

B 组	C 组
○ 兄が弟に五千円を<u>あげた</u>。	○ 弟が兄に五千円<u>もらった</u>。
○ 兄が友達に時計を<u>あげた</u>。	× 兄の友達が兄に時計を<u>もらった</u>。
○ 兄が社長にお酒を<u>さしあげた</u>。	× 社長が兄にお酒を<u>いただいた</u>。

2. 同一组内的区别——长幼有序

同一组内部不同的动词，应该说词汇意义是一样的，所不同的只是他们的含蓄意义（即敬谦程度）不同。

对长辈、上级、地位高的人需要尊敬，这种态度上的区别可以在例①与例③，例②与例④的对比中体现。例⑤⑥⑦的对比也是如此。其中"くださる"是"くれる"的尊敬语，"いただく"是"もらう"的谦让语；"さしあげる"是"あげる"的谦让语，"やる"稍微粗鲁一些。长幼有序也不是个绝对概念，长幼有序还要以内外有别为前提。

父の誕生日にネクタイを<u>あげた</u>。／爸爸生日时送了他一条领带。
おばあちゃんが着物を<u>くれた</u>。／奶奶送我（一件）和服。

在外人面前涉及家人时一般不用尊敬语。选择何种程度的尊敬语或谦让语，同一般敬语的规律是一致的。

（二）作为补助动词的授受动词

授受动词不仅可以独立使用，还可以接在"动词连用形 + て"的后面，充当补助动词，借以表示人物之间行为的往来与恩惠关系。

① 太郎がおばあさんに新聞を<u>読んでやった</u>。／太郎为奶奶读了报纸。

② おばあさんは太郎に新聞を<u>読んでもらった</u>。／奶奶让太郎给她读了报纸。

③ 先生が資料を<u>集めてくださった</u>。／老师帮我收集了资料。

④（私は）先生に資料を<u>集めていただいた</u>。／我请老师帮我收集了资料。

⑤ これから母の家事を<u>手伝ってあげたい</u>と思う。／我今后要帮妈妈做家务。

⑥ 植物に素敵な音楽を<u>流してやった</u>。／给植物放优美的音乐。

从例②和例④中的"太郎に読んでもらう"和"先生に集めていただく"可以看出，格助词"に"是与"もらう""いただく"发生关系的。这表明，在这些句子中，授受动词的关系是主导的，全句中人物的主格、补格地位要以授受关系为依据，而不以行为动词来定。

此外，"～てさしあげる""～てあげる""～てやる"带有强烈的恩加于外的意味，因此必须谨慎使用。即使使用也多用于自己的家人（如例⑤）或动植物上面（如例⑥）。为他人做什么事，则常代之以表示自谦的"お～する"等形式。

⑦お荷物を<u>お持ちしましょう</u>か。／让我来给您拿行李吧。

（三）多重授受关系

把已带有授受动词的词或词组当成一个词，再套入"て + 补助授受动词"的形式中，就构成了多重授受关系。

① 先生に推薦状を<u>書いてもらってくれて</u>助かりました。／帮我请求老师写了推荐信，帮了大忙了。

② 黒木さんの子供の世話を<u>してあげてもらえ</u>ませんか。／能请您帮黑木照看一下孩子吗？

③（写真を撮りたがっている）子供に写真を<u>とってもらってやってくださいません</u>か。／您能否请人给（那个想照张相的）孩子照个相？

理解多重授受关系，需要分清动作主体和授受意图的主体，根据语言环境分析其意义。

六、补助动词

（一）补助动词的概念

补助动词（補助動詞<ruby>補助動詞<rt>ほじょどうし</rt></ruby>）是补助用言的一种，它们不单独使用而接在其他词语（主要

是动词）后，不具有单独使用时的意义而主要起语法作用或增添语法意义。一般把单独使用时的动词叫作"本动词"（本動詞），以区别于补助动词。例如：

犬が一匹<u>いる</u>→ 表示存在
犬が一匹寝<u>ている</u>→ 表示睡觉的状态

（二）补助动词的特点

（1）补助动词是与实义动词相对而言的，一般接在实义动词（即有实际意义独立的动词）之后。

（2）补助动词原是实义动词，可以单独使用，但作为补助动词往往失掉原来的意义和独立性。

（3）补助动词和助动词的作用相似，都起着补充实义动词的作用。

（4）补助动词在句子中一般不写汉字，而只写假名。

（三）实义动词与补助动词的比较

表3.13各例中A是有实际意义的实义动词，B则是起补助作用的补助动词。

表3.13　实义动词与补助动词比较

序号	A	B
①	木の下に子供が<u>いる</u>。 树下有个孩子。	木の下で子供が泣<u>いている</u>。 有个孩子在树下哭。
②	机の上にナイフが<u>ある</u>。 桌子上有把小刀。	机の上に電気スタンドが置<u>いてある</u>。 桌子上放着台灯。
③	本を本棚に<u>置く</u>。 把书放在书架上。	窓を開け<u>ておく</u>。 把窗户打开。
④	引き出しに書類を<u>しまう</u>。 把文件放进抽屉里。	ご飯をきれいに食べ<u>てしまう</u>。 把饭吃光。
⑤	映画館で映画を<u>見る</u>。 在电影院看电影。	この仕事をやっ<u>てみる</u>。 试着做一下这项工作。

（四）补助动词的用法

1.～ている

（1）接在继续动词后，表示动作正在进行。

① 父は酒を<u>飲んでいる</u>。/父亲正在喝酒。
② 外は雪が<u>降っている</u>。/外面正在下雪。

主要的继续动词有：

読む、書く、話す、聞く、見る、食べる、飲む、働く、遊ぶ、売る、買う、歌う、踊る、泣く、笑う

歩く、泳ぐ、走る、流れる

思う、考える、願う、望む、喜ぶ

住む、待つ、休む

降る、燃える

（2）接在瞬间动词后，表示动作、现象的结果残存。

① 叔父ちゃんが電車の中で倒れている。/叔叔在电车里跌倒了。
② 木村さんは派手なシャツを着ている。/木村穿着花哨的衬衣。

主要的瞬间动词有：

ふとる、やせる、死ぬ、結婚する

行く、来る、出る、入る、乗る、落ちる

立つ、座る、起きる、寝る

着る、履く、かぶる、持つ、かかえる、背負う、かつぐ

（3）接在状态动词后，是一种类似形容词的用法。

① この辺は私の故郷の景色ととても似ている。/这一带和我故乡的景色很相似。
② そのビルは東に向かっている。/那栋楼朝东。

（4）与动词的种类无关，表示经验。

① 学生時代、よく小説を読んでいる。/学生时代经常读小说。
② 先週食堂でその話を聞いている。/上周在食堂听说过那件事。

（5）与动词的种类无关，表示重复、习惯。

① 息子は毎日学校に通っている。/儿子每天走读。
② 姉は毎日英文で日記を書いている。/姐姐每天用英文写日志。

2. ～てある

（1）表示对对象施事，使对象发生变化。

① 石油ストーブがつけてある。/点着煤油炉。
② 店先に電気製品が並べてある。/店铺前摆着电器产品。

主要的动词有：

書く、記録する

入れる、載せる

掛ける、立てる、積む、積み上げる、揃える、並べる、広げる

付ける、繋ぐ、張る、結ぶ

しまう、残す、捨てる、保存する

（2）借助与句子的前后关系，有准备的意思。

① 中国にくる前に中国語を習ってある。/来中国之前学过汉语。

② 徹夜できるようによく寝てある。/为了能熬夜，已经睡足了。

（3）"～てある"与"～ている"的区别（见表3.14）。

1）表示存在意义时"てある"接在他动词之后，"ている"接在自动词之后。

2）"てある"表示结果状态，暗示动作主体；"ている"只表示继续状态，是客观描述，不暗示动作主体。

表3.14　"てある"与"ている"的对比

补助动词	～てある	～ている
意义	结果状态（暗示动作主体）	继续状态
文型	他动词テ形＋ある	自动词テ形＋いる
例句	窓が開けてある	窓が開いている

3.　～ておく

（1）表示对对象施事，使其发生变化，并将其结果状态存续下去。

① ストーブを付けたばかりだから、窓を開けておいてください。/刚生着炉子，把窗户开着吧。

② 電気は消さないで朝まで付けておこう。/别关灯，一直开到天亮吧。

（2）由结果状态的持续引申为放任不管，任其所为。

① 子供の喧嘩に親が口を出さないで放っておくほうがいい。/孩子吵架，父母最好别插嘴，随他们的便。

② 机の上に本を開きっぱなしにしておく。/桌子上打开的书就那样放着吧。

（3）表示在某事之前事先做准备。

① 結婚式のスピーチは早く考えておいたほうがいい。/婚礼贺词还是要事前考虑才好。

② 必要な事柄をあらかじめ調べておく。/必要的事项，事先查一查。

（4）表示临时处置。

① 受け取ったお金を一時懐に入れておく。/把收到的钱暂放到自己的钱包。

② 分からない言葉には、とりあえず記号を付けておく。/把不懂的词先做上记号。

4. ～てしまう

（1）接在"読む""書く""食べる""飲む"等继续动词之后，表示动作完了，并常伴有"全部""すべて""完全""すっかり"等副词。

① 太郎はその小説を読んでしまった。/太郎读完了那本小说。

② 今日の仕事を全部やってしまった。/今天的工作全干完了。

（2）表示该动作造成的结果无法挽回，带有一种遗憾的心情，多接"破れる""切れる""燃える""倒れる""消える""折れる""死ぬ"等动词。

① 長年かわいがっていた犬が死んでしまった。/多年疼爱的小狗死了。

② 眼鏡が床に落ちて、割れてしまいました。/眼镜掉在地板上摔碎了。

（3）表示积极采取行动，想解决某问题，否则对自己是麻烦。多接意志动词"破る""切る""倒す""消す""折る""捨てる""片付ける""燃やす"等，而且其补助动词常用"～てしまおう"（意志形）和"～てしまいなさい"（命令形）。

① 古新聞がたまっているね、捨ててしまおうか。/旧报纸攒了一堆，扔掉吧。

② 健ちゃん、犬を外へ追い出してしまいなさい。/阿健，把狗轰到外边去。

（4）表示稍一疏忽所致的动作，多接"あがる""慌てる""驚く""思い込む"等无意志动词。

① 試験中あがってしまった。/考试时怯场了。

② お客さんの前で思わず欠伸をしてしまいました。/在客人面前不注意打了个哈欠。

（5）表示事情的结果与自己的期待相反。

① 招待状を出したが、呼んでいなかった人まできてしまった。/虽然发了请柬，但没邀请的人也都来了。

② あの娘さんは僕と結婚の約束をしておきながら、待ちきれず、ほかの男と結婚してしまった。/那个姑娘本来跟我有婚约，但是等不及跟别人结婚了。

5. ～てみる

接在"聞く""味わう""さわる""のぞく""聞ける""近づく""調べる""探す""さぐる""考える""やる"等动词之后表示尝试之意。

① あのお巡りさんに聞いてみてください。/你去问一问那个交警。

② 何度も練習してみれば、きっと上手になると思う。/多练几次试试，一定会好的。

6. ～てみせる

（1）表示决心和意志，前接动词多为意志动词。

① 今度の試験にはきっと100点を取ってみせる。/这次考试一定得个100分。

② 明日の試合に、きっと勝ってみせます。/明天比赛一定取胜。

（2）"～てみる"和"～てみせる"的比较（见表3.15）。

表3.15 "～てみる"和"～てみせる"的比较

补助动词	てみる	てみせる
意义区别	为自己而进行的尝试动作	为别人而进行的尝试动作
前接动词	意志动词	意志动词

7. ～てくる

（1）表示出现的过程。

① 涙が浮かんでくる。/眼里浮出泪花。
② 言葉は生活の中から生まれてきました。/语言从生活中产生。

（2）表示徐徐的变化，常与"しだいに、だんだん"等副词一起使用，前项动词为变化动词。

① 腹が膨らんできたから、火を弱くしましょう。/面包膨胀起来了，把火关小点。
② お腹がだんだん空いてきました。/渐渐地感觉肚子饿了。

（3）表示动作的开始，此处用动作动词。

① 力強い歌声が聞こえてくる。/传来了响亮的歌声。
② そのうち、雪が降ってきた。/不一会儿下起雪来。

（4）表示一段时间内的动作持续。

① これまで日本に関する本を数多く読んできた。/到目前为止读了很多关于日本的书籍。
② 私はこれまで30年間ずっとタバコを吸ってきた。/过去三十年我一直吸烟。

8. ～ていく

（1）表示消失的过程。这一点与"～てくる"表示出现的过程相反。

① ヘリコプターが消えていく。/直升机消失了。
② 戦場で次々と体の弱いものがマラリヤで死んでいった。/战场上体弱者陆续因疟疾死去。

（2）表示徐徐变化，用于无意志动词，这点也和"～てくる"表示徐徐变化相对应。

① これからだんだん寒くなっていく。/今后逐渐变冷。
② 純子は何も食べなくなってから日増しに衰えていった。/纯子什么也不吃，从那之后日渐衰弱。

（3）表示从某时开始。

① 日が立つにつれて、子犬が成長していく。/随着时间的变化，小狗长大了。

② 今日から漢字を一つずつ覚えていくつもりです。/我打算从今天起一个一个地记汉字。

七、复合动词

语法学派不同，对复合动词的定义和范围的规定也有区别。比如，有一种说法认为复合动词是由两个形态素组成的动词。这个定义包括了由"接头词＋动词""动词＋接尾性动词"的形式构成的复合形式。

这里所指的复合动词是由两个以上的词构成的动词（见表3.16）。

表3.16　复合动词的主要形式

动词＋动词	読み＋始める（开始读）	立ち＋働く（干活勤快）
	飲み＋過ぎる（喝多）	話し＋合う（交谈）
	飛び＋込む（跳入）	呼び＋かける（招呼）
名词＋动词	気＋付く（发觉）	目＋覚める（觉醒）
	名＋付ける（命名）	背＋負う（背）
形容词＋动词	長＋引く（拖长）	若＋返る（返老还童）
	多＋すぎる（过多）	遠＋ざける（躲开）
拟态词＋动词	粘り＋つく（粘住）	苛＋立つ（焦虑）
接头词＋动词	さ＋まよう（徘徊）	ぶっ＋ころす（杀戮）
	付け＋加える（加上）	さし＋あげる（奉上）
词＋接尾性动词	利口＋ぶる（装作聪明）	寂し＋がる（感到寂寞）

复合动词的后项动词按意义可归为四大类，即表示方向的后项动词，表示强调、程度的后项动词，表示成败、难易、超过或不足的后项动词，表示体的后项动词。

（一）表示方向的后项动词

1. 上がる/上げる

表示由下向上移动，除具体表示空间的位置性移动外，也表示地位、价格、程度等抽象性的提高和提升（见表3.17）。

表3.17　上がる/上げる

自动词＋上がる	浮き＋上がる（浮上）	飛び＋上がる（跳上）
	伸び＋上がる（上升）	跳ね＋上がる（跳起来）
	燃え＋上がる（燃起）	湧き＋上がる（涌上）
	立ち＋上がる（站起来）	積み＋上がる（堆高）

（续表 3.17）

他动词 + 上げる	見 + 上げる（仰视）	打ち + 上げる（向上发射）
	吊るし + 上げる（吊起）	運び + 上げる（搬上）
	拾い + 上げる（拾起）	巻き + 上げる（卷起）
	持ち + 上げる（举起）	引き + 上げる（提升）

2. おとす/おろす/落ちる

表示在空间中由上而下的移动（见表 3.18）。

表 3.18　おとす/おろす/落ちる

他动词 + おとす	押し + おとす（推下）	払い + おとす（拂掉）
	吹き + おとす（吹落）	吐き + おとす（吐掉）
他动词 + おろす	打ち + おろす（打下）	書き + おろす（写就）
	見 + おろす（俯视）	吹き + おろす（吹掉）
自动词 + 落ちる	流れ + 落ちる（流掉）	漏れ + 落ちる（漏掉）
	抜け + 落ちる（拔掉）	崩れ + 落ちる（塌落）

3. だす/でる

表示从内到外，从小范围到大范围、从个体到集体、从私人到公共等意义（见表 3.19）。

表 3.19　だす/でる

他动词 + 出す	選び + 出す（选出）	売り + 出す（卖出）
	押し + 出す（推出）	絞り + 出す（榨出）
	吸い + 出す（吸出）	救い + 出す（救出）
	吐き + 出す（吐出）	投げ + 出す（抛出）
自动词 + 出す	飛び + 出す（飞出）	乗り + 出す（伸出）
	生まれ + 出す（生出）	湧き + 出す（涌出）
自动词 + 出る	現れ + 出る（现出）	転がり + 出る（蹦出）
	飛び + 出る（飞出）	逃げ + 出る（逃出）

4. 入る/入れる、込む/込める

表示从外向内移动，其中"いれる"表示态度积极（见表 3.20）。

表3.20　入る/入れる、込む/込める

自动词＋入<ruby>はい</ruby>る	歩<ruby>あゆ</ruby>み＋入る（步入）	落<ruby>お</ruby>ち＋入る（落入）
	滑<ruby>すべ</ruby>り＋入る（滑进）	流<ruby>なが</ruby>れ＋入る（流入）
他动词＋入<ruby>はい</ruby>る	打<ruby>う</ruby>ち＋入る（打入）	押<ruby>お</ruby>し＋入る（推入）
	吹<ruby>ふ</ruby>き＋入る（吹进）	引<ruby>ひ</ruby>き＋入る（拉入）
他动词＋入れる	迎<ruby>むか</ruby>え＋入れる（迎进）	投<ruby>な</ruby>げ＋入れる（投入）
	買<ruby>か</ruby>い＋入れる（购进）	借<ruby>か</ruby>り＋入れる（借入）
自动词＋込<ruby>こ</ruby>む	移<ruby>うつ</ruby>り＋込む（搬入）	落<ruby>お</ruby>ち＋込む（掉进）
	立<ruby>た</ruby>ち＋こむ（拥挤）	住<ruby>す</ruby>み＋込む（搬进）
他动词＋込<ruby>こ</ruby>む	打<ruby>う</ruby>ち＋込む（打入）	書<ruby>か</ruby>き＋込む（写入）
他动词＋込<ruby>こ</ruby>める	押<ruby>お</ruby>し＋込める（塞进）	追<ruby>お</ruby>い＋込める（逼进）
	閉<ruby>と</ruby>じ＋込める（封锁）	塗<ruby>ぬ</ruby>り＋込める（涂上）

5. つける/つく

表示附着某物之上或固定某处，つける是他动词，意为把客体固定在某处，"つく"是自动词，意为主题附着或固定在某处（见表3.21）。

表3.21　つける/つく

他动词＋つける	編<ruby>あ</ruby>み＋つける（编织）	結<ruby>むす</ruby>び＋つける（结合）
	打<ruby>う</ruby>ち＋つける（钉上）	挟<ruby>はさ</ruby>み＋つける（夹住）
	取<ruby>と</ruby>り＋付<ruby>つ</ruby>ける（安装）	踏<ruby>ふ</ruby>み＋つける（踏入）
	植<ruby>う</ruby>え＋付<ruby>づ</ruby>ける（种植）	巻<ruby>ま</ruby>き＋つける（缠绕）
自动词＋つく	飛<ruby>と</ruby>び＋つく（扑上）	帰<ruby>かえ</ruby>り＋つく（回到）

（二）表示强调、程度的后项动词

1. 上げる/上がる

与前述的不同，无向上之意，表示强调（见表3.22）。

表3.22　上げる/上がる

他动词＋上<ruby>あ</ruby>げる	締<ruby>し</ruby>め＋上げる（勒紧）	買<ruby>か</ruby>い＋上げる（收购）
自动词＋上<ruby>あ</ruby>がる	震<ruby>ふる</ruby>え＋上がる（发抖）	縮<ruby>ちぢ</ruby>み＋上がる（缩为一团）

2. 入る

见表 3.23。

表 3.23　入る

自动词 + 入<ruby>い</ruby>る	恥<ruby>は</ruby>じ + 入る（感到羞耻）	恐<ruby>おそ</ruby>れ + 入る（惶恐至极）

3. 立てる／立つ

见表 3.24。

表 3.24　立てる／立つ

自动词 + 立<ruby>た</ruby>てる	鳴<ruby>な</ruby>き + 立てる（鸣叫不止）	急<ruby>いそ</ruby>ぎ + 立てる（催促）
自动词 + 立<ruby>た</ruby>つ	怒<ruby>いか</ruby>り + 立つ（愤怒）	崩<ruby>くず</ruby>れ + 立つ（坍塌）

（三）表示成败、难易、超过或不足的后项动词

1. 損なう

接意志动词，表示有做某动作的意志，但未能实现，接无意志动词表示险些弄成那样（见表 3.25）。

表 3.25　損なう

他动词 + 損<ruby>そこ</ruby>なう	打<ruby>う</ruby>ち損なう（打错）	書<ruby>か</ruby>き損なう（写错）
自动词 + 損<ruby>そこ</ruby>なう	乗<ruby>の</ruby>り損なう（漏乘）	逃<ruby>に</ruby>げ損なう（险些逃走）

2. 忘れる

表示稍一疏忽，或热衷于某事而忘了另外的事（见表 3.26）。

表 3.26　忘れる

他动词 + 忘<ruby>わす</ruby>れる	置<ruby>お</ruby>き忘れる（忘放）	書<ruby>か</ruby>き忘れる（忘写）

3. うる／かねる

前者表示"可能"，后者表示"不能、难于"（见表 3.27）。

表 3.27　うる/かねる

他动词 + うる	解決<ruby>かいけつ</ruby>しうる（能解决）	教<ruby>おし</ruby>えうる（能教）
自动词 + かねる	進<ruby>すす</ruby>みかねる（难于进展）	別<ruby>わか</ruby>れかねる（难分难舍）
他动词 + かねる	言<ruby>い</ruby>いかねる（难以启口）	決<ruby>き</ruby>めかねる（难以决定）

4. すぎる/たりる

动词"すぎる"前既可以是自动词，也可以是他动词，既可以是意志动词，也可以是无意志动词，表示数量程度的超过；动词"たりる"意为足够（见表 3.28）。

表 3.28　すぎる/たりる

自动词 + 過<ruby>す</ruby>ぎる	歩<ruby>ある</ruby>きすぎる（走过头）	寝<ruby>ね</ruby>すぎる（睡过头）
	疲<ruby>つか</ruby>れすぎる（疲劳过度）	怒<ruby>おこ</ruby>りすぎる（生气过度）
他动词 + 過<ruby>す</ruby>ぎる	食<ruby>た</ruby>べ過ぎる（吃多了）	やりすぎる（干过头）
	読<ruby>よ</ruby>みすぎる（读过头）	言<ruby>い</ruby>い過ぎる（说过头）
自动词 + 足<ruby>た</ruby>りる	遊<ruby>あそ</ruby>び足りる（玩够）	寝<ruby>ね</ruby>足りる（睡足）
他动词 + 足<ruby>た</ruby>りる	飲<ruby>の</ruby>み足りる（喝够）	見<ruby>み</ruby>足りる（看够）

（四）表示体的后项动词

表示体的后项动词有"始める""出す""かける""つづく""つづける""おわる""終える""きる"等。其中"始める""出す""かける"表示开始，"つづく""つづける"表示继续。"おわる""終える""きる"表示完了。

1. ～はじめる

（1）前接继续动词，表示开始。即以某时间点为界，动作开始并持续。

① あの人が<u>話し始める</u>と、きりがない。/那个人一说起来就没完没了。

② 東の空は<u>明け始め</u>ました。/东方的天空开始亮了。

（2）前接瞬间动词，单数主体时表示重复，复数主体时表示多数动作重复。

① 田中さんは先週から<u>遅刻しはじめ</u>ました。/田中从上周开始迟到了。

② 秋になって、木の葉が<u>散らかりはじめた</u>。/秋天来了，树叶开始落了。

2. ～だす

（1）前接他动词时，表示向外部移动。

① 水が岩のすきまから<u>湧き出す</u>。/水从岩缝里喷出来。

② 鳥がすばこから表へ<u>飛び出した</u>。/鸟从巢里飞出来了。

（2）表示开始，自然性、突发性强，前项常为表示感情的"怒る""照れる""うろたえる""はにかむ"和表示声响的"鳴る""ひびく"等动词。

① 生徒たちが掃除をしないで帰ってしまって先生はすぐ<u>怒り出した</u>。/学生不扫除就回家，老师立刻勃然大怒。

② 八時になると授業のベルが<u>鳴りだした</u>。/一到八点，上课铃就响起来了。

3. ～かける

（1）前项动词几乎都是他动词，表示对对象的施事，对象名词后用格助词"に"，接续动词后表示"始动稍后"或"始动紧前"。

① 小鳥が窓から部屋に<u>飛びかけた</u>が、すぐ飛び出した。/小鸟从窗户飞到房间里，但马上又飞出去了。

② 仕事を<u>やりかけた</u>とき、お客さんが来ました。/刚要开始工作，客人来了。

（2）前接瞬间动词，表示始动稍后。

① チャイムが<u>鳴りかけた</u>が、すぐ切れてしまった。/门铃响了，马上又停了。

② この金魚が<u>死にかけている</u>。/这条金鱼快要死了。

4. ～つづける

（1）前接继续动词，表示动作继续。

① 今日、朝からずっとテレビを<u>見続けている</u>。/从今天早晨开始，一直在看电视。

（2）前接瞬间动词，表示动作反复。

① ラジオが<u>故障しつづけて</u>、何回修理してもらって直らない。/收音机老出故障，请人修了好几次也修不好。

5. ～おわる

前接继续动词，表示完了。

① 早く朝ご飯を<u>食べ終わって</u>、自転車に乗って登校した。/很快吃完早饭，骑自行车上学去了。

② アイスクリームが<u>溶けおわったら</u>、別のコップに入れよう。/冰淇淋融化完了，就放入另一个杯子里吧。

6. ～きる／きれる

"きる"的前项动词多是意志动词，表示达到目的，"きれる"前项表示达到数量。而数量有余，没有达到全部数量则用"～切れる"的否定形。

① 夕べやっとこの小説を<u>読みきった</u>。/傍晚，终于把这本小说读完了。

② 料理を注文しすぎて、<u>食べきれず</u>にたくさん残してしまった。/菜点多了，吃不完还剩了好多。

八、动词的体、时、态

动词的"体"是动词所表现的动作、作用，有的可以是一个过程，即存在着动作作用

的开始、进行和结束等阶段。动词的"体（アスペクト）"就是记述动作、作用等处于何种进行情况的语法范畴。

"体"就其表现形式来讲非常丰富，这些表现形式有"动词连体形＋て＋补助动词"，有"动词连体形＋后缀类动词"，有惯用形等。究其所反映的体的意义，可分为准备体、即将体、起始体、持续体、完成体、存续体等。其中，持续体、完成体、存续体是最基本的体。

> 部屋を掃除<u>します</u>。（開始）
> 部屋を掃除<u>しています</u>。（進行中）
> 部屋を掃除<u>しました</u>。（完了）

并不是所有的动词表示的动作、作用都是一个过程。动态动词（继续动词和瞬间动词）表示的动作、作用有过程，静态动词（状态动词和形容性动词）则没有。过程有的长，有的短。长的、可以持续的是继续动词；短的，甚至动作在瞬间完成的是瞬间动词。

（一）动词的"体"

1. 持续体

持续体（持続相<ruby>じぞくそう</ruby>）表示动作、行为在某一时间内持续进行或正在进行、反复进行。继续动词都有持续体；瞬间动词在某些情况下也有持续体。

持续体的表达形式有多种，常见的有"动词连用形＋ている""动词连用形＋てくる""动词连用形＋ていく""动词连用形＋つつある"等。

（1）ている。表示动作正在进行、持续的过程中时，"ている"前接继续动词；表示动作的反复进行，说话时或某个特定时间也许这个动作并未进行，但可以把这种动作的反复看作一种持续，这时"ている"可前接瞬间动词。瞬间动词构成持续状态时，可以由多个主体反复进行这个动作，也可以由一个主体重复进行这个动作。

① 今、市内の病院で働<u>いている</u>。／现在在市内的医院工作。
② 強化ガラスに関する論文を読<u>んでいる</u>。／正在读有关钢化玻璃的论文。
③ 戦争で毎日人々が死<u>んでいる</u>。／每天都有人因战争而丧生。
④ 夜間大学に行<u>っている</u>。／我在上夜大。

（2）てくる与ていく。"～ている"表示的是观察的视点在动作继续或反复的过程中，不见动作的起始和终止。而"～てくる"和"～ていく"就好像把"～ている"分成了两段，因为明确了发话时间，所以"～てくる"和"～ていく"在时态上有明显的区别。持续体的"～てくる"常用于过去时，持续体的"～ていく"常用于非过去时，如图3.2所示。

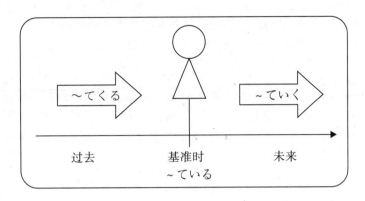

图 3.2 **てくる、ていく** 与 **ている** 在时态上的区别

⑤ とにかく私は<u>苦労してきた</u>。/不管怎么说我是苦过来的。

⑥ 最近は児童文学を読む大人が<u>増えてきた</u>。/最近，读儿童文学的成年人多了起来。

⑦ この子は私一人の力で<u>育てていき</u>ます。/这个孩子要靠我一个人培养长大。

构成持续体的 "~てくる" 和 "~ていく" 的表达形式中，一般情况下只能是继续动词；多个主体或同一主体重复进行一个动作时，也可以是瞬间动词。

（3）つつある。惯用形 "~つつある" 可以表示渐进性持续的意思，因而使用此惯用型的多是瞬间动词，把瞬间动词完成的动作过程延长，增加动态感。也可以是继续动词，但不常用。

⑧ 世界は<u>変わりつつある</u>。/世界在不断地发生变化。（瞬间动词）

⑨ 台風はゆっくり<u>北上しつつある</u>。/台风逐渐北上。（继续动词）

另外，还可以通过一些其他的惯用形如 "~ているところだ" "~ている" 等，以及通过词汇手段，如 "~続ける" "~中だ" 等构成持续体。

⑩ バスが見渡すかぎりの草原を<u>走り続けた</u>。/公共汽车在无边的草原上奔驰着。

⑪ 今、得意な料理を<u>作っているところだ</u>。/现在正在做拿手菜。

⑫ ちょっと待ってくれ、<u>相談している最中だ</u>。/稍等一下，正商量着呢。

⑬ <u>準備中</u>で、なにもかも整っていない。/正在准备，什么都还没弄好。

⑭ 価が<u>上がる一方</u>だ。/物价一个劲儿上涨。

2. 存续体

存续体（<ruby>既然相<rt>きぜんそう</rt></ruby>、<ruby>結果相<rt>けっかそう</rt></ruby>）表示动作、行为所造成的状态、所形成的结果还在保留着。存续体的构成方法主要有两种。

（1）ている。"ている" 形式的存续体，意义可分为两种：一种是状态存续；一种是经历、记录。

1）状态存续："瞬间动词＋ている" 是构成状态存续意义的存续体的基本方式。这种方式构成的存续体，表明动作行为已经发生，但所造成的状态仍然存在。

① 井上先生はいま中国に行っている。/井上老师现在到中国去了。

② 王さんは特別な眼鏡をかけている。/小王戴着一副特别的眼镜。

2）经历、记录：“动词＋ている”还可以表示人们的经历、事件的记录等。表示过去的经历、过去做的事留下记录的意义，是从表示状态存续的“瞬间动词＋ている”的意义派生出来的。从动作整体角度来看，动作完成后就会留下记录，成为一种经历，这时继续动词与瞬间动词的区别可以忽略，都可以用“动词＋ている”的形式构成表示经历、记录的存续体。

③ 井上先生は中国に何回も行っている。/井上老师去过中国好多次。

④ あの映画はもうとっくに見ている。/那部电影早就看过了。

（2）てある。“てある”接在他动词后，表示过去的动作、行为造成的结果还保留着。“～てある”形式的存续体，叙述的焦点转移到了动作的对象上，并且说明这种结果是人为造成的。在句子结构上，这一特点表现为动作涉及的对象常成为句子的主语，在形式上变“を格”为“が格”。

① 窓が開けてある。/窗户打开着。

② 新しいバットを注文してある。/已经订好了新球棒。

3. 完成体

完成体（終結相_{しゅうけつそう}）指的是动作、行为的完成、结束。完成体的构成形式主要是“动词连用形＋てしまう”。

① この小説を今週中に読んでしまう。/这周内读完这本小说。

② 果物を全部食べてしまった。/把水果全吃完了。

另外，可以通过词汇手段“～終わる”“～切る”“～尽くす”等构成完成体。

③ 坂を登り切るとそこは森だ。/上完坡是一片森林。

④ 会社の発展のために精力を使いつくした。/为了公司的发展，耗完了所有精力。

4. 其他的体

（1）准备体。准备体（準備相_{じゅんびそう}）表示该动作是为下一步做准备而做的。准备体的构成是“动词连用形＋ておく”。构成准备体的动词必须是意志动词。

① 明日の朝は早いので、夜のうちに弁当を作っておきましょう。/明天一大早就得出发，今天夜里就把盒饭做好吧。

② 自転車はもう買っておいた。/自行车已经买好了。

（2）即将体。即将体（将然相_{しょうぜんそう}）表示动作、行为、作用等就要发生。常见的构成方式是惯用型“～（よう）とする”“～するばかりだ”“～するところだ”“～そうだ”等。

① 儀式は間もなく終わろうとしている。/仪式马上就要结束了。

② もう食べるばかりになっている。/只等开动了。

③ やっと準備ができて、出かけるところだ。/终于准备好了，就要出发了。

④ 火が消えかかっている。/火快要灭了。

（3）起始体。起始体（始動相^{しどうそう}）表示动作、行为、作用的开始。通常用"～はじめる""～だす"等形式来表达，也可用"～てくる"来表达。

① 学生たちは解答を書き始めた。/学生们开始作答了。

② 止まっていたバスが動き出した。/停着的公共汽车开动了。

③ 雨が降ってきた。/下起了雨。

（二）动词的"时"

时（テンス）是一个语法范畴，指通过一定的语法形式表示动作、作用、状态的发生时间与某一基准时间（通常是说话的时间）之间的关系。在日语中，时不是动词特有的现象，但动词表现得比较典型。

日语的时存在非过去时（非過去^{ひかこ}）与过去时（過去^{かこ}）的对立。非过去时可以指现在，也可以指将来。动词的时的形态变化，需要借助助动词"だ"，从而形成"する"与"した"之间的对立。

1. 非过去时

非过去时由动词的终止形直接构成。

（1）表示确定的将来。继续动词和瞬间动词的非过去时形态都可以表示将来。

① お金をためて大きな家を建てる。/存钱盖大房子。

② 明日必ず行きます。/明天一定去。

（2）表示现在反复进行的行为。继续动词和动词存续体非过去时形式，均可表示现在反复进行的或习惯性的动作、行为。

① 毎日指を折って出席人数を数える。/每天掰着指头数出席的人数。

② 勉強として日本語で日記をつけている。/作为学习，每天用日语写日记。

（3）表示现在的状态。状态动词、动词存续体、形容词性动词＋ている的非过去时形式均表示现存的状态。

① 花子さんは飛行機の操縦ができる。/花子会开飞机。

② 道は海岸に沿っている。/道路沿着海岸。

（4）表示超越时间观念的概念、规律、真理、说明等。

① 地球が回る。/地球转动。

② 手紙書きも知的生産の一種であると言える。/可以说写信也是一种知识创造。

2. 过去时

过去时由"动词连用形＋た"构成。这里说的动词，也包括补助动词及动词型活用的

助动词。过去时的语法意义有：

（1）表示过去某个时刻的行为。用"动态动词连用形＋た"表示。

① 夕べ雨が降った。／昨晚下了雨。

② 昨日ここで交通事故が起こった。／昨天，这里发生了交通事故。

（2）表示过去反复进行的行为。用"动态动词连用形＋た"或动词存续体的过去时表示，有回忆的意味。

① 昔はよくここで泳いだ。／过去经常在这里游泳。

② 暇な時は山登りに行ったものだ。／闲暇时就去爬山。

（3）表示过去的状态。用"状态动词连用形＋た"、瞬间动词的存续体过去时、"形容词性动词＋ていた"表示。

① 三日前はこの窓ガラスが割れていた。／三天前这块窗玻璃就是破的。

② 昔、ここはたくさんの湖があった。／以前，这里有很多湖泊。

3. 分句中的时

日语中有绝对时和相对时之分。当基准时为说话时的时候，称为绝对时（絶対テンス^{ぜったい}）；基准为某一特定时刻时，称为相对时（相対テンス）。

基准时为说话时的时候：

① 朝ご飯を食べる。（未来）

② 朝ご飯を食べた。（過去）

基准为某一特定时刻：

③ 旅行に行くときにカバンを買った。（カバン→旅行）

④ 旅行に行ったときにカバンを買った。（旅行→カバン）

句末谓语动词的时，以说话时为基准；句中其他成分，如定语、补语、宾语从句、状语从句和引用成分中时的基准则多以主句句末谓语动词的时间为基准，其时的特点是有相对性，因而常运用相对时。

（1）定语、宾语、补语等成分中的时。

定语等成分中的时大多是相对时。

① タバコを吸っている人に道を尋ねた。／向一个吸烟的人问路。

② 北京へ行くとき、このかばんを買った。／要去北京时买了这个包。

③ 北京へ行った時、このかばんを買った。／去北京时买了这个包。

④ 僕たちは頂上で朝日が昇るのを待っていた。／我们在山顶等待日出。

（2）状语成分中的时。

1）当状语是既定的关系，即并列、因果、转折等逻辑关系时，状语中的时分两种情况。

第一种情况，接续助词为"し""が""けれども"表示并列、对比时，或状语从句

中的动词为状态动词时，分句动词用绝对时。

① 洋服の生地も決めたし、靴も注文した。/西服的布料选好了，鞋也买好了。

② 風は止みましたが、雨がまだ降っています。/风停了，雨还在下。

第二种情况，当状语从句中的动词为动作性动词时，用相对时。

③ 彼女が急に帰国したので、みんな驚いた。/她突然回国了，大家都很惊讶。

④ 彼女が帰国するので、お別れ会をしてあげた。/她要回国了，所以给她开了个欢送会。

2）当状语是假定关系，如条件、让步等逻辑关系时，状语从句中的时多为相对时。

① たとえ諦めるにしても、もう少し努力してみるべきだった。/即使放弃，也应该再努力一把。

② 外資系の会社に入るなら、語学を勉強しておけばよかった。/要是进外资公司，先学点外语就好了。

（3）引用成分中的时。

引用成分（包括引语、思考内容等）多保持原话的时，也就是说在句中呈现相对时。

① 彼は必ず行くと言ったのに、来なかった。/他说了"一定去"，可是没来。

② 息子からの手紙には元気でやっているとあった。/儿子在信上说"干得很带劲儿"。

（三）动词的"态"

基于着眼点不同，描述同样一件事情时，既可以从动作的施事者出发，也可以从动作的受事者出发，还可以从指使者出发，如此等等。由于动词所指动作与主语的关系所形成的谓语动词的形态变化，叫作动词的"态"。日语动词的态分为五类。

（1）主动态：从动作施事者出发，主语是施事者。

（2）被动态：从动作受事者出发，主语是受事者。

（3）使役态：以指使者为叙述焦点，主语是指使者。

（4）可能态：从动作能否实现出发，主语可转向条件对象。

（5）自然发生态：以动作结果为叙述焦点，主语可转向客体。

相对于其他各态而言，主动态是一个基本态。

1. 被动态与被动句

当描述某一动作、行为时，不是以施事者为主角，而是以受事者为主角进行描述，该动词所表现的形态，就是被动态（受動態）。被动态的构成方式是："五段动词未然形 + れる"或"五段以外动词未然形 + られる"。其中"サ变动词未然形 + られる"构成的"せられる"一般情况下可约音为"される"。例如：

書く→かかない	食べる→たべない	する→せぬ
かか + れる	たべ + られる	せられる
		される

（1）被动句的构成。被动句（受身文<ruby>受身文<rt>うけみぶん</rt></ruby>、<ruby>受動文<rt>じゅどうぶん</rt></ruby>）中，谓语由动词被动态构成。句中的主语是动作的承受者，或被动态动词所指动作的"受害者"，用"～が"表示。被动句中出现动作的施事者，则以"～に""～から""～によって"等补语形式出现。

① 太郎が犬に<u>かまれた</u>。/太郎被狗咬了。

② 私は帰る途中、雨に<u>降られた</u>。/我在回来的途中被雨淋了。

动作的承受者，在主动句中常以宾格形式"～を"出现，而在被动句中变成叙述的焦点，成了主格。

① 犬が太郎を<u>かんだ</u>。/狗咬了太郎。

　［主動句］犬が 太郎を 嚙んだ。

　［被動句］太郎が 犬に 嚙まれた。

② 先生がよく太郎を<u>褒める</u>。/老师经常表扬太郎。

　［主動句］先生が 太郎を 褒めた。

　［被動句］太郎が 先生に 褒められた。

（2）直接被动句。直接被动句中的主语是动作的直接承受者。其中所描述的客观事实，可以还原为主动句来说明，而且符合转换规律。构成直接被动态的动词是他动词。

① 太郎が次郎に英語を<u>教える</u>。/太郎教次郎英语。

② 次郎が太郎に英語を<u>教えられる</u>。/次郎让太郎教他英语。

此外，直接被动句中的施事者也可以不出现。

③ 「非人間」という言葉がよく<u>使われている</u>。/"非人的"这个词经常被使用。

（3）间接被动句。间接被动句中的主语并不是动作的直接承受者，而是受到了动作的间接影响（如：子どもが騒ぐ/<u>私</u>は子どもに騒がれる）。根据动词自他属性的不同，可分为自动词的间接被动句和他动词的间接被动句。其中，自动词的间接被动句一般无法直接还原成主动句。

① ×雨が私を（に、で、から）降る。

② ×父が私を（に、で、から）死んだ。

他动词的间接被动句可以还原为主动句。

③ 混んだ電車の中で（誰かが私の）<u>足</u>を踏んだ。/在拥挤的电车中有人踩了我的脚。

（4）被动态与自动词。

自他动词可以相互转换，在接"ている"时：

① 窓が<u>開いている</u>。/窗户开着。

② 窓が<u>開けてある</u>。/窗户打开着。

③ 窓が<u>開けられている</u>。/窗户被打开了。

被动态和自动词接"ている"、他动词接"てある"所表达的结果几乎是一样的。当

然其中也有差别，自动词接"ている"的句子不关心这种结果是谁或是什么原因造成的，仅仅描述现状；他动词接"てある"的句子强调的是人为改变成现在的状态；他动词的被动句中，可以意识到施者或某种原因存在。在个别情况下，他动词的被动态与自动词的意思十分接近，但是叙述的焦点与感情色彩不同。

① 警察が泥棒をつかまえた。/警察抓住了小偷。

② 泥棒が警察につかまった。/小偷被警察抓住了。

③ 泥棒が警察につかまえられた。/小偷被警察抓住了。

（5）可以构成被动态的动词。

所有他动词都能够构成被动态。有"能动"意义的自动词，也就是可以构成命令句的动词、意志动词，也能构成被动态；一些表示自然现象和生理现象的自动词也能构成被动态。只能表示状态、性质、可能、自发的静态动词如"ある""できる""そびえる""聞こえる"等没有被动态。另外，本身含有被动意义的词，如"うける""教わる""助かる""つかまる"等也不能构成被动态。

2. 使役态与使役句

在描述某一动作、行为时，不是以施事者为主角，而是以指使者、容许者或者促成者为主角描述，该动词所表现的形态就是使役态（使役態）。使役态的构成方式是"五段动词未然形＋せる"或"五段以外动词未然形＋させる"。

（1）使役句的构成。

在使役句中，谓语动词是动词的使役态，句中主语是指使者，动词的施事者以补语形式"～に""～を"出现。

① 先生が彼に論文を書かせる。/老师让他写论文。

② 本人を来させてください。/让本人来！

③ 先生が太郎を廊下に立たせる。/老师叫太郎站在走廊里。

（2）使役对象的格。

使役对象在使役句中，存在"～に"和"～を"两种表达方式。

1）他动词。

他动词构成的使役态，使役对象都用"～に"。

① 彼にかってに言わせておこう。/让他随便说吧。

此外，具有他动词倾向的自动词也用"～に"。

② 彼は人々にその提案に反対させた。/他让大家都反对那项提案。

2）自动词。

自动词使役态的使役对象既可以用"～に"表示，也可以用"～を"表示，主要看表达的意思是强制性的，还是非强制性的。

① 遊びたかったが、父は私たちを買い物に行かせた。/我们很想玩，可是爸爸叫我们去买东西。（强制性）

② 父はやっと<u>私たちに</u>買い物に<u>行かせる</u>ようになった。/爸爸终于肯让我们去买东西了。（非强制性）

（3）使役动词与他动词。

自动词使役态的对象用"を"表示，说明它带有强制性，也就是有支配性，这与他动词要求的"を"格对象的情况相似。有些自他对应动词，其自动词使役态的句子可以起到和他动词相似的作用。

① 子供がバスから<u>降りた</u>。/孩子下了车。

② 先生が子供をバスから<u>降ろした</u>。/老师让孩子下了车。

③ 先生が子供をバスから<u>降りさせた</u>。/老师让孩子下了车。

另外，没有他动词对应的自动词，可使用它的使役态作为临时创造的他动词。

④ 鬼が雨を<u>降らせる</u>。/鬼招雨。

（4）可构成使役态的动词。

要指使或容许他人完成某个动作、行为，那么这个动作必须是有意识地发生的意志性行为。因而不论是自动词还是他动词，能够构成使役态的都须是意志动词及少数与心理或生理现象有关的词（如"泣く""笑う""驚く"等）。表示状态等的静态动词（如"ある""できる""読める"等）不能构成使役态。

（5）被使役态。

被使役态（被役態<ruby>被役態<rt>ひえきたい</rt></ruby>）不是一个独立的态，而是使役态的被动态。

① 先生が彼に論文を<u>書かせた</u>。/老师让他写论文。

② 彼が先生に論文を<u>書かせられた</u>。/他被老师要求写论文。

被使役态描述的焦点是被指使者，其实也就是动作的实施者。但是，它揭示了动作的施动是在什么环境下产生的，也表明了描述者的态度，与陈述方式有一定关系。

1）被使役态的意义。

从其中含有被动态可以知道，被指使者的行为不是自觉主动的，而是被迫的、不情愿的。如果动词是表示心理活动的词，则表示不是自觉自发的，而是由其他事物触发的。

①（弟が借りた）借金を<u>払わせられた</u>。/被迫还上了弟弟所借的钱。

② 両親をなくした彼は 18 才もならないうちに、<u>独立させられた</u>。/失去双亲的他，还不到 18 岁就不得不自己独立生活了。

2）被使役态的约音。

五段动词被使役态常常发生的约音现象见表 3.29。

3.29 五段动词被使役态常常发生的约音

書く	書かせる	書かせられる	書かされる
歌う	歌わせる	歌わせられる	歌わされる

第二节　形容词

一、形容词的特点和分类

（一）形容词的特点

形容词（形容词〔けいようし〕）是实词，属用言的一种，具有形态变化，能独立构成谓语，也可以构成定语和状语。此外，形容词还可以接受状语的修饰。

形容词的形态特点是以"い"为词尾。在书写时，一般以"い""しい"为送假名，如"暑い""新しい"等。也有的形容词以"きい""らかい"等为送假名，如"大きい""柔らかい"等；还有少数形容词完全用假名书写，如"おいしい""うるさい"等。

（二）形容词的分类

1. 根据意义和用法分类

从意义和用法上对形容词进行分类，可以把形容词分为两类：属性形容词（属性形容词〔ぞくせいけいようし〕）和感觉形容词（感情形容词〔かんじょうけいようし〕）。属性形容词主要表示事物的客观属性、状态；感觉形容词则表示说话人的主观感情、感觉。两者不仅在意义上有差别，而且在用法上也表现出明显的差异。

（1）属性形容词，表示事物的客观属性、状态，可以构成谓语、定语、状语，没有人称的限制。

① 中国は土地が広い。/中国土地辽阔。
② 美しい景色が人の心を引きつける。/美丽的景色吸引人。

（2）感觉形容词，表示人的喜、怒、哀、乐等感情、心理感受，或者疼痛、痛苦、寒冷、炎热等身体感觉。主要构成谓语，做定语和状语的情况较少。

表示感情的感觉形容词做谓语时，一般有人称限制。在陈述句中，主语一般为第一人称，在疑问句中主语可为第二人称。

① 大勢の前で失敗をして恥ずかしい。/在众人面前出丑，真让人感到丢脸。

② 欲しいものは何でもあげるからついておいで。/想要什么都给你，跟我来。

表示身体感觉的感觉形容词做谓语时，大主语一般也有人称限制，小主语一般是身体的一部分。

③ 気温が低く体が寒い。/气温很低，我觉得很冷。

④ 風邪で頭が痛かった。/感冒了，头疼。

另外，还有部分形容词既可以表示事物的属性、状态，又可以表示主观的感情、感觉。

⑤ 人口が減って、年々寂しい街になってきている。/人口不断减少，城市一年比一年冷清。

⑥ 私は彼のいないのが寂しい。/他不在我很寂寞。

感觉形容词一般是指说话人自身的感情、感觉。要叙述第三人称的感情或感觉时，可以通过转述、判断，或者在感觉形容词后加上后缀"がる"将其派生为动词的方式，把第三者的感情、感觉或心理状态表露出来。

⑦（第一人称）私はデジカメがほしい。/我想要数码相机。

⑧（第三人称）妹はデジカメをほしがっている。/妹妹想要数码相机。

感觉形容词也可以用在表示传闻、样态或者判断的句子中，从而表达第三者的感情、感觉或心理状态。

⑨ 太郎は犬が怖いらしい。/听说太郎害怕狗。

⑩ 犬が嬉しそうに尻尾を振っている。/狗在很开心地摇着它的尾巴。

⑪ 妹はデジカメがほしいのだ。/是妹妹想要数码照相机。

2. 根据形容词的构成分类

按形容词的构成可将其分为复合形容词和派生形容词两类。

（1）复合形容词：由两个以上的单词组合而成的形容词。

名词＋形容词：涙もろい（多愁善感）　力強い（有信心）　名高い（著名的）

动词＋形容词：分かりやすい（容易明白的）　歩きにくい（不好走）　寝苦しい（睡不着）

形容词的语干＋形容词：重苦しい（沉闷）　青白い（苍白的）　細長い（细长的）

（2）派生形容词：由形容词本身和接头词或接尾词组合而成的形容词。

接头词：す＋はやい→すばやい　（迅速）

　　　　か＋ほそい→かぼそい　（弱不禁风）

接尾词：重い＋たい→重たい　（沉重）

　　　　白い＋ぽい→白っぽい　（发白的）

二、形容词的活用和ウ音便

（一）形容词的活用

形容词的词形与动词一样，分词干、词尾两部分。形容词的活用是指词尾"い"的形态变化。形容词有五种活用形，即：未然形（未然形）、连用形（連用形）、终止形（終止形）、连体形（連体形）、假定形（仮定形）（见表 3.30）。形容词没有命令形（命令形）。

表 3.30　形容词的五种活用形

词例	词尾／词干	未然形	连用形	终止形	连体形	假定形
暑い	あつ	かろ	く・（う）かっ	い	い	けれ

※连用形的「（う）」是音便。

1. 未然形
未然形"～かろ"后续推测助动词"う"，构成简体推量形式，表示推测。

① 物価の高い東京のことだから奨学金だけでは生活が苦しかろう。/东京物价很高，只靠奖学金生活恐怕很苦吧。

② 起きようと思ったら、起きられないことはなかろう。/要想起来，总是能起来的吧。

2. 连用形
连用形词尾有"く"和"かっ"两种形式。

（1）连用形"～く"。

1）置于所修饰的用言前做状语。

① いつものように、海岸通りで海を眺めたり、船を眺めたりしながら、つまらなく家に帰った。/像往常一样走在海滨马路上，望着大海和船只，无精打采地回家了。

② 約束の時間に遅れてはいけないと思ってタクシーに乗ったら、道がひどく混んでいて、早く着くどころか、かえって十五分も遅刻してしまった。/心想着不能耽误了约定的时间，便坐了出租车，可路上十分拥挤，不但没早到，反而迟到了十五分钟。

2）与"なる"或"する"结合表示变化。此时"形容词连用形 + なる"整体可以看作是一个自动词；"连用形 + する"可以看作一个他动词。前者表示客观的变化，后者表示人为地使其改变。

① 人口が増え、市場も<u>大きく</u>なった。/人口增加，市场也扩大了。

② 女はサン・グラスをとり、急に目を<u>大きく</u>した。/女子摘下太阳镜，一下子睁大了眼睛。

3) 中顿。两个用言并列，前者为形容词时可用其连用形表示中顿。

① お父さんは、僕たちに<u>厳しく</u>やさしくて、とても心が広かった。/父亲对我们又严厉又和蔼，心胸非常开阔。

② 最近は高校の日本語教師になることが<u>難しく</u>、教師以外の仕事につく卒業生も増えています。/最近要当一名高中的日语老师很不容易，从事教师以外工作的毕业生也就增多了。

4) 后续补助形容词"ない"表示否定。

① 日本料理は明るい所で白ちゃけた器で食べては<u>うまく</u>ない。/日本菜肴如果在明亮的地方用发白的瓷器盛着，吃起来就不香。

② 1日の中で、気温が突然15度ほど変化することも<u>珍しく</u>ない。/一天之中，温度突然变化15度左右也很常见。

5) 后续接续助词"て""ても""ては"，表示并列、原因、转折、条件等语法意义。

① 夏休みには海へいったものの、天気が<u>悪く</u>てほとんど泳げなかった。/暑假到海滨去了，可是因为天气不好几乎没有游成泳。

② どんなに<u>寒く</u>ても、あくる日の夜中になると、また網を持って川へ出かけて行った。/不管有多冷，一到第二天半夜，便又带着网下河去了。

6) 后续提示助词"は""も"，增添语法意义。

① 全体のスケールが大きいせいか、ここから見るとそんなに<u>高く</u>は感じられません。/或许是广场整体宏伟的关系，从这里看，不觉得有那么高。

② 僕は<u>若く</u>もなく、ハンサムでもない。/我既不年轻，也不英俊。

(2) 连用形"～かっ"。

1) 后续过去完了助动词"た"。

① 冬はとっくに過ぎたはずなのに、高原に春の訪れは<u>遅かった</u>。/冬天理应早就过去了，可高原的春天却姗姗来迟。

② 芸術に親しむ人たちというものが、人生の輝きに満ちた日向で生活しているように思われ、<u>羨ましかった</u>。/很美慕那些从事艺术的人，觉得他们全都生活在充满阳光的世界里。

2) 后续并列助词"たり"。

① 値段は<u>高かっ</u>たり、<u>安かっ</u>たりして、季節によって違います。/价格有时高有时低，因季节不同而变化。

② 沙漠の気候は<u>暑かっ</u>たり、<u>寒かっ</u>たりして、実に変化が多いという。/听说沙漠里忽冷忽热，真是变化无常。

3. **终止形**

（1）做谓语结句。

① 最近のたばこは昔のに比べるとずいぶんやわらかい。/最近的香烟，同以前的相比要柔和得多。

② 日本に生まれて、日本の自然を見ていないというのは恥ずかしい。/生长在日本，却没有观察过日本的自然，真感到丢脸。

（2）后续接续助词"から""けれども""し"等。

① 今度のお客さまは食べ物にうるさいから、よくよく注意しなさい。/这次来的客人对饭菜很挑剔，所以要格外注意。

② 咲いている間は美しいけれども、枯れると汚いね。/这花开时很美，开败了就不好看了。

（3）后续语气助词"か""よ""ね"等。

①「ひどく痛いか。」笑ってかぶりを振った。/"疼得厉害吗?"他笑着摇摇头。

② 映画より小説のほうが面白いよ。/小说比电影好看。

（4）后续传闻助动词"そうだ"、推断助动词"らしい"等。

① 最近の調査によれば、日本の生徒は勉強時間が少ないそうだ。/根据最近的调查，日本的学生学习时间很少。

② ストレスは目に悪いらしい。/听说心理压力会影响视力。

4. **连体形**

（1）修饰体言做定语。

① 辞書作りのような長い仕事をやり続けるには気力も体力も必要だ。/要进行编纂辞典这种长期的工作，需要精力和体力。

② 強い日差しが照りつけて、各地で軒並み気温が三十度を超えた。/强烈的阳光照射大地，各地气温都超过了30度。

（2）后续形式名词"の""こと""もの"等，将形容词或形容词词组体言化，或构成各种惯用型。

① 語学というものは、とても楽しいものです。/学习语言是一件很愉快的事情。

② 険しいことは険しいのですが、山を登る時足元に気をつけさえすれば大丈夫でございます。/险峻是有些险峻的，不过只要登山的时候留神脚下就没问题。

（3）后续接续助词"ので""のに"等。

① 山に近いので、昼間はひどく暑い。/此地临山，白天很热。

② ふだんは無口でおとなしいのに、昨日はすっかりかわっちゃって、驚きました。/平时沉默寡言很温顺，可昨天完全变了一个人，使我感到很惊讶。

（4）后续副助词"だけ""ほど"等。

① 勉強が忙しいだけに体をいっそう大切にしなければならない。/正因为学习很忙，所以更要注意保重身体。

② ほとんど瑠璃瓦（るり がわら）の屋根で、遠くから見ても眩しいほど黄色に輝いているものばかりです。/几乎都是琉璃瓦屋顶，从远处望去，尽是一些金碧辉煌的建筑。

（5）后续比况助动词"ようだ""みたいだ"等。

① 駅前にも支店を出したが、やはり本店の方が、おいしいような気がします。/虽然在车站前面开了分店，还是觉得总店那边比较好吃。

② 前菜の盛りつけがとてもきれいですね。いただくのがもったいないみたいだ。/这个凉菜的配色真漂亮，吃掉好像怪可惜的。

5. 假定形
后续接续助词"ば"，表示假定条件。

① 天気がよければ、スケッチに出かける。/天气好就出去写生。
② 国民の信頼がなければ、改革はできない。/没有国民的信任，改革就无法进行。

（二）形容词的ウ音便

现代日语中，形容词的ウ音便（ウ音便）（おんびん）是指形容词连用形后续"ございます""存じます"时发生的语音变化。具体米说，就是连用形词尾"く"变成"う"。

在发生ウ音便的同时，形容词词干的最后一个假名，即"ウ"前的假名也会发生语音变化，变化的形式有三种。

（1）形容词词干的最后一个假名是ア段假名时，ア段假名变成オ段假名。
はやい（快/早）　はやい＋ございます→ はやくございます→ はようございます

① お忙しいところをわざわざ出迎えに来てくださいまして、本当にありがとうございます。/您在百忙之中专程来接我，真是谢谢您了。

② お嬢様も近々御縁が決まりますそうで、おめでとう存じます。/听说令嫒今日订婚，实在可喜可贺。

（2）形容词词干最后一个假名是イ段假名时，イ段假名变成同一行的"ゆ拗音"。
よろしい（好）　よろしく＋ございます→ よろしうございます→ よろしゅうございます

明日は朝が早いので、今日は早くお休みになったほうがよろしゅうございます。/明天还要早起，今天最好早点休息。

（3）形容词词干最后一个假名是ウ段或オ段假名时，形容词词干最后一个假名与"ウ"连在一起变成长音。
暑い（熱）（あつ）　暑い（あつ）＋ございます→ 暑く（あつ）ございます→暑う（あつ）ございます

ここから下りるのでございます。滑りはいたしませんが、道がひどうございますか

らお静かに。/请您从这下去，虽然不滑可是路况糟糕，请慢着点儿。

三、补助形容词

接在其他用言后起补助作用的形容词叫作补助形容词（補助形容詞^{ほじょけいようし}）。
补助形容词有"ない""ほしい""いい（よい）"。例如：

① この時計はそれほど高く<u>ない</u>。/这个手表没有那么贵。
② 隣でタバコを吸うのをやめて<u>ほしい</u>。/希望旁边的人不要吸烟。

（一）补助形容词"ない"

补助形容词"ない"接在形容词、形容动词以及形容词型助动词、形容词型助动词连用形之后，表示否定。"ない"作为独立的形容词使用时，表示"没有""不在"的意思，这时也可以写为"無い"。作为补助形容词则仅表示否定，只能用假名书写，不能写为"無い"。

有时在形容词、形容动词以及形容词型助动词、形容词型助动词连用形后，介入提示助词"は"，然后再接补助形容词"ない"。

1. 形容词连用形く＋ない

建物はあまり<u>高くは</u>ないが、奇妙な音をだすことで有名である。/建筑物虽然不太高，但因能发出美妙的声音而闻名。

2. 形容词连用形で＋ない

公務の忙しい間にこういう世話を焼くのは<u>容易で</u>はなかった。/在紧张繁忙的工作中，挤出时间来管闲事是不容易的。

3. 愿望助动词"たい"的连用形たく＋ない

いまだれにも会い<u>たくない</u>から、だれかが来たら、よろしくやってくれよ。/现在谁也不想见，要是有谁来了的话替我应付一下。

4. 断定助动词"だ"、样态助动词"そうだ"、比况助动词"ようだ"的连用形＋ない

① 切符をもらったからみにきたものの、あまり面白い映画<u>で</u>はなかった。/因为别人给的票所以来看了，不过是部没什么意思的电影。
② 朝から曇っていたが、まだ雨が降り<u>そうで</u>はなかった。/从早晨起来就阴天了，但还不像要下雨的样子。

（二）补助形容词"ほしい"

接在"用言连体形＋て"或"用言未然形＋ないで"后，表示说话人希望出现某一事态。

① 私たちの番組を見て楽しい気分になっ<u>てほしい</u>。/希望看了我们的节目，能感到

愉快。

从上述意思可以看出，说话人要求听话人采取某一行动或造成某种状态，这时谓语必须是意志动词。后一用法实质上是一种要求或委婉的命令，为缓和语气，经常后加"と思います"或"のです（が）""のです（けれども）"等。

② 私とここで会ったことをだれにも言わないと約束してほしいんです。/请你答应我，不要告诉任何人说你在这儿见到了我。

③ すみませんが、ここでたばこをすわないでほしいのですが。/对不起，希望你不要在这里吸烟。

（三）补助形容词"いい（よい）"

补助形容词"いい（よい）"用在以下句型中，主要表示两种意义。

1. 接在动词＋接续助词"て"或"ても"后，表示同意或允许对方做某件事

① 子供たちは皆、母の多大な影響を受けて育ったと言っていい。/可以说，孩子们都是受了母亲的影响长大成人的。

② そう簡単に感染することはない。あまり神経質にならなくてもいいでしょう。/不会那么容易传染，用不着那么神经质。

2. 接在接续助词"ても"后，表示提出自己愿意做某事

一人で仕事が進まなかったら、僕が手伝ってもいいですよ。/一个人工作进展不顺利的话，我可以帮你的忙。

第三节　形容动词

一、形容动词的特点和分类

（一）形容动词的特点

形容动词（形容動詞）是实词，也是用言的一种，具有形态变化，能独立构成谓语，也可单独构成定语和状语。此外，形容动词还可接受状语的修饰。形容动词的特点如下：

（1）形容动词的终止形以"だ""です"作为词尾。

（2）形容动词可以单独做谓语。

（3）形容动词词干独立性强。

1）某些形容动词词干可以单独使用。

2）某些形容动词词干后续接尾词"さ""み"可以构成派生名词，含有程度的意思。

3）某些形容动词词干可以与其他词结合为复合词。

（二）形容动词的分类

形容动词的分类见表3.31。

表3.31　形容动词的分类

类别		词例
日语固有的形容动词	词干以"か""らか""やか"结尾的	幸せだ　　幸福的 明らかだ　明显的 豊かだ　　丰富的 静かだ　　安静的 速やかだ　迅速的
	词干不规则结尾的	手ごろだ　合适的 好きだ　　喜欢的 盛んだ　　兴盛的 きれいだ　漂亮的
由汉语构成的形容动词	汉语名词	幸福だ　　幸福的 自由だ　　自由的
	汉语名词 + "的"	政治的だ　政治上的 精神的だ　精神上的
来自外来语的形容动词		ノーマルだ　正常的 デリケートだ　敏感脆弱的

二、形容动词的活用和用法

（一）形容动词的活用

形容动词同动词、形容词一样，分词干、词尾两部分。形容动词的活用是指其词尾"だ"的变化。形容动词有五种活用形，即未然形、连用形、终止形、连体形、假定形。同形容词一样，形容动词也没有命令形（见表3.32）。

表 3.32　形容动词的五种活用形

词例	词尾/词干	未然形	连用形	终止形	连体形	假定形
きれいだ	きれい	だろ	で に だっ	だ	な	なら

（二）形容动词的用法

1. 未然形
"だろ"后续推测助动词"う"，表示推测。

① コンピューターがなかったら、どんなに不便だろう。/如果没有计算机，那是多么不方便啊！

② みんなで話し合いをしないと駄目だろう。/大家不能一块儿来商量的话不行吧。

2. 连用形
形容动词连用形有三种形式，即"で""に""だっ"，它们分别后续不同的词，起不同的语法作用。

（1）连用形"～で"。

1）并列两个用言，表示中顿。

① 便利で快適な生活の裏で、増え続けるエネルギー消費。/方便舒适的生活背后是持续增长的能源消耗。

② 彼は旅行がきらいで、もう二年も出かけないでいる。/他讨厌旅行，已经有两年没出门了。

2）后续补助形容词"ない"，构成形容动词的否定形式，必要时可插入"は""も"等助词。

③ ありがたいことに簡素なものにずっと美しいものが多く、したがって低廉なものに美しいものはまれでない。/幸好简单朴素的东西中有许多美好的东西，因而便宜的东西中美的东西也不少。

④ あまり好きではないが、さほど嫌いでもない。/虽然不是很喜欢，但也并不那么讨厌。

3）形容动词连用形"で"后续提示助词"は""も"等。后续"は"可表示假定条件，后续"も"表示让步条件。

⑤ 話しがあまり簡単では分かりにくいだろうから、少し長くやりましょう。/话说得太简单了就不太好懂，所以稍微讲长点儿吧！

⑥ 海は穏やかでも船で行くのはよそう。/即使海面风平浪静也别坐船去了。

（2）连用形"～に"。

1）修饰后续用言，做状语。

① 蕾は次々にわずかな日の光と水との中で象歯のように立派に咲いていった。／花蕾一个接一个，靠着仅有的一点点阳光和水，开得如同象牙一般漂亮。

2）与动词"なる""する"结合起来表示变化。此时"～なる"相当于一个自动词，表示客观的变化；"～する"相当于一个他动词，表示主观地使其变化。

② 運動をすることによって、骨が丈夫になった。／经过运动，骨骼变结实了。

③ 科学の進歩が人間を幸福にすることを疑わなかった。／从未怀疑过科学的进步会使人类幸福。

（3）连用形"～だっ"。

1）后续过去完了助动词"た"。

① あの山は有名だったかもしれませんが、今はPRさえもあまり見られないんですね。／那座山以前挺有名，现在连宣传广告也很少见呢。

2）后续并列助词"たり"。

② この辺は時間によって静かだったり、賑やかだったりです。／这个地方因时间不同，有时安静有时热闹。

③ 着いているものもきれいだったり、汚かったりさまざまでした。／穿的衣服也有的干净，有的脏，各式各样。

3. 终止形

（1）结句做谓语。

① 詩を書いたり、小説を読んだりするのも愉快だ。／写写诗、读读小说也是很愉快的。

② 不登校になった原因は複雑だ。／不去学校的原因很复杂。

（2）后续接续助词"から""けれども""し"等。

① 仕事は大変だけれども最後まで頑張らなければならない。／工作虽然很困难，但必须坚持到底。

② 波も静かで、砂浜も柔らかいし、水もきれいだし、海水浴にもってこいですね。／风平也浪静，海滩也松软，海水也清澈，最适合海水浴了。

（3）后续传闻助动词"そうだ"等。

李さんの弟も日本へ来たがっているそうだけど、日本語は全然だめだそうですよ。／听说李先生的弟弟也想来日本，可是日语一点儿也不会。

4. 连体形

（1）修饰体言做定语。

① 赤、白、ピンクと色鮮やかな花が、風でゆらゆらと揺れています。／红的、白

的、粉的，颜色鲜艳的花朵在风中摇曳。

② 弟に、<u>無邪気な</u>笑顔が戻っていた。/弟弟脸上又有了天真的笑容。

（2）后续形式名词"の""こと""もの"等。将形容动词或形容动词词组体言化，或用来构成惯用形。

① 私が<u>大好きな</u>のは、自然の美しさです。/我最喜欢的是大自然的美。

② 一日新聞が来ないと、何となく落ち着かない。<u>妙な</u>ものだ。/报纸一天不来，就觉得不踏实，真怪呀。

（3）后续接续助词"ので""のに"等。

① 和菓子が<u>好きな</u>ので、よく和菓子屋さんを探しに行きます。/我喜欢日式点心，所以经常去寻找日式点心店。

② 日本語で修士論文を書くのも<u>大変な</u>のに、李さんはとても難しいテーマを選んで苦労している。/用日语写硕士论文已属不易，小李却还选了一个非常难的主题，正在苦心研究。

（4）后续副助词"だけ""ほど"等。

① このミニコンピューターは計算が正確かつ<u>速やかな</u>だけでなく、携帯と操作も大変便利である。/这种微型计算机不仅计算准确、迅速，而且携带和操作也极为方便。

② その練習なるものがどんなやり方でなされたかは<u>不思議な</u>ほど鮮明に覚えている。/当时的练习是采取什么方式进行的，至今还记得很清晰，简直是不可思议。

（5）后续助动词"ようだ"等。

人間は体に栄養が<u>必要な</u>ように心にも栄養がいるのです。/就像人的身体需要营养一样，人的心灵也需要。

（6）部分形容动词可用连体形结句，含有感叹的语气。

そんな！ ばか<u>な</u>！/怎么可能！别胡说！

5. 假定形

假定形"～なら"后续接续助词"ば"表示假定条件，但口语中一般不需要加"ば"。

① 天候が順調<u>ならば</u>航空ショーが行われる。/如果天公作美，就会举行航空表演。

② 電話はバガキとちがって、<u>いやなら</u>すぐに切ることができる。/电话和明信片不同，讨厌的话，可以立即把电话挂掉。

三、文语形容动词

(一) 文语形容动词的种类和活用

1. 文语形容动词的种类

文语形容动词分为两种，一种叫"ナリ活用"，一种叫"タリ活用"。"ナリ活用"发展成现代日语的形容动词，"タリ活用"则在现代日语中只保留连用形"～と"和连体形"～たる"，故有人称之为"タルト型形容动词"。

ナリ活用：静（しず）かなり　　雄偉（ゆうい）なり

タリ活用：堂々（どうどう）たり　　依然（いぜん）たり

2. 文语形容动词的活用形

文语形容动词的活用形有六种，即未然形"たら、なら"，连用形"に、なり""と、たり"，终止形"なり、たり"，连体形"なる、たる"，已然形"なれ、たれ"，命令形"なれ、たれ"（见表3.33）。

表3.33　文语形容动词的活用形

活用类型	词例	词干／词尾	未然形	连用形	终止形	连体形	已然形	命令形
ナリ活用	静かなり	静か	なら	に なり	なり	なる	なれ	なれ
タリ活用	堂々たり	堂々	たら	と たり	たり	たる	たれ	たれ

(二) 现代日语中的"タルト型"形容动词

"タルト型"形容动词在现代日语中只使用连用形"～と"和连体形"～たる"。

① 日本でも同じようなことが起こるとしたらこう堂々と語り伝えることが出来るでしょうか。/假如在日本也发生了这等事，能够这样堂而皇之地讲出来么？

② 自分の家にいても、机の前でぼんやりして、なにか漠然たる不安に襲われることがある。/即使在自己的家中有时也呆坐在桌前，无端地被一种莫名的不安所侵扰。

现在，"タルト型"形容动词的连体形"～たる"经常以"～とした"的形式做定语修饰体言；连用形"～と"经常以"～として"的形式做状语修饰用言。

③ 資源小国である日本にとって、アジアをはじめとする第三世界諸国との友好は日本が経済的に生き延びるためにも依然として不可欠の条件である。/对于资源小国日本

来说，保持与以亚洲为主的第三世界各国的友好，依然是发展日本经济不可或缺的条件。

（三）"ナリ活用"的文语形容动词的残留用法

"ナリ活用"的文语形容动词的残留用法，主要表现在连体形"～なる"上，书面语色彩较浓。

① 一方水力発電の驚くべき発達に伴い、電気はあらゆる近代的産業の動力として国民経済の各分野でまことに<u>重要なる</u>役割を果たしている。/另一方面，随着水力发电的惊人发展，电力作为现代产业发展的动力，已在国民经济各部门中发挥着非常重要的作用。

② そのたびに私が取り調べに当り、<u>寛大なる</u>処置を与え、保護を与えたのであります。/每次都由我直接审问，并给予宽大处理和保护。

第四章

副 用 语

第一节　副　　词

　　日语中的副用语主要包括连体词（連体詞 _{れんたいし}）、副词（副詞 _{ふくし}）、接续词（接続詞 _{せつぞくし}）和感叹词（感動詞 _{かんどうし}）。这四类词都是无词形变化的内容词。连体词和副词主要起修饰作用，分别用来修饰体言和用言。接续词用来连接对等的两个部分，可以把词与词、句素与句素、从句与从句、句子与句子、段落与段落连接起来。感叹词表示感叹、招呼、应答等，常常位于句首或单独成句。

一、副词的概述

　　用作连用修饰语，表示用言的状态、程度，或者表明句子陈述语气等的词叫作副词（副詞 _{ふくし}）。副词是实词的一种，没有活用。例如：

　　<u>ゆっくり</u>歩く（慢慢地走）→動詞にかかる
　　<u>とても</u>楽しい（非常愉快）→形容詞にかかる

二、副词的分类

　　按其来源可分为和语副词和汉语副词。例如：

　　和语副词：もう、すぐ、少し、ゆっくり、もっと、たえず、引き続き _{ひ　つづ} 等。
　　汉语副词：相当 _{そうとう}、突然 _{とつぜん}、大変 _{たいへん}、随分 _{ずいぶん}、極めて _{きわ} 等。
　　和语副词占副词的绝大多数。和语副词又可分为固有副词和从其他品词转来的副词。例如："すっかり""もう""すぐ""また""きっと"等为固有副词；"思わず _{おも}""決して""よく""少なくとも""たしか""そんなに""一段 _{いちだん} と""いつも"等分别为从动词、形容词、形容动词和名词转来的副词。
　　按其形态分类，可分为："り"型副词、"と"型副词、"に"型副词、"て"型副词、"く"型副词、"ず"型副词、"ば"型副词、"コソアド"系副词、叠型副词和其他形式的副词，如表4.1所示。

表4.1　副词按形态分类

"り"型副词	はっきり、やはり、にっこり、のんびり等
"と"型副词	ずっと、わっと、ちょっと、もっと、しっかりと等

（续表4.1）

"に"型副词	次に、実に、いっせいに等
"て"型副词	はじめて、かえって、果たして、どうして等
"く"型副词	よく、しばらく、ながらく、ようやく等
"ず"型副词	たえず、思わず、のこらず、とおからず、相変わらず等
"ば"型副词	たとえば、ともすれば、いわば等
"コソアド"系副词	こんなに、そんなに、あんなに、どんなに、こう、そう、ああ、どう等
叠型副词	だんだん、ますます、ぶらぶら、さらさら、みるみる等
其他形式的副词	ちっとも、いっそう、たとえ、どうせ、いずれにせよ、ともあれ、どうか、できるだけ、よほど、次から次へと等

三、副词的用法

副词可以单独（或者后加助词）用作连用修饰语，部分副词也可以用作名词、连体词，或者用来修饰其他副词。

副词从意义上可以分为情态副词、程度副词、陈述副词，有些副词可以跨类。

（一）情态副词

情态副词（状態副词）本身能表示事物的属性状态，主要用来修饰动词的动作状态。

1. 情态副词的分类

情态副词主要有状态副词、拟声词、拟态词。以"と・に・り・ん"结尾的副词较为常见。

（1）常用的状态副词有：すっかり、いよいよ、そろそろ、きちんと、たいてい、はっきり、たえず、たくさん、たちまち、だんだん、ただちに、ますます、たがいに、やがて、しだいに、ついに、やはり、しばらく、ときどき、ゆっくり、そっと、ふと、のんびり等。

① 昔のことは、<u>すっかり</u>忘れました。/过去的事情完全忘了。

② <u>ふと</u>思い出した。/忽然想起来了。

（2）常用的拟声词有：ゴロゴロ、カアカア、チリンチリン、ガラガラ、ワンワン、パラパラ、ザアザア、ビュービュー、ギャーギャー、バーン、ピューピュー等。

① 犬が<u>ワンワン</u>と吠えています。/狗汪汪地叫着。

② 雨が<u>ザアザア</u>と降っています。/雨哗哗地下着。

（3）常用的拟态词有：ニコニコ、ピカピカ、ペコペコ、どきどき、そわそわ、びく

びく、いらいら、ほくほく、へとへと、はらはら等。

① 彼はいつも<u>ニコニコ</u>笑っています。/他总是笑眯眯的。

② 胸が<u>どきどき</u>しています。/心扑通扑通地跳。

2. 情态副词的用法

（1）做状语，主要用来修饰动词的动作、作用、发展、变化。

① 私は<u>ずっと</u>教室にいました。/我一直在教室里。

② 雨は<u>ますます</u>激しくなりました。/雨越下越大了。

（2）有的情态副词后续"だ（です）"做谓语。

① 入学試験は<u>いよいよ</u>です。/升学考试已经迫近。

② この服は<u>ぴったり</u>だ。/这件衣裳正合适。

（3）有的情态副词后续"する"后可当作サ变动词使用。

① このごろ、私は<u>のんびり</u>している。/这些天来我过的挺逍遥自在。

② そこに<u>じっと</u>していなさい。/在那待着别动。

（4）有的情态副词可加"の"做定语。

① <u>たくさん</u>の本を読みました。/读了很多书。

② <u>ぴったり</u>の服はなかなか見つからない。/不大容易找到合身的衣服。

（5）情态副词可以用程度副词来修饰，但是情态副词本身不能修饰其他副词。

① もっと<u>ゆっくり</u>答えてください。/请回答地再慢一点儿。

② 君はずいぶん<u>はっきり</u>と物事を言うね。/你说话很直接啊。

（二）程度副词

程度副词主要用于修饰形容词和形容动词，表示动作或状态程度的副词称为程度副词。有些程度副词也可以修饰副词、名词、动词。

① もっと<u>ゆっくり</u>話してもらえませんか？/可以再说慢一点吗？

② 彼と出会ったのは<u>ずいぶん</u>前のことだ。/跟他初次见面是很久以前的事了。

③ あの映画は<u>かなり</u>面白かった。/那部电影非常有意思。

常用的程度副词有：あまり、非常に、一番、ずっと、ずいぶん、ほとんど、いっそう、たいへん、ただ、きわめて、ちょっと、もっと、ごく、とても、すこし、もっとも、すごく、かなり、よほど、大いに等。

程度副词的用法有四种。

（1）修饰形容词、形容动词、情态副词及表示性质状态的副词。

① この絵は<u>かなり</u>よく描けている。/这张画儿画得相当好。

② 雨がまだ降っているが、風は<u>いくぶん</u>おさまった。/雨还在下着，风多少小了一些。

（2）做定语，修饰表示时间、数量、方位等的体言。

① <u>ずっと</u>昔の話だ。/老早老早以前的事。

② <u>もう</u>一つください。/再给我一个。

（3）有的程度副词可加"の"做定语。

① 今日は<u>かなり</u>の寒さです。/今天也相当的冷。

② <u>一層</u>の努力を望む。/希望更加努力。

（4）有的程度副词可加"だ"做谓语。

① もうビスケットの残りは<u>ちょっと</u>だ。/剩下的饼干只有一点点了。

② <u>わずか</u>ですが……/只有很少的一点（请笑纳）。

（三）陈述副词

<u>だぶん</u>雨になるだろう。/大概要下雨。

上述副词「たぶん」要求后面的动词必须为推测的形式，像这种要求后项必须是固定形式的副词称为陈述副词，也叫作诱导副词。陈述副词不是修饰句子里的某一成分，而是与说话者的主体意识相呼应，赋予整个叙述内容以情态意义。呼应关系可分为八种。

1. 与否定式相呼应

常用词有：決して、とうてい、すこしも、とても、ちっとも、一向に、さっぱり、かならずしも、あまり、めったに、ろくに、まるで等。

① <u>決して</u>ご恩は忘れません。/决不会忘记您的恩情。

② 私には<u>少しも</u>分かりません。/我一点也不懂。

③ <u>ちっとも</u>気がつきませんでした。/一点也没有察觉。

④ <u>一向に</u>返事がありません。/一直没有消息。

2. 与表示有信心的肯定语气相呼应

常用词有：必ず、きっと、もちろん等。

① 彼は<u>必ず</u>成功します。/他一定会成功。

② 君なら<u>きっと</u>いい相手が見つかりますよ。/你肯定能找到很好的对象啊。

③ 私は<u>もちろん</u>行きます。/我当然去啦。

3. 与禁止的语气相呼应

常用词有：決して、断じて等。

① これから<u>決して</u>するな。/从今以后决不要再干。

② <u>断じて</u>失礼なことをするな。/决不要做失礼的事情。

4. 与表示愿望的语气相呼应

常用词有：ぜひ、どうか、どうぞ、くれぐれも等。

① 今年こそは<u>ぜひ</u>旅行したい。/今年一定要旅行。

② どうか、この子の命をお助けください。/请救救这个孩子的命。

③ どうぞ、お体をお大事にしてください。/请保重身体。

5. 与比喻相呼应

常用词有：まるで、ちょうど、あたかも等。

① まるで夢のようです。/简直像做梦。

② ちょうど雪のような白さだ。/就像雪那样白。

③ あたかも昼のように明るいです。/就像白天一样明亮。

6. 与推量相呼应

常用词有：おそらく、たぶん、さぞ、きっと、ひょっとしたら、まさか、よもや等。

① おそらく誰も知らないでしょう。/大概谁也不知道。

② 兄はたぶん山へ行くでしょう。/哥哥可能去登山吧。

③ さぞお疲れになったでしょう。/您大概累了吧。

④ まさかいやだとは言いますまい。/哪能说不愿意呢。

⑤ よもや知るまいと思ったら、よく知っていました。总以为他未必知道，其实早就知道了。

7. 与假定相呼应

常用词有：たとえ、万一（万が一）、もし、かりに、たとい、いくら等。

① もし雨が降ったら、中止します。/如果下雨的话就中止。

② たとえ人に笑われてもやめはしません。/即使被别人笑话也不放弃。

③ いくら忠告してもだめです。/无论怎么劝告也无济于事。

④ 万一病気になったら、どうしますか。/万一生了病怎么办?

8. 与疑问或反问的语气相呼应

常用词有：どうして、なぜ、なんで等。

① どうして黙っているのですか。/为什么沉默不语呢?

② なぜそうするのですか。/为什么这样做。

③ なんで黙っているんだ！/怎么能沉默不语呢！

第二节　连体词

一、连体词的概述

连体词（連体詞）是无活用的实词，只能用来修饰体言，即在句子中只能做定语。

连体词一般都是日语固有词，即"和语"。例如：

① このスーパーにはいろんな野菜が売られている。／ 这个超市里卖各种各样的蔬菜。

② 池に大きな鯉が泳いでいる。／ 池子里有一条很大的鲤鱼在游。

二、连体词的特点

（1）连体词位于被修饰的体言之前，在句中主要做定语。
（2）连体词一般不受副词等修饰。
（3）连体词多数是由其他词转化而成的。

三、连体词的分类

连体词可分为"コソアド"型连体词、"な"型连体词、"る"型连体词、其他型连体词和由副词转化的连体词（见表4.2）。

表4.2 连体词的分类

分类	例词
"コソアド"型连体词	この、その、あの、どの、こんな、そんな、あんな、どんな
"な"型连体词	大きな、小さな、おかしな、いろんな
"る"型连体词	ある、あらゆる、いわゆる、いかなる、あくる、さる、かかる、きたる
其他型连体词	わが、われらが、例の、同じ、ほんの、たいした、とんだ
由副词转化的连体词	ずっと、もっと、およそ、わずか、すこし、すぐ、ごく、ほぼ、大体、かなり

四、连体词的用法

连体词在句中位于被修饰的体言之前，只能做定语。

（一）"コソアド"型连体词

这类连体词的第一个假名分别为"コ""ソ""ア""ド"，所以称之为"コソアド"型连体词，又称为指示连体词。"コソアド"型连体词的使用场景主要分为现场指示和文脉指示。现场指示的使用由实际场景中与作为标准的对象物的距离远近决定，文脉指示的使用则由发话中与作为标准的对象物的距离远近决定（见表4.3）。

表4.3　"コソアド"型连体词

类别	近称	中称	远称	不定称
表示事物	この	その	あの	どの
表示状态	こんな	そんな	あんな	どんな

"この""その""あの""どの"常后接比况助动词"ようだ"构成形容动词词组，并常后接"くらい"构成指示副词性词组。其连体形可看成"こ、そ、あ、ど连体形"。

① この話はほかの人に言わないでください。/这话请不要对别人讲。

② このようなおもしろい本は読んだことがありません。/还没有读过像这样一本有趣的书。

③ 先週の日曜日に山へ行った。その日は大変いい天気だった。/上星期天去爬山了，那天的天气非常不错。

④ あの本を取ってください。/请把那本书递给我。

⑤ こんなこと言っちゃ叱られるかもしれないけれど。どんなこと？/如果说了这种话可能会受到责备。什么话？

⑥ そんなこと、誰だってできる。/那种事，谁都会做。

⑦ あそこに見える、あんな家がほしい。/看见那里的房子了吧？我想要那样的房子。

⑧ どんな男だ？/什么样的男人？

（二）"な"型连体词

这种连体词形态与形容动词连体形一样，可被程度副词修饰。

① 北京ではいろんなところを見学されたでしょう。/在北京您参观了很多地方吧。

② 大きな鞄だな。/好大的包呀！

③ 子供の小さな手。/孩子的小手。

（三）"る"型连体词

这类连体词的最后一个假名都是"る"，并且是由动词演变而来的。因此，它修饰体言时，很像动词连体形，要注意区分。

① 彼らは到着したあくる日にすぐ買い物に出かけた。/他们到达的第二天就去买东西了。

② かかる行為は許されるべきでない。/不应该容许这种行为。

③ 単なる噂にすぎない。/只不过是传闻。

④ いわゆる英才教育。/所谓精英教育。

（四）其他型连体词

① 彼と同じ建物に住んでいる。/跟他住在同一栋楼里。
② とんだ目に遭う。/遇上意外的麻烦。
③ 例の場所。/老地方。
④ ほんの百円ばかり。/仅仅100日元。
⑤ たいした学者。/了不起的学者。
⑥ ずぶの素人。/完全外行。

（五）由副词转化的连体词

这些由副词转化的连体词，当修饰具有时间、方位、数量意义的体言时，可把它们看成连体词做定语，而当这些词做状语修饰用言或副词时，则是副词。

王先生のお宅は学校のすぐそばにあります。/王老师的家就在学校的旁边。

第三节　接续词

接续词（接続词）是一种无活用的实词，它主要在词与词、句素与句素之间，从句、句子、语段乃至段落之间起连接前后的作用。

一、接续词的特点

（1）接续词没有词形变化。
（2）接续词主要起承上启下或语气转折的作用，它对内容的表达、文脉的连贯也起着重要作用。恰当地使用接续词，可以达到结构紧凑、叙述流畅的效果。

二、接续词的构成

接续词是从其他词转来的，或者由其他复合词构成的。例如：
（1）由副词转来的接续词：また、なお、ただ、もっとも等。
（2）从动词（连用形）转来的接续词：および、つまり等。
（3）从助词转来的接续词：が、けれども、で、では、でも、だって、と等。
（4）由名词、代词与助词复合构成的接续词：ところが、ところで、ゆえに、そこで、それで、それでも、それに、それでは、それから等。
（5）由动词与助词复合构成的接续词：すると、要するに、したがって、よって、ならび等。

（6）由助动词与助词复合构成的接续词：だから、ですから、だが、だけど、ですけれども等。

（7）由其他各种形式复合构成的接续词：それだから、それなのに、それですから、それなら、とはいえ、とはいっても、とはいうものの、そうでなければ、さもないと、なんとなれば、なぜなら、そうすると、そうしたら等。

三、接续词的分类

接续词从接续形式上可分为三种类型。

（一）用于词与词之间的接续词

① 新聞およびラジオ。/报纸和广播。
② 英語もしくはフランス語。/英语或法语。

（二）用于文节之间以及文节与句子之间的接续词

① 勝つかあるいは負けるかは、やってみなければ分からない。/是胜是负，不试试看怎么知道。
② あそこは物価が安くて、その上に人気がいい。/那里物价便宜，而且买的人比较多。

（三）用于两个或两个以上的句子之间的接续词

① 雨が降り出した。それで、出かけるのを中止した。/下雨了，所以不出门了。
② 雨が止んで日が出た。木々の緑が鮮やかになった。するとセミの声が一斉に起こった。/雨停了，太阳出来了。树木的绿色更加鲜明了。于是，蝉声一齐响了起来。

四、接续词的用法

接续词从意义上可分为表示"并列·递进""选择·对比""顺接""逆接""说明·补足""转折话题"六种关系的接续词。

用于词与词之间的或者文节之间的接续词，与前后的单词、文节共同构成连文节，充当各种句子成分；用于句子之间的或者文节与句子之间的接续词，在句子中作独立成分。

表示各种接续关系的接续词具体用法如下：

（一）表示并列、递进

并列常用词有：また、および、ならびに、そして等。

① ここは春は桜がきれいで、また、秋は紅葉も美しいです。/这里春天樱花很漂亮，秋天红叶很美。

② ご両親<u>ならびに</u>皆様によろしく。/向二位老人及各位问好。

递进常用词有：しかも、なお、その上に、さらに、また、それに、それから、おまけに等。

③ 値段が安く、<u>しかも</u>、栄養のある食品。/价格便宜且有营养的食品。

④ 風が強く、<u>その上に</u>、雨まで降り出しました。/风很大，而且下起了雨。

（二）表示选择、对比

常用词有：または、あるいは、もしくは、それとも等。

① 私が行くか、<u>または</u>あなたが来るかです。/我去，或者你来。

② 明日<u>あるいは</u>あさって行う予定です。/预计明天或者后天举行。

（三）表示顺接

常用词有：そこで、それで、そして、すると、だから、したがって、ゆえに、それゆえ、と等。

① 雨が降っています。<u>そこで</u>、運動会は中止になりました。/因为下雨了，所以运动会停止了。

② 日曜日と祝日が重なりました。<u>それで</u>、月曜日も休みになりました。/星期日和节日赶在一起了，因此星期一也休息。

（四）表示逆接

常用词有：しかし、しかしながら、だが、ところが、でも、それなのに、けれども、だけど、が等。

① 約束の時間になりました。<u>だが</u>、吉田さんはまだ来ていません。/已经到了约定好的时间，可是吉田还没有来。

② みんなは止めたほうがいいと言います。<u>でも</u>、ぼくはしてみるつもりです。/大家都说最好还是算了，可是我打算试试看。

（五）表示说明、补充

常用词有：たとえば、すなわち、なぜなら、ただし、つまり、要するに等。

① 来週の月曜日は祝日です。<u>つまり</u>、休みが二日続くわけです。/下星期一是节日，也就是说可以连着休息三天。

② 私はタバコをやめるつもりです。<u>なぜなら</u>、体に悪いから。/我打算戒烟，因为烟对身体有害。

（六）表示转换话题

常用词有：ところで、さて、では、それでは、とにかく、ときに等。

① <u>ところで</u>、あの話しはその後どうなりましたか。／对了，那件事后来怎么样了。
② <u>さて</u>、实はお願いがあるのですが。／可是，有一件事想拜托您。

第四节　感叹词

感叹词（<ruby>感動詞<rt>かんどうし</rt></ruby>）是表示感叹、招呼、应答等的无活用的实词。它可置于句首，做句子的独立语成分，也可单独构成独词句。

一、感叹词的特点

（1）感叹词是没有词形变化的独立词。
（2）感叹词在句中与其他词没有语法上的联系，而只有语气或感情上的关联。它可单独构成句节做感动语或构成独词句。
（3）感叹词不能做句中的主语、谓语或其他修饰语，也不能受其他词修饰。

二、感叹词的构成

（1）表示强烈的感情时自然而然发出的声音，如：あっ、ああ、あら、いや、いいえ、ええ、うん、おい、おや、は、はい、はあ、やあ等。
（2）从代词转来的，如：これ、それ、あれ、どれ等。
（3）从副词转来的，如：そう、ちょっと、なんと等。
（4）从动词转来的，或者由动词＋助动词、助词构成，如：もし、いらっしゃい、しめた、しまった、はじめまして等。
（5）从形容词转来的，如：よし、ありがとう等。
（6）从助词转来的，如：さあ、ねえ、よ、なあ等。
（7）从连体词转来的或者由连体词＋助词构成，如：あの、あのね等。
（8）由名词、代词＋助词构成，如：こんにちは、こんばんは、それはそれは等。
（9）由其他复合形式构成，如：おやすみ、ごめんなさい、ごきげんよう、さようなら、もしもし、やれやれ等。

三、感叹词的用法

感叹词从意义上可以分为表示"惊讶、感动等心情""呼唤和劝诱""应答或反问""寒暄问候"以及"喊号子"等五种。
感叹词常位于句首，有时也可以位于句尾或句子中间，可以单独构成句子。感叹词在句子中充当独立成分。

各种意义的感叹词及具体用法如下：

（一）表示惊讶、感动、失望、气愤、怀疑、喜悦、悲伤等心情

常用词有：ああ、まあ、ほう、おや、やれやれ、はてさて、あら、おお、あっ等。

① <u>まあ</u>、美しい花だこと。/啊！真漂亮的花。
② <u>あっ</u>、車だ。/啊，车！
③ <u>やれやれ</u>、かわいそうに。/哎呀，真可怜。
④ <u>はてさて</u>、困ったものだ。/哎呀，可真难办！

（二）表示呼唤和劝诱

常用词有：おい、あのね、ねえ、もしもし、さあ、なあ、ほら、ちょっと等。

① <u>もしもし</u>、上原さんですか。/喂喂，请问是上原先生吗?
② <u>ちょっと</u>、来てください。/喂，请过来一下。
③ <u>おい</u>、新聞を持ってきれくれ。/诶，把报纸给我拿来！
④ <u>これ</u>、どこへ行く？/喂，到哪儿去?
⑤ <u>さあ</u>、出かけましょう。/好了，出发吧。
⑥ <u>ねえ</u>、ちょっと待って。/诶，稍等一下。
⑦ <u>あのね</u>、ちょっとお願いがあるの。/那个，有点儿事求你。

（三）表示应答或反问

常用词有：ええ、はあ、うん、えっ、なに、はい、いいえ、いや、ふん等。

① <u>はい</u>、私は山田ですが。/是的，我是山田。
② <u>いや</u>、違います。/不，不对。
③ <u>なに</u>、いりません。/哪里，不用。
④「お菓子食べる？」「<u>うん</u>、食べるよ。」/"吃点儿点心吗?""嗯，吃一些"。
⑤ <u>はあ</u>、そうですか。/啊~，是那样啊！
⑥ <u>ふん</u>、なんだそんなもの。/哼，这算什么好东西！

（四）表示寒暄问候

常用词有：おはようございます、こんにちは、こんばんは、さようなら、ごきげんよう、はじめまして、おめでとう、ようこそ、ありがとうございます等。

① 「<u>おはようございます</u>」と、彼は言いました。/他说："您早。"
② <u>ごきげんよう</u>。/祝您身体健康。
③ <u>はじめまして</u>、どうぞよろしく！/初次见面，请多关照！
④ <u>おめでとう</u>！/恭喜恭喜！
⑤ <u>ようこそ</u>！/欢迎光临！

⑥ ありがとうございます！／谢谢！

（五）喊号子

常用词有：それ、やれ、よいしょ、よいさ、こらしょ、えい、やっ、どっこい、どっこいしょ等。

① それ引け、やれ引け。／嘿！拉呀，嘿！拉呀。

② よいしょと大きな石を持ちあげた。／唉嗨一声把大石头抬起来了。

③ どっこい、そうはさせない。／且慢，那么搞可不行。

④ どっこいしょ。／嘿呦嘿呦。

⑤ どっこいしょと腰を下ろした。／哎呦一声坐了下来。

⑥ どっこい。／哼，嘿。（用力时发出的声音）。

以上列举了五种意义的感叹词及其用法。其中的某些感动词，在不同情况下也可以用作其他意义的感叹词。

第 五 章

助 动 词

第一节　助动词

一、助动词的特点

助动词是附属词（付属語），不能单独构成句节，主要接以动词为主的用言后（有时也接在体言后），起一定的语法作用或增添某种语法意义，比如从"时"或者"态"等方面对用言加以补充，或赋予句子某种陈述功能。与助词不同，除（う/よう、まい）外，大部分助动词都有活用变化。助动词即"帮助动词"之意，因此这类词被命名为助动词。

其特点及语法功能如下：

（1）助动词是功能词的一种，不能单独构成句素。在构成句素时，助动词只是关系语义成分。

（2）除（う/よう、まい）外，助动词都有形态变化。

（3）助动词接在以用言为主的词语后，对谓语部分起补助作用，或者构成时、态，或者表示某种陈述方式。

（4）必要时助动词可以重叠使用。

助动词主要接在用言的后面，增添各种意义。但如「鼠は動物だ。」「この動物は鼠のようだ。」中的「だ」「ようだ」接在体言或助词的后面，赋予这个句子以叙述性能，这也被视为助动词。

「先生は図書室へ行く。」「先生は図書室へ行った。」这两个句子的不同之处在于「た」的有无。「行く」叙述的是现在的事实，而「行った」叙述的则是过去的事实，即「た」增添了过去的意思。

二、助动词的分类

由于助动词是附属词，可以根据它接在什么词的后面，具有怎样的活用形式，或根据助动词本身有什么意思，进行各种不同的分类。

（一）按照接续分类

除了「だ・です」在体言或助词后面之外，其他助动词分别接在活用语的未然形、连用形、终止形、连体形、体言和助词等的后面（见表5.1）。

表5.1　助动词按照接续分类

未然形	せる、させる；れる、られる；ない、ぬ；う、よう；まい
连用形	ます；たい、たがる；た；そうだ（样态）

（续表5.1）

终止形	まい；らしい；そうだ（传闻）
连体形	ようだ；みたいだ
体言、助词等	らしい；だ、です、である；ようだ；みたいだ

（二）按照助动词本身活用类型分类

根据助动词的活用类型，可将其分为动词活用型、形容词活用型、形容动词活用型、特殊活用型、无变化型的助动词（见表5.2）。

表5.2　助动词按本身活用类型分类

动词活用型	せる、させる；れる、られる；たがる
形容词活用型	ない；たい；らしい
形容动词活用型	だ；ようだ；みたいだ；そうだ
特殊活用型	ます；です；ぬ；た
无变化型	う、よう；まい

（三）按照助动词意义分类

根据后续助动词表达的意义或功能，可以将助动词分为以下所示的五大类、十六个小类。

1. 表示态的助动词

（1）受身（被动）：れる、られる。

（2）可能（可能）：れる、られる。

（3）自発（自发）：れる、られる。

（4）尊敬（尊敬）：れる、られる。

（5）使役（使役）：せる、させる。

2. 表示时的助动词

（6）過去・完了（过去・完了）：た。

3. 构成郑重语、尊敬语的助动词

（7）丁寧（尊敬或郑重）：ます、です。

4. 表示断定判断的判断助动词

（8）断定（判断）：だ、です、である。

5. 表示各种陈述方式的助动词

（9）希望（愿望）：たい、たがる。

（10）打ち消し（否定）：ない、ぬ/ん。

（11）推量・意志（推量、意志）：う、よう。
（12）打ち消し意志（否定推量意志）：まい。
（13）様態（样态）：そうだ。
（14）比況、例示、推定（比况、例示、推断）：ようだ、みたいだ。
（15）推定（推断）：らしい。
（16）伝聞（传闻）：そうだ。

三、助动词的用法

以下将对助动词按照功能意义的十六个分类，以"意义、接续、活用和用法"四项分别总结讲述。

第二节　被动助动词「れる・られる」

助动词「れる・られる」接在动词的未然形后面，可表示被动、可能、自发和尊敬，所以又分别叫作被动助动词、可能助动词、自发助动词、尊敬助动词。不论表示哪种意思，它们的接续方法都是相同的。

① 百子は犬に嚙まれた。/百子被狗咬了。
② 大会の代表に選ばれる。/被选为大会的代表。
③ 雨に降られて風邪を引いた。/被雨淋得感冒了。
④ 机の上に本が置かれている。/桌子上有本书。

一、被动助动词「れる・られる」的意义

表示承受来自别人（或事物）的某种动作或影响的助动词叫被动助动词（受身の助動詞）。被动助动词「れる・られる」接在动词未然形后面，构成被动态，相当于汉语的"被""受""由"等。被动语态的句子统称被动句。被动句要以被动作者为主语，以动作的实施者为补语，补语可用"に""から""によって""で"等提示。

二、被动助动词「れる・られる」的接续方法

动词的未然形后续被动助动词构成动词的被动态，其接续规则是五段动词未然形后接「れる」，一段动词、カ变动词、サ变动词未然形后接「られる」。如：

五段动词：読む→ 読まれる
一段动词：食べる→ 食べられる
カ变动词：来る→ 来られる
サ变动词：する→ される

【注意】

（1）サ变动词「する」的被动形式「される」是一种约音后的形式，即其未然形「さ」＋「られる」中的「さら」约音为「さ」。

（2）「られる」接在ザ行的サ变动词如「信ずる」「感ずる」「論ずる」等时，不说成「信ずられる」「感ずられる」，而是把这样的动词改为上一段动词后，再后续「られる」，如「信じられる」「感じられる」。

三、被动助动词「れる・られる」的活用

被动助动词「れる・られる」的活用变化与一段动词相同，具体活用形式见表5.3。

表5.3　被动助动词「れる・られる」的活用变化

助动词	未然形	连用形	终止形	连体形	假定形	命令形	推量形
れる	れ	れ	れる	れる	れれ	れろ れよ	れ
られる	られ	られ	られる	られる	られれ	られろ られよ	られ

四、被动助动词「れる・られる」各活用形的用法

（一）未然形

① その本は私に<u>見られ</u>ない。／那本书我没看过。

② 弟は雨に<u>降られ</u>ない。／弟弟没有被雨淋湿。

（二）连用形

① レベルが<u>向上され</u>ている。／标准正在被提高。

② 弟は雨に<u>降られ</u>た。／弟弟被雨淋湿了。

③ 彼の話は<u>理解され</u>易い。／他的话容易理解。

④ 弟は兄に<u>殴られ</u>、ほんとに困ったどうしようもない。／弟弟被哥哥打了，真是没办法。

⑤ ここでおまえは<u>殴られ</u>はしない。／在这里没有人打你。

⑥ この本は彼に<u>見られ</u>そうにもなかった。／这本书没有一点儿被他翻过的样子。

（三） 终止形

① 明日弟は兄に殴られるそうだ。／听说明天哥哥要打弟弟。
② 弟は兄に殴られるだろう。／弟弟可能被哥哥打了吧?
③ こう言われると私は同意します。／让你这么一说，我同意。
④ 会議は午後二時から開かれる。／会议下午两点钟召开。
⑤ その本は兄に見られるらしい。／好像是哥哥要看那本书。
⑥ その本は彼に見られるが、私に見られない。／那本书他看啦，但我没看。

（四） 连体形

① 明日彼に見られる本はこれです。／明天他要看这本书。
② この本は明日彼に見られるんです。／这本书是明天他要看的。

（五） 假定形

① 私の著作を出版されれば満足に思う。／如果我的著作能出版的话，我就心满意足了。
② 彼の病気は薬が飲まれればすぐ治られる。／他的病如果吃药的话，就能立刻治好。

（六） 命令形

① この肉を犬に食られろ。／用这个肉喂狗!
② ほれるよりほれられろ。／与其佩服别人不如让人佩服!

（七） 推量形

① 弟は兄にあたまを殴られよう。／弟弟的头被哥哥打了吧?
② 弟は兄にあたまを殴られまい。／弟弟的头没被哥哥打吧?

五、被动助动词「れる・られる」的主要用法

日语被动句的分类方法有很多，主要有根据"主语是否是人（有情物、无情物）"分类、根据"动词的自他"分类、根据动作者对被动作者的"影响方式"分类。

（1）根据"主语是否是人"的分类方法将日语被动句分为两大类，即有情主语被动句和无情主语被动句。

（2）根据"动词的自他"将日语被动句分为他动词被动句和自动词被动句两大类。

（3）根据动作者对被动作者的"影响方式"，日语被动句可分为直接被动句和间接被动句。

综合上述三种分类方式，根据句子中各个成分之间的语意联系、动作主体、句子所表

达的内容等，本书把日语的被动句分为直接被动句、间接被动句和自然被动句三大类。

（一）直接被动句

直接被动是指动作者的动作、行为直接影响到被动作者，或涉及被动作者的动作、行为是动作者有意进行的，所以谓语动词为他动词。

1. 主动句中的宾语做主语构成的被动句

把主动句变为被动句时，主动句的宾语变成了被动句的主语，主语变成了补语，即"主宾易位"。例如：

① 猫が鼠を嚙んだ。（主动句）→

鼠が猫に嚙まれた。（被动句）/老鼠被猫咬了。

② 親が子供を叱った。（主动句）→

子供が親に叱られる。（被动句）/孩子受到父母批评。

③ 先生が奈津子をほめた。（主动句）→

奈津子が先生に褒られた。（被动句）/奈津子得到了老师的表扬。

2. 主动句中的补语做主语构成的被动句

例如：

① 王先生が私たちに日本語を教えます。（主动句）→

私たちは王先生に（から）日本語を教えられます。（被动句）/我们由王老师教日语。

② 友達が私に仕事を頼んだ。（主动句）→

私は友達に仕事を頼まれた。（被动句）/我被朋友拜托帮忙办事了。（并非乐意）

③ 国家は企業に資金を提供する。（主动句）→

企業は国家から資金を提供された。（被动句）/企业由国家提供了资金。

在日文中，习惯用有情物（指人或者具有意志、感情的团体）做被动句的主语，上面这样的主动句变为被动句时，不采用主宾易位法，而是用接受动作、行为的补语做主语，保留原宾语，即进行"主补易位"。

3. 主动句中的宾语的修饰语（定语）做主语构成的被动句

例如：

① 社長は私のデザインをほめた。（主动句）→

私は社長にデザインをほめられた。（被动句）/我被社长表扬了设计（我的设计被社长表扬了）。

② 兄が私の頭を敲いた。（主动句）→

私は兄に頭を敲かれた。（被动句）/我被哥哥打了脑袋。

如果按照主宾易位的方法，上述主动句①就成为「私のデザインは社長にほめられた」的表达方式，这种方式作为语法形式是成立的，但不符合日语表达习惯。应把接受动作、行为的有情物"私"这一部分作为被动句的主语，保留原宾语。这种被动句也被称作"持ち主受身文"（所有物被动句）。

（二） 间接被动句

间接被动句主语不是动作的直接承受者，而是间接地受到与之没有直接关系的事情的影响。从内容来看，这种影响通常是对主语（主体）不利的，常伴随受害或不满意的感情色彩，这时谓语动词多数是自动词，也有由他动词构成的间接被动句，这种被动句在日语中又叫作"迷惑受身文"（受害被动句）。

1. 自动词构成的间接被动句

在欧美语法以及汉语语法中都没有由自动词构成的被动表达，所以，日语中这类被动句的构成较难理解。例如：

① （私は）雨に降られて風邪を引いた。／被雨淋得感冒了。

② あの人も息子に死なれてから急にふけた。／那个人也是儿子死了之后突然就变老了。

③ 夜は子供に泣かれて（私は）よく眠れなかった。／孩子晚上哭弄得我没怎么睡着。

如上所示，这类句子中的被动词皆由自动词构成，是主语以外的某人的自发动作。但这个动作的发生却间接地对主语造成了不好的影响。日语常常用这样的句式来表示主语间接受到打扰或影响。整个句子内在地含有"由于别人……而使得主语不能或没能……"的意思。

由于句中动作者的行为不是直接向被动作者发出，所以主动句中不出现动作的接受者，只是将主动句变为被动句时，把受到影响的一方作为被动句的主语来表示。

2. 他动词构成的间接被动句

日语中除了由自动词构成的间接被动句外，他动词同样也可以构成间接被动句，同样表示主语（主体）间接地受到了来自与自身没有直接关系的事情的不利影响。例如：

恵子は和夫に窓を開けられて、風邪をひきました。／恵子因和夫打开了窗而感冒了。

上述由他动词构成的被动句中，主语并非动作的直接承受者，而是间接受影响者。造成的不利影响可以不明确出现在句子里，但潜在地存在着。如「私の家の南側にA社によって高いビルを建てられた。」就暗含着"由于A公司的行为，使得我家的房子晒不到太阳或光线受到了影响"之类的意思。

（三） 自然被动句

（1）日语习惯用有情物做被动句的主语，但叙述自然现象或一般事实时可用无情物做主语，这种被动句可称为"自然被动句"。自然被动句是指被动句的主语是无生命的单纯的受事。这种被动句是对无生命事物的客观描述，没有必要明确指出或无从指出施事者。这种表达方式用得比较广泛，译成汉语时，一般不必译出"被"字来。例如：

① 橋は洪水に流されてしまった。／桥被洪水冲垮了。

② 日本は海に囲まれた国である。／日本是被大海包围着的国家。

③ この歌はみんなによく歌われた。／这首歌经常被大家唱起。

④ これは外国人によって設計された建物です。/这是由外国人设计的建筑。

（2）在没有必要表明动作者或没有特定的动作者（泛指）时，可省略被动句中的补语。例如：

① 国の重要な問題は国会議事堂で討論される。/国家的重大问题在国会议事堂讨论。

② ガソリンは広く利用されている。/汽油的使用范围非常广泛。

③ オリンピックが四年ごとに行われます。/奥林匹克运动会每四年举行一次。

④ ここは昔江戸城と呼ばれていました。/过去这里被叫作江户城。

⑤ 記念切手が売り出されました。/开始出售纪念邮票了。

（3）当被动句中出现的动作主体是群体，而不是具体的某一个人时，句末常用"…れている（られている）"的形式。例如：

① コーラは世界中の人々に飲まれている。/可乐被全世界的人饮用。

② 富士山はみんなに知られている。/富士山广为人知。

【注意】

被动句所表示的利害关系，对于被动者来说，有不利的场合，也有有利的场合，但日语里一向是用被动的表达方式来表示对被动者不利的场合较多。因此，"先生に教えられた/被老师教授了（知识）"很明显不符合日语的表达习惯（可以说"先生が教えてくださった"或者"先生に教えていただいた"）。

间接被动句用法主要是受影响、受害的意思，包括直接被动句里的对被动者不利的用法，是日语被动表达方式的最基本的用法。

||●| 知识扩展 |●||

（一）被动句中提示动作的实施者补语的「に」「から」「によって」和「で」

在日语被动句中，表示施动主体时，格助词「に」使用频率最高。但是，「に」除了能在被动句中表示施动主体之外，还有很多其他的语法含义。因此，为了避免在同一个句子中由于多次使用「に」而造成的语意误解等情况，使用「から」「によって」或「で」来代替「に」的情况也是较常出现的。

1.「から」

在人或相当于人的动作者与动作的接受者之间存在某种移动意识时，一般用「から」表示动作的实施者，因为「から」的特点就是表示动作、作用的出处。这时也可用「に」表示动作的实施者，但是，因为「に」具有表示动作、作用所涉及的对方这种作用，所以有时会使句子的意思不明确。

① 友達から/に誕生パーティに招待された。/我被朋友邀请参加生日派对。

② 相撲協会理事長から/×に優勝カップが贈られた。/相扑协会的理事长颁发了优胜奖杯。

③ 彼はみんなから/に尊敬されている。/他一直受大家尊敬。

例句①，为了避免同一个句子中出现两次「に」而用了「から」来表示施动主体。

例句②，如果使用「に」则理事长便成为了被颁发优胜奖杯的对象，即此句的含义变成了：给相扑协会的理事长颁发了优胜奖杯。所以用「に」是错误的。

例句①和例句②中，由于所用动词是含有"人的心情、情绪"或表示物体移动方向的这类动词，为了让其出处（即做此动作的主语）与被动句中的施动主体一致，可以用「から」来表示。例句①中的"朋友"是做出"邀请"这一动作的人，而例句②中，"相扑协会理事长"是做出"颁发奖杯"这一动作的人。

例句③中用「から」并没有什么特别的限定，由于"尊敬"的动作主语是"大家"，因此用「から」或者「に」都是可以的。

④ 一億円のダイヤが何者かに奪い去られた。/价值1亿日元的钻石被（某人）偷走了。

例句④中，虽然动词也是带有移动含义的，但是其所指向的方向却与例句①②③相反，如果不用「に」而用「から」，则句中"偷走钻石的人"反而成了受害者。因此这类句子中不能使用「から」。

2.「によって」

在日语中，像"建造""画""写""做""挖"等表示创造、建造这类动词，在表示创造出的东西本身所存在的场所时，最常用的与之相连的便是「に」。例如：

① （広場）に建てられた塔/建造（在广场上）的塔
② （壁）に描かれた絵/画（在墙上）的画
③ （庭）に掘られた井戸/挖（在庭院里）的井

如下所示，动作的实施者补语如果用「に」提示，会产生不符合语法的感觉。

（エッフェル）に建てられた塔/（埃菲尔）建造的塔
（ピカソ）に描かれた絵/（毕加索）画的画
（アリ）に掘られた井戸/（阿里）挖的井

而且，这些动词不具有方向性，因此不能使用「から」。在这种句子中出现的动词是含有如"做""写"等表示创造、建造的含义情况下，如果用「から」，很容易被理解为所指的是原材料或者制造的顺序，而并非施动主体。在这种情况下，为了在动词被动态的句子中表示施动主体便会选择使用「によって」。例如：

④ エッフェルによって建てられた塔/埃菲尔建造的塔
⑤ ピカソによって描かれた絵/毕加索画的画
⑥ アリによって掘られた井戸/阿里挖的井

使用「によって」提示的被动句多见于书面语，在口语会话中，多会使用主动句形式。「によって」不仅仅是在书面语中，在郑重、强硬的表现场合也经常使用。例如：

⑦ 反対派によって妨害された。/被反动派妨碍了。

⑧ 国家権利によって踏みにじられた自由。/被国家权利践踏的自由。

3.「で」

① 雨に降られた。/被雨淋了。

② 泳げない子供が波にさらわれた。/不会游泳的孩子被浪卷走了。

③ 洪水で家が流された。/房子被洪水冲走了。

④ 風で帽子が飛ばされた。/帽子被风吹走了。

⑤ 戦争で何もかも破壊された。/一切都被战争破坏了。

⑥ ミサイルで何もかも破壊された。/一切都被导弹破坏了。

被动句中的施动主体一般都是可以依靠自身意识移动的生物，但像例句①②中的"雨""波浪"这种不是生物而是某种自然现象拟人化成为施动主体的情况是可以用「に」表示的。另外，像例句③④的情况也可以用「で」表示。这个时候，便不再是非生物的拟人化，但与其说它是表示施动主体，倒不如理解为表示原因。而类似例句⑤中的"战争"这类人为性因素给人的这种（「で」表示原因的）感觉就更强烈。例句⑥中，作为手段出现的"导弹"则会让人想到施动主体另有其人。

在被动句中，施动主体是生物的情况下不使用「で」表示，而在非生物作为施动主体的时候，如果使用「で」，比起表示施动主体，理解为表示原因或者手段的情形则更为多见。

（二）关于无情主语句

无情主语句的主语或主题一般表现为非人的事物。尤其将行为对象作为主题提出来时，多采用此种表现形式。无情主语句多见于客观叙述、描写和新闻报道中。根据是否出现动作主体以及句子所表达的内容等可将其分为四种情况。

（1）主语是动作的对象，动作主体（施动者）不提及或为某一类人（群体）。例如：

① その議案は否決された。/那个提案被否决了。

② 日本語は多くの外国人に学ばれています。/日语被很多外国人学习。

（2）句子一般为有关自然现象、灾害的描述，相当于动作主体的部分一般表现为物，且相较于实施动作而言，这些事物更接近于起到工具、材料、手段、方式、原因的作用。例如：

① 太陽は黒い雲に遮られてしまった。/太阳被黑云遮住了。

② 先日の台風で木がだいぶ倒された。/很多树都被前几天的台风刮倒了。

（3）句中一般不出现动作主体，内容多为对于客观事实、事物状态、属性的描写。

① あの公園には桜がたくさん植えられている。/那个公园里种了很多樱花。

② オリンピックは4年に一度行われる。/奥林匹克运动会四年举行一次。

（4）动作主体为具体个人或特定的人物，且有必要说出此人名字或为何人，句子主体由「によって」引出。内容多为叙述某一事物的属性。

① 法隆寺は聖徳太子によって建てられた。/法隆寺是由圣德太子组织修建的。

② アメリカ大陸はコロンブスによって発見されました。/美洲大陆是由哥伦布发现的。

（三）他动词的被动用法与其对应的自动词的用法

① 会議は 1 時から始まった。/会议一点开始。→

会議は 1 時から始められた。/会议一点开始。

② 風で木が倒れた。/因为大风树木倒了。→

風で木が倒された。/因为大风树木被吹倒了。

上述例子描写的现象大致相同，自动词侧重表达现象本身，他动词的被动句侧重表达引起现象的行为者及存在的原因等。

（四）惯用的被动句

① 私たちは、その事件に大きく影響された。/我们受那件事的影响很大。

② 彼女は毎日仕事に追われている。/她每天工作都很忙。

③ 私は祖母の手で育てられた。/我是祖母一手养大的。

「仕事に追われる」一般不说成「仕事が彼女を追う」，「私は祖母の手で育てられた。」不可以说成「祖母の手が私を育てた」。因此，这类被动句被看成是惯用形式。

第三节　可能助动词「れる・られる」

一、可能助动词「れる・られる」的意义

可能助动词（可能の助動詞）「れる・られる」接在动词未然形后，构成可能态。所谓 "可能"，含有各种内容，比如主语能力范围内的可能，借助某工具、手段的可能，根据客观条件的可能或表示容许的可能等。例如：

① 8 時までに来られますか。/8 点之前能来吗？

② どこでも眠られる。/不论在哪儿都能睡着。

③ 明日の朝早く起きられます。/明天早晨能早起。

④ 忙しくて夏休みも帰られない。/忙得暑假都回不来。

⑤ 彼が日本にいるとは自分には信じられません。/我自己都难以置信他在日本。

二、可能助动词「れる・られる」的接续方法

可能助动词「れる・られる」接在动词未然形后，构成可能态。其中五段动词的未然

形接「れる」，但常常发生约音。例如：

行く＋れる→行かれる→行ける

有的动词甚至以其可能语态的约音形式固定下来，叫作"可能动词"。可能动词的活用属于一段动词。例如：

言う→言われる→言える
動く→動かれる→動ける
話す→話される→話せる
読む→読まれる→読める

其他动词的未然形接「られる」，其中サ变动词用未然形词尾「せ」接「られる」，成为「せられる」，有时约音成「される」。例如：

一段動詞：起きる＋られる→起きられる
　　　　　覚える＋られる→覚えられる
カ变動詞：来る＋られる→来られる
サ变動詞：する＋られる→せられる→される

【注意】

近年来，有不少一段活用动词，其未然形后接「られる」时出现「ら抜き言葉」现象。「ら抜き言葉」是指人们在使用表示可能的「見られる」「来られる」等词语时，舍去用语中的「ら」而形成「見れる」和「来れる」的语言现象。日语的这种语言变化现象始于昭和初期，并以口语形式出现。第二次世界大战之后，这种语言现象进一步蔓延。由于「ら抜き言葉」专门用于表示可能，从而区别于原来形态相同的被动、自发和尊敬，具有一定的合理性。因此，有人认为「ら抜き言葉」同五段活用动词在表示可能时将词尾变化成「エ段」（例如：飲む→飲める）一样，是动词的可能形态；也有人认为「ら抜き言葉」使用频率的增加，表明了可能形态发生了系统的变化。常见的有：

起きる→起きれる　（本应是「起きられる」）
食べる→食べれる　（本应是「食べられる」）
見る→見れる　　　（本应是「見られる」）
出る→出れる　　　（本应是「出られる」）
寝る→寝れる　　　（本应是「寝られる」）
来る→来れる　　　（本应是「来られる」）

サ变动词「する」的可能态，不用「される」的形式，而用「～できる」或「～することができる」的形式表达。例如：

① 夜間でも試合が<u>できる</u>。／夜晚也能进行比赛。
② 私は車を運転する<u>ことができる</u>。／我会开车。

「ある」的可能动词，不能说成「あられる」，而一般这样用：肯定用「ありうる」；否定用「ありえない」。例如：

① それは<u>あり得る</u>ことだ。/那是可能发生的事。
② 彼が犯人だということは絶対に<u>ありえない</u>。/他决不会是犯人。

三、可能助动词「れる・られる」的活用

可能助动词「れる・られる」的活用变化与被动助动词「れる・られる」相同，但没有命令形。「れる・られる」的活用变化与一段动词相同，具体活用形式见表5.4。

表5.4　可能助动词「れる・られる」的活用

助动词	未然形	连用形	终止形	连体形	假定形	命令形	推量形
れる	れ	れ	れる	れる	れれ	—	れ
られる	られ	られ	られる	られる	られれ	—	られ

四、可能助动词「れる・られる」各活用形的用法

（一）未然形

① 私は母と相談して、<u>行かれ</u>ないという返電を打つ事にした。/我同母亲商量，决定打一个告知不能去的回电。
② そんな難しい問題は私には<u>答えられ</u>ない。/这样的难题，我无法回答。

（二）连用形

① あした映画を見に<u>行かれ</u>ません。/明天不能去看电影。
② 李さんは刺身が<u>食べられ</u>ますか。/小李能吃生鱼片吗?

（三）终止形

① 来年から日本语を勉強するというものの、どれだけ<u>覚えられる</u>だろうか。/虽说从明年起学习日语，但是能记住多少呢?
② 北京では全世界の料理が<u>食べられ</u>る。/在北京能吃到各国的菜肴。

（四）连体形

① 明日<u>来られる</u>人は来てください。/明天能来的人请来。

（五）假定形

① 不注意による独断など問題あるときは御教示いただ<u>ければ</u>幸いである。/要是出

现由于我的疏忽而导致的判断不客观等问题，如能得到指正，不胜荣幸。

② 行ければぜひ一度行きたいと思います。/如果能去，我很想去一次。

（六）推量形

① 彼は明日来られよう。/他大概明天能来吧。

② 来年の夏休みはイギリスへ旅行されよう。/明年暑假能去英国旅行吧。

五、可能助动词「れる・られる」的主要用法

可能助动词「れる・られる」一般只能接在意志性动词之后。其表达的内容在于动作主体本身具有的能力，或机械工具等的性能，以及（外在条件的）允许、许可，或在特定条件下具有实现的可能。在表示可能的句中，动作的主体用「には」「にも」或「は」「も」表示，能否的对象多用「が」表示，但是强调动作时也可用「を」。

可能句的基本结构是「～は（には）～が～れる/られる」，即一般叙述句的「～を」（宾语）部分，要变为「～が」的形式。例如：

① 私はピアノを弾きます。→私はピアノが弾けます/我会弹钢琴。

② 私は日本語の新聞を読む。→私には日本語の新聞が読める/我能看日文报纸。

可能助动词「れる・られる」构成的可能态的句子，它的主体可以是有情物，也可以是无情物，主要有三种用法。

1. 表示动作主体本身具备的能力，也表示机械工具等的性能

① 少年は一人でヨットを操られるようになった。/少年可以一个人驾驶帆船了。

② 歯が丈夫だから、少し堅いものでも食べられます。/牙齿很坚固，所以可以吃一些较硬的食物。

③ そのトランクにもう一枚外套が詰められないんですか。/那个手提箱还可以再装进一件外套吗？

④ 私は朝早く起きられないので、いつも学校に遅れてしまいます。/因为我早上起不来，所以经常上课迟到。

2. 表示（外在）条件的允许、许可

① 入口から出られますか。/可以从入口出去吗？

② タバコの吸われる場所。/可以吸烟的地方。

③ この資格試験は、誰でも受けられるそうです。/好像无论是谁都可以参加这个资格考试。

3. 表示在特定条件下，具有实现的可能性

① 仕事が忙しいから、しばらくの間、旅行へ出られない。/因为工作很忙，所以暂时不能出去旅行。

② あの四つ角を右に曲がると、道に出られます。/在那个十字路口向右拐弯，就可

以离开这条路了。

③ たばこをやめたいと思っているんですが、とても<u>やめられ</u>ません。／我一直想戒烟，可是怎么也戒不掉。

【注意】

「れる・られる」和「～ことができる」在一般情况下可替换使用。但是「～ことができない」作为惯用，用于表示禁止。这时，不能用「れる・られる」替换。

◆III━━◉ 知识扩展 ◉━━III◆

可能的相关表达方式有以下八种。

1. 动词连体形＋ことができる（サ变动词还可以用词干＋できる）

① あなたはピアノを<u>弾くことができ</u>ますか。／你会弹钢琴吗？

② 李さんは餃子を<u>作ることはできる</u>が、ピザを<u>作ることはできない</u>。／小李会包饺子，但不会做披萨。

③ ここでお金を<u>換えることができる</u>。／在这里可以换钱。

④ 芝生の中に<u>入ることができない</u>。／不许进入草坪。

2. 动词连用形＋うる／（える）

① その絵のすばらしさは、とても言葉で<u>表しうる</u>ものではない。／那幅画的精彩之处是很难用语言表达的。

② 確かに外国人労働者が増えればそういう問題も<u>起こりうる</u>だろう。／确实如果外国劳工增加，很有可能发生这种问题。

③ あの人なら、借りたものをそのままにして返さないということも<u>ありえる</u>よ。／如果是那个人的话，借了东西很可能就这样不归还了。

④ 彼の自殺はだれもが予期し<u>得なかった</u>ことだけに、そのショックは大きかった。／正因为谁也没预料到他会自杀，所以大家受到了很大的打击。

⑤ 彼が失敗するなんて<u>ありえない</u>。／他能失败吗？那是不可能的。

3. 可能动词「できる・見える・聞こえる・わかる」等都带有"能够""可能"的意思

① ここから富士山が<u>見え</u>ます。／从这里能看到富士山。

② 隣の部屋からおかしい音が<u>聞こえて</u>きた。／隔壁房间传来奇怪的声音。

③ 私の気持ちが分かって<u>くれ</u>ますか。／你能明白我的心情吗？

【注意】

「見える」「聞こえる」与「見られる」「聞ける（聞かれる）」虽然都可表示"能够"的意思，但是意义不一样。前者表示感觉器官的功能，即客观存在的能力，而后者表示在某种条件下的可能性。

① 日本へ行けば、本当の富士山が<u>見られます</u>。（×見える）/去日本的话，能看见真正的富士山。

② 帰る時間が遅かったので、昨日は夜九時の英語のラジオ番組が<u>聞けなかった</u>。（×聞こえる）/昨天回去晚了，没能听到晚上 9 点的英语广播节目。

4. 动词连用形 + てはいられない

（1）这个句式表示一种心理状态，不能再继续下去，急于想付诸实际行动。相当于汉语的"不能再……下去了""不能……"。

① 試験終了時間まであと数分だから、この問題にそんなに時間を<u>かけてはいられない</u>。/离考试结束只有几分钟了，不能再在这个问题上浪费时间了。

② 時間がないから、もう<u>待ってはいられない</u>。/没时间了，已经不能再等了。

③ 春が大地によみがえり、花も咲いてので、もう家でじっと<u>してはいられない</u>。/春回大地，百花盛开，我不能再一直在家里待着了。

（2）这个句式还可以与副助词「ばかり」呼应构成句型「～てばかりはいられない／てばかりもいられない」，表示不能总是或一直做一件事，暗示尽量摆脱目前的状况，去做其他更重要的事情。相当于汉语的"（也）不能总是……"。

① 夫がなくなって非常につらいことだが、<u>泣いてばかりいられない</u>。これからの生活と子供の将来を考えないといけない。/失去丈夫非常伤心，但是总不能这样一天到晚地哭下去。得考虑考虑以后的生活和孩子们的将来。

② 賞がもらえて嬉しい。かといって<u>喜んでばかりもいられない</u>。次の目標に向かって頑張らなければならない。/能得奖我很开心。但是也不能老是沉浸在喜悦之中。我要为下一个目标而努力。

③ このごろ体調がよくないが、学校を<u>休んでばかりもいられない</u>。期間テストも近い…/虽然最近我的身体不好，但是也不能总是请假，况且期中考试也临近了……

5. 动词连体形 + わけにはいかない

这个句式表示由于某种原因所以不能那样做或不应该那样做，相当于汉语的"不能……"。

① 絶対にほかの人に言わないと約束したので、<u>話すわけにはいかない</u>。/因为答应别人不说出去的，所以不能告诉你。

② 帰りたいけれども、この論文が完成するまでは<u>帰国するわけにはいかない</u>。/虽然想回去，但是这篇论文还没完成，所以不能回国。

③ 一人でやるのは大変ですが、みんな忙しそうなので、<u>手伝ってもらうわけにもいきません</u>。/虽然一个人很辛苦，但大家好像都在忙，所以也不好喊人帮忙。

6. 「～れる／られるようになった」

这个句式表示变化过程，即原来不会、不能的事情，经过一段时间的努力或变化，现在已由不会变会、不能变能，相当于汉语的"已经能……，已经会……"的意思。

① 日本語で電話が<u>かけられるようになりました</u>。/已经能用日语打电话了。

② 中国はすでに人工衛星を<u>つくれる</u>ようになった。/今天中国已经能制造人造卫星了。

③ 最近では用途の違いによって色を使い分けることが<u>考えられる</u>ようになった。/最近已经开始考虑根据用途的不同，使用不同的颜色了。

7.「~れる/られるだけ」＋重复同一动词

这个句式表示尽其能力、能量做某事，相当于汉语的"能…… 就……/尽量……"的意思。

① <u>食べられる</u>だけたくさん食べます。/能吃就尽量多吃。

② <u>持てる</u>だけ手に持ちます。/能拿多少就拿多少（尽量拿）。

③ <u>詰められる</u>だけかばんに詰めます。/尽量往包里装。

8. 动词基本形＋に＋同一动词れ/られない

这个句式表示"想……而又不能……"的意思。

① <u>言うに言われぬ</u>苦しみがある/有难言之苦。

② <u>やむにやまれぬ</u>事情がある/欲罢不能。

③ <u>泣くに泣けない</u>…/哭也哭不得……

第四节　自发助动词「れる・られる」

一、自发助动词「れる・られる」的意义

自发助动词「れる・られる」是由可能助动词转成的，它的接续方法、活用变化和可能助动词完全一样。它表示某一动作与施事的意志、能力无关，是自然而然实现的。它能接的动词很有限，仅限于与知觉、思考、感情有关的一些动词。例如：

思^{おも}う→ 思われる（思える）

考^{かんが}える→ 考えられる

聞^きく→ 聞かれる→ 聞ける

思^{おも}い出^だす→ 思い出される

感^{かん}じる→ 感じられる

見^みる→ 見られる

想像^{そうぞう}する→想像させられる→ 想像される

笑<ruby>う<rt>わら</rt></ruby>→ 笑われる→ 笑える

泣<ruby>く<rt>な</rt></ruby>→ 泣かれる→ 泣ける

しのぶ→ しのばれる

案<ruby>じる<rt>あん</rt></ruby>→ 案じられる

① 故郷が<u>しのばれる</u>。/不由得思念故乡。

② 子供のころが<u>思い出される</u>。/孩提时代令人回忆。

③ 気の毒に<u>思われて</u>ならない。/不禁觉得可怜。

④ 彼女の笑顔が<u>思い出される</u>。/不由得想起她的笑容。

⑤ 秋の気配が<u>感じられる</u>。/感受到秋天的气息。

二、自发助动词「れる・られる」的接续方法

自发助动词的接续方法与可能助动词一样，「れる」接在五段动词未然形之后，「られる」接在非五段动词未然形之后。

三、自发助动词「れる・られる」的活用

自发助动词「れる・られる」的活用变化与可能助动词「れる・られる」相同，无命令形。具体活用形式见表5.5。

表5.5　自发助动词「れる・られる」的活用

助动词	未然形	连用形	终止形	连体形	假定形	命令形	推量形
れる	れ	れ	れる	れる	れれ	—	れ
られる	られ	られ	られる	られる	られれ	—	られ

四、自发助动词「れる・られる」的主要用法

所谓自发是指与本人的喜好与否无关，而自然地、本能地产生某动作。自发助动词通常接在一些与思考、感情、感觉相关的动词如「考<ruby>える<rt>かんが</rt></ruby>」「思<ruby>う<rt>おも</rt></ruby>」「悲<ruby>しむ<rt>かな</rt></ruby>」「偲<ruby>ぶ<rt>しの</rt></ruby>」「悔<ruby>やむ<rt>く</rt></ruby>」「感<ruby>じる<rt>かん</rt></ruby>」等后面，其特点是常用这些动词的终止形或连用形，没有「ている」的形式，也很少用否定的表达形式。「れる・られる」表示自发时，对象语用「が」表示。例如：

① この写真を見ると、昔のことが<u>思い出される</u>。/一看到这张照片，不由得就会想

起过去的事情。

②　故郷の母のことが<u>案じられる</u>。/不禁挂念在故乡生活的母亲。

③　これは少し勘違いと<u>思われる</u>。/这不由得令人觉得有点误会。

④　町子を公認して<u>やれない</u>のが、なんとも腑甲斐ないようにおもえて、やりきれないである。/不能让町子得到大家的承认，总觉得似乎太窝囊。

⑤　晴れた空が身に沁み込むように<u>感じられる</u>好い日和であった。/这是一个晴朗的天气，天空万里无云，沁人心脾。

⑥　日曜日が<u>待たれて</u>ならない。/不由得非常盼望星期天。

〓〓●**知识扩展**●〓〓

自发态的其他表达方式有以下三种。

1.　使用"被使动态"的方式

①　昨日のサッカーの試合は、逆転につぐ逆転で最後まで<u>ハラハラさせられた</u>。/昨天的足球赛，比分交错上升，看到最后都叫人捏一把汗。

②　山田さんの勤勉ぶりに<u>感心させられた</u>。/山田工作之勤奋令人感动。

2.　使用有自发意义的可能动词

①　なんだか自分が間違っているように<u>思えて</u>きた。/不知为什么，越来越觉得好像是自己错了。

②　話しを聞いているうちに<u>泣けて</u>きて仕方がなかった。/听着听着忍不住哭了起来。

③　秋になると故郷が<u>偲ばれる</u>。/一到秋天就不由得思念家乡。

3.　使用其他有自发意义的动词

①　亡くなった祖母の顔が目に<u>浮かぶ</u>。/故去祖母的音容笑貌浮现在眼前。

②　夜道で不意に呼びかけられて<u>ぎょっとした</u>。/夜里走路突然被人打招呼，不由得吓了一跳。

第五节　尊敬助动词「れる・られる」

一、尊敬助动词「れる・られる」的意义

尊敬助动词「れる・られる」接在动词未然形后，用以表示说话人对句中施事者的尊敬。其接续方法与活用变化基本上与被动助动词相同，但是没有命令形。另外，有些动词具有与之相对应的敬语动词，在向动作者表示尊敬时可直接使用这些敬语动词。例如：

する→ なさる（做）

いる→ いらっしゃる（在，有）

言う→ おっしゃる（说）

行く（来る）→ いらっしゃる（去，来）

見る→ ご覧になる（看）

食べる→ 召し上がる（吃）

① お客様は帰られたかしら。/客人也许回去了。

② こちらに来られて、電話をかけられた。/到这里来打了电话回去了。

③ この方は新しく入社された原田さんです。/这位是新进公司的原田先生。

二、尊敬助动词「れる・られる」的接续方法

尊敬助动词「れる・られる」的接续方法与被动助动词相同。「れる」接在五段动词未然形之后，「られる」接在非五段动词未然形之后。「られる」接在サ变动词「する」未然形「せ」后发生约音成「される」。

三、尊敬助动词「れる・られる」的活用

尊敬助动词「れる・られる」活用变化与被动助动词相同，但是没有命令形。具体活用形式见表5.6。

表5.6　尊敬助动词「れる・られる」的活用

助动词	未然形	连用形	终止形	连体形	假定形	命令形	推量形
れる	れ	れ	れる	れる	れれ	—	れ
られる	られ	られ	られる	られる	られれ	—	られ

四、尊敬助动词「れる・られる」各活用形的用法

（一）未然形

① 課長は今度の商談に出席されない。/科长不参加这次商务谈判。

② 先生は明天の会議に出られない。/老师不出席明天的会议。

（二）连用形

① 先生は何と言われましたか。/老师说什么了？

② 日本友人は私たちの学校に来られて、見学された。/日本朋友来到我们学校进行了参观。

③ 代表団のみなさんは「四季の歌」を歌われる。/代表团的朋友们演唱了《四季歌》。

（三）終止形

① 訪中団は明日帰国される。/访华团明天回国。

② 学長も出席される。/校长也参加。

③ 鈴木さんのお父さんも来週のシンポジュウムに来られる。/铃木的父亲也来参加下周的研讨会。

（四）連体形

① 先生が言われたとおりです。/正如老师说的那样。

② 帰国されるとき、知らせてください。/您回国的时候，请告诉我一声。

③ 先生がなさったようにすればいいですよ。/按老师做的那样做就行。

（五）假定形

① 先生が九時に行かれれば、きっと間にあうと思います。/我想老师如果九点去，肯定来得及。

② あなたが歌を歌われれば、私は踊ります。/您要是唱歌，我就跳舞。

（六）推量形

① お医者さんがすぐ来られよう。/医生会马上来吧。

② 田中先生は明日研究会で論文を発表されよう。/田中老师将在明天的研究会上发表论文吧。

五、尊敬助动词「れる・られる」的主要用法

尊敬助动词「れる・られる」是用来对句子中的施事者（一般是第三人称，主语）表示尊敬的，与听话人无关。但当句子的主语是第二人称时，要尊敬的对象和听话人就是一个人了，此时也可用「れる・られる」，但带有文语的味道。例如：

① 先生が来られた。/老师来了。

② 先生、明日も来られますか。/老师，您明天也来吗？

③ 社長はあすインドから帰国される（○なさる）。（終止形）/社长明天从印度回国。

【注意】

尊敬助动词接在サ变动词后的形式「される」与其被动态一致，为避免误解，常用其词干接「なさる」。

尊敬助动词与动词的关系不像被动、使动助动词那样紧密。

当既要表示被动或使动又要表示进行时时，一般用"……れ（られ）ている（ある）""……せ（させ）ている（おる）"的形式；而当既要用敬语助动词又要表示进行时时，一般用"……ていられる""……ておられる"的形式，与其他补助动词的关系也大致如此。例如：

① 珍しく酔っておられたようでしたね。/好像很少像这样喝醉吧。（敬语）

② 現在最も広く使われている十進法も、やはり人間の両手の指が10本であることに由来している。/现在使用范围最广的十进制法，也是来源于人的两只手的10个手指。（被动）

第六节　使役助动词「せる・させる」

一、使役助动词「せる・させる」的意义

「せる・させる」接在动词的后面，表示使别人做某种动作、起某种作用，称为使役助动词（使役の助動詞）。例如：

① もっと練習させてください。/让我多多练习一下。

② 猫にごはんを食べさせる。/给猫吃食。

③ 子どもに絵本を読ませます。/给孩子读绘本。

④ 彼をここに来させよう。/让他来这里吧。

二、使役助动词「せる・させる」的接续方法

动词的未然形后续使役助动词构成动词的使役态。使役助动词的接续规则是五段动词未然形后接「せる」，一段动词、カ变动词、サ变动词未然形后接「させる」。例如：

五段动词：読む→読ませる

一段动词：食べる→食べさせる

カ变动词：来る→来させる

サ变动词：する→させる

【注意】

（1）使役助动词的词尾「せる」有时可以约音为「す」。如上述词例分别有「読ます」「食べさす」「来さす」「さす」的缩略形式。

（2）「せる」接在ザ行的サ变动词如「信ずる」「重んじる」「感ずる」「論ずる」等后面时，不说成「信ぜさせる」「重んぜさせる」，而是把这样的动词改为上一段动词后，再后续「させる」。如「信じさせる」「重んじさせる」。这和「れる」「られる」的情况相同。

三、使役助动词「せる・させる」的活用

使役助动词「せる・させる」的活用变化与一段动词相同。具体活用形式见表5.7。

表 5.7　使役助动词「せる・させる」的活用

助动词	未然形	连用形	终止形	连体形	假定形	命令形	推量形
せる	せ	せ	せる	せる	せれ	せろ せよ	せ
させる	させ	させ	させる	させる	させれ	させろ させよ	させ

四、使役助动词「せる・させる」各活用形的用法

（一）未然形

彼をここに来させない。/不让他来这里。

（二）连用形

① 私たちが訪ねて来たことは、よほど主人の心を喜ばせたらしい。/我们的来访，好像让主人心里格外高兴。

② 私は彼に英語を学習させ、中国語も習わせる。/我叫他学习英语，也学习汉语。（连用中顿；终止形）

（三）终止形

住民に公害問題に対する関心を向けさせる。/引起居民对公害问题的关心。

（四） 连体形

機能を発揮させるために、機能の保守に気をつけねばならない。/为了发挥其功能，必须注意功能的保养维修。

（五） 假定形

① デパートから家まで届けさせればいいでしょう。/让百货公司送到家里就行了吧。
② 私に言わせれば、彼が全責任を負うことはない。/要让我说，他不用负全部责任。

（六） 命令形

① 家の中にいる人に戸をあけさせろ。/让在家里的人开门！
② 彼に早く起きさせよ。/叫他快起来吧！

（七） 推量形

① 彼に来させよう。/叫他来吧（劝诱）！
② 彼は私を行かせようとしている。/他打算让我去（意志）。

五、使役助动词「せる・させる」的主要用法

使役态构成的句子称为使役句，使役态可以表达四种意义。

（1）强制动作主体做一些与其意志无关的动作或行为时，使役态含有强制的意思。

① 母親は嫌がる子供にピアノの練習をさせた。（強制）/母亲让不耐烦的孩子练习弹钢琴。

（2）当动作主体有做某种动作或行为的意愿时，使役态含有许可放任的意思。

①（娘が行きたいと言ったので）娘をアメリカに留学させた。（許可）/（因为姑娘说想去）允许姑娘去留学。
② 悪口を言いたい者には、言わせておけばいい。（放任）/想说坏话的人，让他们说就好了。

（3）使役态有时表现令人意想不到的结果。

一人息子を死なせてしまった。/竟然害死了独生子。

（4）表示进行某种行为（动作），引起或达到某种结果。

① 悪いことばかりして、親を心配させた。/经常做坏事，让父母担心了。
② お世辞を言って、彼女を喜ばせる。/说恭维话，让她开心。

另外，根据使役助动词是自动词还是他动词的不同，使役句的基本形式会有所变化。

（1）自动词使役句。

子供が学校へ行く。→ 母が子供を（に）学校へ行かせる。/母亲让孩子去学校。
（使役句的动作主体通过「～を」或「～に」提示）

（2）他动词使役句。

子供が野菜を食べる。→ 母が子供に野菜を食べさせる。/母亲让孩子吃蔬菜。
（使役句的动作主体通过「～に」提示）

使役是指使、命令他人做某事，因此，使役助动词可译为"让（某人做某事）"，但通常只能用于表示同辈、晚辈、下级的行为动作。诸如"让妈妈给我做饭""让爸爸给我买自行车""让系主任给我写推荐信"等一类的汉语说法，因行为动作的主体为尊长（妈妈、爸爸、系主任），故不可套用日语的「せる・させる」，而要用授受关系的补助动词形式「てもらう・ていただく」（请某人为自己做某事）。这一点与汉语习惯相差颇大，需要注意。

◆ 知识扩展 ◆

（一）使役助动词「しめる」

表示使役的助动词「しめる」，活用型同下一段动词，接在动词未然形的后面。它是由文语助动词「しむ」转来的，有令他人完成某动作的意思，相当于汉语的"使……""令……""叫……""让……"。在日常会话中不常用，但在演说或口语文章中仍有出现，应列入使役助动词。按照当前口语语法的一般编排，则不列出。

使役助动词「しめる」的活用、前接词的词形及其主要后续词和用法见表5.8。

表5.8　使役助动词「しめる」的活用

助动词	未然形	连用形	终止形	连体形	假定形	命令形	推量形
しめる	しめ	しめ	しめる	しめる	しめれ	しめろ しめよ	しめ

例如：

① 彼は私を行かしめない。/他不让我去。
② 彼に本を買わしめまい。/怕是不会让他买书吧！
③ あなたは彼を行かしめよう。/你让他去吧。
④ 彼に飲ましめなさい。/请他喝。
⑤ 彼を死なしめる原因は何（なん）ですか。/致使他死亡的原因是什么？
⑥ 私に言わしめれば、彼は全責任を負（お）わない。/要让我说，他不必负全部责任（假定形）。

⑦ 彼に本を買わしめよ。/叫他买书吧（命令形）！

⑧ 私は彼に行かしめられた。/我让他去。

（二）使役被动句

在动词使役态的未然形后面，接上被动助动词「られる」就构成使役被动式，表示"被别人逼着做某个动作"之意。例如：

働く→ 働かせられる

歌う→ 歌わせられる

待つ→ 待たせられる

起きる→ 起きさせられる

勉強する→ 勉強させられる

五段动词的使役态接「られる」时成为「せられる」，「せら」常被约音为「さ」，因此，就出现了五段动词的未然形接「される」的形式，这种形式常被用于口语中。例如：

働く→働かせられる→働かされる

歌う→歌わせられる→歌わされる

待つ→待たせられる→待たされる

动词的使役被动式常表示被迫进行的动作、行为。例如：

① 太郎は次郎に泣かされた。/次郎被太郎弄哭了。

② そのとき、毎日十六時間も働かされた。/那时每天不得不工作十六个小时。

③ 嫌いな料理を食べさせられた。/勉强吃了些不爱吃的饭菜。

④ 学校を止めさせられた。/被迫休学了。

第七节　过去完了助动词「た」

一、过去完了助动词「た」的意义

「た」是表示时态的助动词，主要表示过去和完了。在语言实际应用中，它的表义范围很广，远远超出语言主体某一动作的"过去、完了"等意义的领域。

① 昨日雨が降った。/昨天下雨了。

② 向こうに着いたら、すぐ手紙を下さい。/到了那边，马上给我来信。

③ 見えた、見えた、あのあかりだ。/看见了，看见了，就是那种光。

④ 洋服を着た人は誰ですか。/穿西服的人是谁？

⑤ 上り列車は何時<u>でした</u>? /去市区的列车是几点来着?

第一句表示过去的事实,第二句表示的是未来,第三句则表示寻找过程中的发现,第四句表示状态,第五句表示确认。在以上五个例句中,只有第一句真正表示"过去"。所以,「た」作为日语中表示时态的助动词之一,很多时候表示语言主体的一种主观意念(ムード),即说话者当时的一种感受、情绪,使整个句子增添一些微妙色彩,在与交流的对象间制造出某种气氛。因此,我们可以看出,这些例句中的时间概念是相当灵活的,在许多情况下并不受制于过去、现在、将来这样的时间序列。

概而言之,首先对「た」要有这样一个印象,它不仅仅表示时态上的"过去"或"完了",更重要的是表示说话主体的陈述语气。

二、过去完了助动词「た」的接续方法

过去完了助动词「た」是表示过去或完了的助动词。「た」接在动词连用形、部分助动词的连用形以及形容词、形容动词连用形的后面。但与五段动词相接时,要发生音便现象,与ガ、ナ、バ、マ行的五段动词连接时,「た」浊化为「だ」。例如:

五段动词:書く→ 書いた　　　　　遊ぶ→ 遊んだ
　　　　　泳ぐ→ 泳いだ　　　　　読む→ 読んだ
　　　　　話す→ 話した　　　　　成る→ 成った
　　　　　立つ→ 立った　　　　　言う→ 言った
　　　　　死ぬ→ 死んだ　　　　　行く→ 行った
一段动词:見る→ 見た　　　　　　覚える→ 覚えた
力变动词:来る→来た
サ变动词:する→した　　　　　　勉強する→勉強した
形 容 词:暑い→暑かった
形容动词:きれいだ→きれいだった
助 动 词:见表5.9。

表5.9　助动词与「た」的接续

助动词	例	助动词	例
れる	笑われる→ 笑われた	ない	持たなかった
られる	考えられる→考えられた	らしい	高いらしかった
せる	行かせる→ 行かせた	そうだ	降りそうだった
こせる	来させる→ 来させた	ようだ	詳しいようだ
しめる	向上せしめる→向上せしめた	たい	飲みたい→ 飲みたかった
ます	ありました	です	労働者でした
である	農民であった	だ	学生だった

【注意】

在助动词中,「ぬ」「まい」「う」「よう」的后面不能接「た」。

三、过去完了助动词「た」的活用

「た」属于特殊活用,无未然形、连用形和命令形,该助动词在句中的位置比较靠后,后面能接的成分比较有限(见表5.10)。

表5.10 过去完了助动词「た」的活用

基本形	未然形	连用形	终止形	连体形	假定形	命令形	推量形
た	—	—	た(だ)	た(だ)	たら(だら)	—	たろ(だろ)

四、过去完了助动词「た」各活用形的用法

(一) 终止形

1. 表示某一动作、行为、情况、状态是过去的事情

所谓"过去",是指以时间长流中的某一点为基准,在此基点以前的时间。这个基点定在什么时间点,是由说话人主观决定的,可以以说话时的时间为基点,也可以以说话之前或之后的某一时间为基点,也可以表现一种回忆的语感。

ガラス越しに見てみると、何が見えただろうか。/隔着玻璃一看,看到了什么呢?

2. 表示某一动作、行为、状态的结束

这种用法是说话人把自己看作置身于现场的时间的一种表现,也可以用于表示某一情况肯定会实现或已决定要做某一件事情。

洗濯がきれいに仕上がった。/洗的很干净了。

3. 表示加强语气,或证实了某一情况

明日は君の誕生日だったね。/明天是你的生日吧。

4. 表示命令

ちょっと待った!/等一下!

(二) 连体形

1. 表示动作、行为、状态的过去或完了

まず、昨日勉強した文型を復習します。/首先,复习一下昨天学过的句型。

2. 表示某一动作完了以后该动作所造成的结果一直保留着

其意义相当于「～ている」「～てある」。

① 電流計、電圧計は安定した場所で置くこと。/电流表、电压表要放在安全的地方。

② 渡辺君はあの眼鏡をかけた人です。（＝かけている）/渡边君就是那个戴眼镜的人。

③ まるで絵に描いたような景色だ。（＝かいてある）/风景如画。

3. 表示性质、状态的自动词做定语时一般都使用「た」或「ている」的形式

① 水は非常に違った性質を持っている。/水有一种非常不同的性质。

② 私は良く冷えたビールを飲む。/我经常喝冰镇啤酒。

③ しっかりした人になろう。/要做踏踏实实的人。

（三）假定形

假定形「たら」后面，可以接接续助词「ば」，但一般不再接「ば」使用。主要表示：

1. 假定条件

包括对于将来可能发生的情况的假定，以及根本不可能发生的情况的虚拟，主句一般不用过去式。

話がしたいんだったら、ちゃんと自分の部屋へ上げて話しなさい。/有话说就到自己房里去好好说。

2. 确定条件

即表示发生了某一情况后，就必然地发生了另一情况，或表示两个动作的先后发生，可译作"……就……"。

山の花を見てきたら、花屋の花が造花みたいで、なんや、ちっとも美しくない。/看了山上的花回来，觉得花店里的花就像假花一样，一点儿也不美丽。

3. 恒定条件

即表示规律性的现象或客观真理：当具备某一条件时一定会出现某一结果。主句一般用现在时。

電圧が低すぎたら電灯が暗くなります。/如果电压过低，电灯就会发暗。

（四）推量形

（1）用「たろ」接「う」，表示对于过去行为、动作情况的推测、估计，或对于完了情况的推测、估计。

① 昨晩の映画はおもしろかったろう。/昨晚的电影有趣吧。

② 先生の講義を聞いたろう。/你听过老师的课了吧。

（2）以上用法在实际语言生活中不多，更多的是用「～ただろう」「～たでしょう」的形式。

① 昨晩の映画は<u>おもしろかっただろう</u>。
　昨晩の映画は<u>おもしろかったでしょう</u>。/昨晚的电影有趣吧。
② 先生の講義を<u>聞いただろう</u>。
　先生の講義を<u>聞いたでしょう</u>。/你听过老师的课了吧。

五、过去完了助动词「た」的主要用法

在表示时间的概念里，现在、过去、将来的区分并不是客观的，而是依据主观意识与时间推移之间的关系而产生的。所以，不将时间序列与说话者的心态连结起来，就无法准确把握一个具体句子中时态的意义。

（一）表示过去

表示某一动作、行为、状态以及感情、感觉是过去的事情，与现在的情况无关。句中一般出现表示时间的补语。

① 昨年アメリカに<u>旅行しました</u>。/去年去美国旅行了。
② かつてはこの国は<u>貧しかった</u>。/以前这个国家很贫穷。
③ アラスカは<u>寒かった</u>なあ。/阿拉斯加真冷呀。
④ 昨日の舞台は<u>見事だった</u>。/昨天的舞台很棒。
⑤ 当時私はある出版社に<u>勤めていた</u>。/当时我在一家出版社工作。
⑥ 昨日風がなくて、海は<u>静かだった</u>。/昨天没风，所以海上很平静。
⑦ 若い頃は、島まで30分で<u>泳いだ</u>。/年轻时候，用30分钟就游到了岛上。
⑧ 荒れ果てた街を前にして、僕は言葉を<u>失くした</u>。/看到眼前荒废的大街，我不禁哑口无言。
⑨ 夏休みには旅行が<u>したかった</u>が、忙しくてどこへも<u>行けなかった</u>。/暑假想去旅行，但是因为忙哪儿也没去成。

（二）表示完了

一般接在动态动词后，表示完了。

① レポートはもう<u>書き上げた</u>。/报告已经写完了。
② やけどを<u>した</u>子は火を恐れる。/烫伤过的孩子怕火。
③ 明日<u>お会した</u>とき、お渡しします。/明天见面的时候交给您。
④ 汽車がいま駅に<u>着いた</u>。/火车现在到站了。
⑤ 私の研究もやっと<u>完成した</u>。/我的研究项目也总算完成了。
⑥ ずいぶん立派に<u>なった</u>ね。/变得这么出色了呀。

⑦ そうですか。お姉さんはいつ<u>なくなった</u>のですか。/是吗，你姐姐是什么时候去世的？

以上句中的动词都属于瞬间动词，这样的动词的过去时，表示某动作、状态的实现或完了。

（三） 表示回想

当「た」接在存在动词「ある」、可能动词「泳げる」、被动态「叱られ」等之后时，这个句子一般是表示某种状态，「た」属于对往事的回想。

① わたしはそのころ大阪に<u>住んでいた</u>。/那时我是住在大阪。

② このあたりに本屋が何軒も<u>あった</u>。/这一带以前有好几家书店。

③ あの入社試験、<u>難しかった</u>なあ。/那次就职考试，真难啊！

④ 中学生の頃、あまりにも不真面目だったので、よく先生に<u>叱られた</u>。/中学时因为太不认真，常挨老师批评。

⑤ 若いときにはよく<u>泳げた</u>よ。/年轻时，游泳可厉害啦。

（四） 表示确认

① 五万円のご送金、確かに<u>受け取りました</u>。/5 万日元汇款已经收到了。

② ただいま、人類はついに月面に<u>達しました</u>。/现在人类终于登上了月球。

③ あたった、あたった、一等賞に<u>あたった</u>。/中了，中了，中了一等奖！

④ あなたは山田さん<u>でした</u>ね。/你是山田吧。

（五） 表示一种礼貌语气

这类句子用过去时，表示早已认识对方，只是一时记不起来，可以缩小与对方之间的心理间隔。这种用法，多见于问句形式。

① お名前はなんと<u>おっしゃいました</u>か。/（我一时想不起来）您贵姓？

② <u>どちらさまでした</u>か。/（我一时想不起来）您是哪一位？

（六） 表示当前的感想

主要接在表示心理作用或评价意义的词后，表示当前的感想，近似感叹。

① こりゃ、<u>驚いた</u>。/哇，吓我一跳。

② あなたに会えて<u>よかった</u>。/能见到你太好了。

③ やっぱり来て<u>よかった</u>。/这一趟来对啦。

④ まったく<u>残念でした</u>ね。/真是太遗憾啦。

⑤ 今日は本当に<u>ありがとうございました</u>。/今天实在太感谢了。

⑥ どうも<u>すみませんでした</u>。/实在对不起了。

（七）表示期待的事情正在实现

① バスが来た、来た。/公共汽车来了，公共汽车来了！
② よし、これで勝った。/好的，我们赢了！

（八）表示发现、察觉、想起

这种用法，多用于口头谈话或自言自语。

① 財布はここにあった。/钱包在这儿哪。（发现）
② 見つけた、見つけた、ここにあった。/找到了找到了，在这里。（发现）
③ あった、あった、コーラの自販機がありましたよ。/有了，有了，这儿有台可乐自动贩卖机。（发现）
④ なんだ、君だったか。/哎呀，原来是你啊。（察觉）
⑤ なんだ、嘘だったのか。/原来是瞎说呀！（察觉）
⑥ へえ、お前も来てたのか。/啊，你也来啦。（察觉）
⑦ ああ、そうだ、明日は休みだった。/啊，对了，明天休息。（想起）
⑧ そうか、そうだったのか。/是吗，原来是这样啊。（想起）
⑨ 確か今日は会議があったな。/记得今天有个会。（想起）

（九）表示要求、轻微的命令

① 早く歩いた、歩いた。/快点走！快点走！

② さあ、どいた、どいた。/喂，让一让！让一让！
③ さあ、帰った、帰った。/回去了！回去了！
④ ちょっと待った。/别走！等一等！

（十）表示假定未然事项为已然事项

此类句子常用「～た（ほう）がよい」「～たところで」「～であったなら」「～たものか」等惯用句型，有明显的假定含义。

① 急がないから、今度会った時に返してくれればいい。/不急，下次见面时还给我就行。
② 万が一乗り遅れたときはどうしようか。/万一误了乘车怎么办？
③ どうせ行くのなら、早く行ったほうがいい。/反正早晚要去的话，那还是早点儿去好。
④ 一仕事すんだ後で飲む酒は実にうまい。/一项工作结束后喝的酒，那才好喝呢。
⑤ 聞かれたとしても言わないでね。/即使有人问也不要说。

（十一）表示所言事物的前后关系，起一种接续作用

此类句子多用「～たら」、「～たなら」的形式。

① 読んだら，返してください。/看完后还给我。
② 五時半になったら，起してくれ。/到 5 点半把我叫醒。
③ 松岡先生に会ったら，よろしく言ってください。/见了松冈老师，请代我问好。
④ いま交渉したなら，成功するだろう。/如果现在交涉，应该会成功吧。

（十二） 表示假定相反的事实

① タクシーに乗っていたなら、今ごろは着いていたよ。/如果坐出租车的话，现在就已经到了。
② 台風さえ来なければ豊作だった。/如果没有来台风的话，就是个丰收年了。

（十三） 表示结果的存续或单纯状态

做连体修饰语，相当于「ている」或「てある」，表示结果的存续或单纯状态。

① 帽子をかぶった人。/戴帽子的人。
② 異なった意見を述べた。/阐述不同意见。
③ 大きな皿に、焼いた魚が並べてある。/大盘子里摆着烤好的鱼。

第八节　敬体助动词「です·ます」

「ます」是接在动词及动词型助动词后的敬体助动词。"です"接在形容词及形容词型助动词之后，构成郑重语，表达一种尊敬的语气。

一、敬体助动词「ます」

（一） 敬体助动词「ます」的意义

用来表达说话者和作者的一种郑重的心情，表示对听话者的一种尊敬。郑重语构成敬体，多用于日常谈话、广播、电视、演讲、信函和小说之中。

① 暗くて何も見えませんでした。/很暗，什么也看不见。
② 九時に集合しまして、すぐ出発いたします。/9 点集合，然后立刻出发。
③ 果物は皮ごと食べられます。/水果可以带皮吃。
④ 私が致しますのでおかまいなく。/我来办，您就别客气了。
⑤ 来年になりますれば時間的にも多少余裕ができますものと期待しております。/到了明年，希望在时间方面能多少有些宽裕。
⑥ お早くお帰りなさいませ。/请您早回吧。

（二）敬体助动词「ます」的接续方法

「ます」接在动词、动词型助动词（れる、られる、せる、させる、しめる等）的连用形后，与特殊五段活用动词连接时接在连用形词尾「い」之后。例如：

五段动词：行く→行きます

特殊五段动词：なさる→ なさいます

いらっしゃる→ いらっしゃいます

くださる→ くださいます

おっしゃる→ おっしゃいます

ござる→ ございます

一段动词：　　　居る→ 居ます

覚える→ 覚えます

カ变动词：　　　来る→ 来ます

サ变动词：　　　する→ します

勉強する→ 勉強します

动词型助动词：「れる」呼ばれる→ 呼ばれます

「られる」見られる→ 見られます

「せる」行かせる→ 行かせます

「しめる」向上せしめる→ 向上せしめます

「させる」来させる→ 来させます

（三）敬体助动词「ます」的活用

敬体助动词「ます」属于特殊活用（见表5.11）。

表 5.11　敬体助动词「ます」的活用

基本形	未然形	连用形	终止形	连体形	假定形	命令形	推量形
ます	ませ	まし	ます	ます	ますれ	ませ まし	ましょ

（四）敬体助动词「ます」各活用形的用法

1. 未然形

「ます」的未然形「ませ」接否定助动词「ぬ」，「ぬ」在此时读音为「ん」，在现代日语中，书写时也用「ません」这一形式。

① 構いません。/不要紧。

② 分かりません。/不懂。

2. 连用形

「ます」的连用形常接过去完了助动词「た」，有时也可以接接续助词「て」。

① この樽の中のセメントは何に<u>使われました</u>でしょうか。/这桶水泥用来做什么了呢?

② 昨年中はいろいろとお世話に<u>なりまして</u>、ありがとうございます。/去年承您多方照顾，谢谢。

3. 终止形

「ます」的终止形用来结句。还有一种「まする」的形式，是一种仿古文体，一般很少用。

① 私はそれが<u>知りたいございます</u>。/我想知道那一点。

② <u>僭越ではございまする</u>が，乾杯の音頭をとらしていただきます。/非常冒昧，请让我首先举杯祝酒。

4. 连体形

「ます」的连体形用得很少，一般直接用动词的连体形，但是在十分客气的会话或书信中会使用，常后续接续助词「ので」「のに」。

① 同窓の諸兄に伝える都合もあり<u>ますので</u>、八月十三日までに、ご返事を<u>聞かせ</u>くださいませんでしょうか。/因为还要通知各位同学，所以能否请您在 8 月 13 日前给我一个回信?

② 確認してまいり<u>ますので</u>、少々お待ちください。/我去确认一下，请您稍等。

③ 大雨が降ってい<u>ますのに</u>、外出しました。/下着大雨却出门了。

「ます」的连体形后续体言、助动词时，显得格外郑重。例如:

④ 出発し<u>ます</u>時にはお知せいたします。/出发的时候我再通知您。

⑤ あそこに見え<u>ます</u>のが郵便局です。/那儿看到的就是邮局。

⑥ こういう例でおわかりになり<u>ますように</u>、……/由此例可知，……

「ます」的连体形还有一种「まする」的形式，是一种仿古文体，一般很少用。例如:

⑦振り返ってみ<u>まする</u>に、数々の山を乗り越えてまいりました。/蓦然回首，已越万重千山。

5. 假定形

「ます」的假定形「ますれ」加「ば」，也只用于极个别十分郑重的场合，一般用「ましたら」代替。

① 来年になり<u>ますれば</u>時間的にも多少余裕ができますものと期待しております。/到了明年，希望在时间方面能多少有些宽裕。

② もし何かお役に立つことがございましたら（<u>ますれば</u>）、ご遠慮なくおっしゃってくださいませ。/如果有我能效力的地方，请不必客气直说吧。

6. 命令形

「ます」命令形有「ませ」和「まし」两种，「ませ」更为标准和常用。命令形多接「いらっしゃる」「おっしゃる」「くださる」「なさる」「遊ばす」「召す」等敬语动词之后，构成最高敬语，几乎不接一般动词。

① いらっしゃいませ。/欢迎光临。
② お早くお帰りなさいませ。/请您早回吧。
③ お体にお気をつけくださいませ。/请注意身体。
④ あなたもご用心なさいませ。/请您也多保重。

7. 推量形

「ましょ」接推量助动词「う」表示动作主体的愿望、祈使、商量、推测等。

① では、一緒に行きましょう。/那么，一起去吧。
② 暗いですね。電気をつけましょうか。/好暗呀，打开电灯吧。

（五）敬体助动词「ます」的主要用法

略（参考各活用形的解释）。

【注意】

「ます」主要用于于句末。作为从句可以后续接续助词「から」「が」「けれども」。但后续「たら」「ので」「のに」等时，则有过于郑重之感。

二、敬体助动词「です」

（一）敬体助动词「です」的意义

敬体助动词「です」与断定助动词不同，并不增加语法意义，只是变为郑重语的一个手段。

（二）敬体助动词「です」的接续方法

1. 形容词、形容动词、补助形容词「ない」的终止形 +「です」

寒い→ 寒いです
暇だ→ 暇です
寒くない→ 寒くないです
暇ではない→ 暇ではないです

2. 形容词型助动词的终止形「たい・らしい」+「です」

帰りたい→ 帰りたいです
帰るらしい→ 帰るらしいです

3. 上述词语加过去助动词「た」的终止形 +「です」

寒かった→ 寒かったです
寒くなかった→ 寒くなかったです
暇だった→ 暇だったです
暇ではなかった→ 暇ではなかったです
帰りたかった→ 帰りたかったです
帰るらしかった→ 帰るらしかったです

（三）敬体助动词「です」的活用

敬体助动词「です」属于特殊活用，常用的只有终止形和推量形（见表5.12）。

表5.12　敬体助动词「です」的活用

基本形	未然形	连用形	终止形	连体形	假定形	命令形	推量形
です	—	（でし）	です	—	—	—	でしょ

【注意】

作为判断助动词敬体形式的「です」的活用形有"未然形、连用形、终止形、连体形"四种。

（四）敬体助动词「です」各活用形的用法

1. 终止形

① ホテルの部屋は広くて明るいです。/宾馆的房间又宽敞又明亮。
② この町は静かです。/这个城市很安静。
③ 昨日は寒くなかったです。/昨天不冷。
④ 去年のクリスマスコンサートはすばらしかったです。/去年的圣诞音乐会很精彩。
⑤ 天気が悪くて、出掛けないです。/天气不好，所以不出去。
⑥ 医者の話では、手術しても治らないらしいです。/据医生说，即使动手术也治不好。
⑦ 彼には私の声が聞こえないらしかったです。/他好像听不见我的声音。

2. 推量形

① このお茶は熱いでしょう。/这茶很烫吧。
② 旅行は楽しかったでしょう。/旅行很愉快吧。
③ あの子の事、好きでしょう？/你喜欢那个人吧？
④ 警備が思ったより厳重だったでしょう。/警戒比想象中还要森严吧。
⑤ そんなに高くては、買えないでしょう。/如果那么贵的话，就买不起了吧。

（五）敬体助动词「です」的主要用法

敬体助动词「です」的主要用来表示说话者和作者对听者和读者的尊敬，从文体的角度看只是为了表示郑重，构成敬体。

① 明日は暑いでしょう。/明天很热吧。
② この新しい靴をはいたら、足の指が痛いです。/穿上这双新鞋，脚趾头痛。
③ この映画は面白いらしいです。/这部电影好像很有趣。
④ あなたの国の話が聞きたいです。/想听听你们国家的事儿。
⑤ 今朝は寒かったですね。/今天早晨真冷啊！

‖⊪●知识扩展●⊩‖

敬体助动词「です」与判断助动词「です」的区别有如下三点。

1. 接续方法不同

敬体助动词接在形容词、形容词形助动词后；判断助动词接在体言、部分副词以及助词「の」「ほど」「から」「まで」「など」「だけ」「くらい」「ばかり」后。

2. 语法意义不同

判断助动词「です」具有断定意义，具有陈述作用，缺之则句子不完整；敬体助动词「です」不具有断定意义，也没有陈述作用，只是增添郑重语气，构成敬体，缺之句子仍然完整。

3. 活用方式不同

判断助动词「です」的连用形「でし」很常用，可后续过去助动词「た」表示过去，如「昨日は雨でした」。敬体助动词「です」连用形的用法几乎没有，如表示过去，是在简体过去式后加「です」，如「昨日は暑かったです」。

第九节　判断助动词「だ・です・である」

一、判断助动词「だ・です・である」的意义

判断助动词「だ・です・である」接在体言或相当于体言的语句后，表示判断。所谓判断，即对主语或主题所提出的事物加以肯定或否定的断定。三者意思相同，相当于汉语"是"的意思。从语体上说，「だ」为简体，「です」为敬体，「である」为书面语体，前两者多用于口语，后者一般用在文章或演说中。

① あれは私たちの学校だ。/那是我们的学校。

② それも桜の花だろう。/那也是櫻花吧。

③ 松村さんは留学生ではない。/松村不是留学生。

④ 田中さんは旅行社の社員です。/田中是旅行社职员。

⑤ あれは山田さんのではありません。/那不是山田的。

⑥ 京都は昔、日本の首都であった。/京都从前是日本的首都。

二、判断助动词「だ・です・である」的接续方法

判断助动词「だ・です・である」的接续关系比较复杂，作为三者的共同点，大致可归纳为五点。

（一）体言 + 「だ・です・である」

接在体言后，构成名词谓语句。例如：

① あの山は富士山だ。/那座山是富士山。

② 兄は政治家ですが、弟は学者です。/哥哥是政治家，弟弟是学者。

③ 彼は会社でよい社員であるし、家ではよい父親である。/他在公司是个好职员，在家是个好父亲。

（二）形式名词 + 「だ・です・である」

这类结构形式有：のだ、ことだ、ものだ、ところだ、わけだ、はずだ、つもりだ、ほうだ、とおりだ、ためだ等，根据语体需要，其后均可续「です」「である」。例如：

① 彼はまだ子供なのだ。/他还是个孩子。

② 年をとれば目が悪くなるものです。/上了年纪，眼睛当然就不好使了。

③ 頭が痛いのは、換気が悪いためである。/头痛是因为换气不好。

（三）副词 + 「だ・です・である」

① 冬休みはもうすぐだ。/很快就到寒假了。

② 完成まであと少しです。/离完成还差一点儿。

③ これがそのほとんどである。/这几乎是它的全部。

（四）助词 + 「だ・です・である」

① 試験は明日からだ。/考试从明天开始。

② 彼女は悲しくて泣くばかりです。/她悲伤得总是哭。

③ 自由行動が許されるのは日曜日だけである。/仅仅星期天允许自由活动。

可后续「だ」「です」「である」的助词还有「ぐらい」「ほど」「など」「まで」「~か~か」等。

（五）「だ・です・である」＋接续助词

① 失礼なことを言ったものだから、相手をおこらせてしまいました。/因说了失礼的话，把对方惹火了。

② 粗末な物ですけど，どうぞご笑納ください。/不是很好的东西，请笑纳。

③ 事実であるので認める。/因为是事实，所以予以认可。

可后续「だ」「です」「である」之后的接续助词还有「が」「し」「のに」等。

三、判断助动词「だ・です・である」的活用

判断助动词「だ」属于形容动词型活用，「です」属于特殊型活用，「である」属于五段活用动词型活用（见表5.13）。

表 5.13　判断助动词「だ・です・である」的活用

基本形	未然形	连用形	终止形	连体形	假定形	命令形	推量形
だ	—	だっ で	だ	（な）	なら	—	だろ
です	—	でし	です	（です）	—	—	でしょ
である	—	であっ であり	である	である	であれ	であれ	であろ

四、判断助动词「だ・です・である」各活用形的用法

（一）连用形

① 今日は日曜日で、学校は休みです。/今天是星期天，学校放假。

② 鯨は魚ではない。/鯨鱼不是鱼类。

③ 北京は長い歴史をもった古い都であり、全国の政治、経済、文化の中心である。/北京是具有悠久历史的古都，是全国的政治、经济和文化中心。

④ 私もいくらか、その影響を受けた一人だった。/我也是多少受过其影响的一个。

【注意】

判断助动词「だ・です・である」各有两个连用形：「で」表示中顿，或用于连接补助用言，「である」的中顿为「であり」；「だっ」「でし」「であっ」，用以后续助词「て」「たり」或助动词「た」。

（二）终止形

① あれは私たちの<u>学校だ</u>。/那是我们的学校。

② 彼は高校の<u>先生だ</u>。/他是高中的老师。

③ 北京は全国の政治、経済、文化の<u>中心である</u>。/北京是全国的政治、经济和文化中心。

（三）连体形

① 今日は日曜日<u>な（です）の</u>で、上野公園は大混雑です。/因为今天是星期天，所以上野公园很拥挤。

② もう春<u>な（です）の</u>に、少しも暖かくない。/虽然已经到了春天，却一点也不暖和。

③ いくら寒くてももう<u>春なのだ</u>。/不管多么冷，反正春天已经到了。

④ 君はこの事件の<u>張本人なん</u>（"の"的音便）ですよ。/你就是这个事件的肇事者。

【注意】

（1）「だ」的连体形「な」和「です」的连体形「です」，除了后续「ので」「のに」「の」以外，不后续一般体言。

（2）作为惯用法，「のに」还可以接在终止形的后面，「もう春だのに＝もう春なのに」。

（3）「です」的连体形仅能后续「ので」「のに」。但也有人认为这不是标准的说法。

① 今日はわたしの誕生日<u>ですの</u>で、お招きしました。/因为今天是我的生日，所以把大家都请来了。

② こんなよいお天気<u>ですの</u>に、おでかけにならないのですか。/这样好的天气，您不出门走走吗?

（四）假定形

① <u>日曜日なら</u>家にいる。/星期天的话，我在家。

② 君が<u>できるなら</u>、やってごらんなさい。/你要是能做，就做做看。

③ <u>暑いなら（ば）</u>上着を脱ぎたまえ。/要是热的话，就脱掉上衣吧。

④ あなたがそんなことを<u>なさいますなら</u>、私は困ってしまいます。/如果你做这种事，那我可吃不消。

【注意】

（1）「だ」的假定形「なら」后常接接续助词「ば」，可接在体言、动词、形容词和助动词的终止形之后使用。

（2）假定形「なら」接在「ます」之后的用法是女性用语，一般多用「～なさるなら」的形式。

（五）推量形

① 明日も雨だろう。/明天还是雨天吧。

② 父もきっと喜ぶだろう。/父亲也一定很高兴吧。

③ こんどの試験は難しいでしょう。/这次考试应该很难吧。

④ 夜間の作業能率が悪いのは当然であろう。/夜间工作效率不高也是理所当然的吧。

【注意】

（1）未然形「だろ（う）」「でしよ（う）」「であろ（う）」接在体言后，或动词、形容词、助动词之后，表示推量语气。

（2）「だろう」接在用言或有活用的词组的后面时，「だろう」的推量意思较为强烈，可以将其视为一个助动词。但「だろう」接在体言后面时，除了推量的意思外，还有指定的意思。所以「だろう」应视为两个词而不仅作为一个助动词。「でしよう」也是同样的情况。

（3）判断助动词「だ・です・である」的未然形不后续否定助动词来表现否定，而是通过其连用形来实现。「だ」的否定式为「で（は）ない」，「です」的否定式为「で（は）ありません」，「である」的否定式为「で（は）ない」或「で（は）ありません」。

五、判断助动词「だ・です・である」的主要用法

（一）「だ」

接在名词、形式名词、名词性词组之后，其活用与形容动词相同。但其连体形有「の」和「な」两种形式，用「な」的形式不能后续实质名词，只能接「の」「もの」「はず」「わけ」等形式名词以及「ので」「のに」等接续助词。

1. 表示断定、判断

以「だ」结句的句子，一般只限于男性同辈之间及与晚辈之间使用，即使是这种场合，也常后续语气助词「ね」或「よ」。女性一般用「です」或后续语气助词「わ」。书面语一般用「である」。

① この時計は父の形見だ。/这手表是父亲的遗物。

② 犯人が彼なはずはないと思う。/我觉得坏人不会是他。

③ ここは昔小学校だった。/这里以前是小学。

④ 試験は明日からで（は）ない。/考试不是从明天开始。

⑤ 彼の求めるものは決して平和ではない。/他追求的东西绝对不是和平。

⑥ あそこに見えるのは病院だね。/那边能看到的那个建筑物就是医院吧。

⑦ 彼の言っていることはうそだと思う。/我认为他说的是谎话。

2. 表示疑问

「だ」和疑问词共用时，表示疑问，常带有强烈的质问、反问、责难等语气。

① 人生とは何<u>だ</u>。/人生究竟是什么？
② こんないたずらをしたのは誰<u>だ</u>。/是谁搞的恶作剧？
③ 地位が何<u>だ</u>。名誉が何<u>だ</u>。/地位又怎样，名誉又怎样？
④ 君はぼくに何を<u>言う気</u>。/你到底想跟我说什么？
⑤ なぜそんなことを<u>言うのだ</u>。/为什么那样说。

【注意】

（1）「だ」在疑问句中，句尾不能接「か」（此点与「です」不同）。

今は何時<u>だ</u>？/现在几点了。

× 今は何時<u>だか</u>？

（2）在句中接疑问句后，「だ」可以接「か」。

今来たのは誰<u>だか</u>知らないか。

3. 表示赞同、了解或意外的心情

以「そうだ」的形式，表示赞同或了解；以「何だ」的形式，表示意外的心情。

① <u>そうだ</u>、こうすればよかったんだ。
② <u>何だ</u>、そんなことか。

（二）「です」

「です」是「だ」的礼貌语体。接续法与「だ」相同，除接名词、形式名词、名词性词组之外，还可接在形容词及「ない」「たい」「らしい」等助动词的基本形和过去形之后，表示礼貌语体。

1. 表示断定、判断

① 兄は政治家<u>です</u>が、弟は学者<u>です</u>。/哥哥是政治家，弟弟是学者。
② 昨日は一日中雨<u>でした</u>。/昨天下了一天的雨。
③ まだ会議中<u>です</u>ので、しばらくお待ちください。/还在开会，请稍微等一下。
④ 今買ったばかり<u>です</u>。/这是刚买的。
⑤ あの人は田中さん<u>でしょう</u>。/那位是田中先生吧。

2. 只增添表示郑重、礼貌的语体作用

「だ」和「である」无此用法。

① あの人の話は面白い<u>です</u>。/那位说话很有意思。
② 田中さんの家は留守らしい<u>です</u>よ。/听说田中先生的家里没有人啊。
③ 試験はそれほど難しくなかった<u>です</u>。/考试没有那么难。
④ 私は少しも知りません<u>です</u>。/我一点儿也不知道。
⑤ この花はきれい<u>です</u>ね。/这束花很好看啊。
⑥ 私も行きたい<u>です</u>。/我也想去。

（三）「である」

「である」为文章体的判断助动词，活用部分为「ある」，与存在动词「ある」的活用基本相同，根据使用场合分简体和敬体两种形式。常用形式见表5.14。

表 5.14　判断助动词「である」的常用活用形式

简体	使用场合	敬体	使用场合
ではない	口语・书面语	ではありません	口语
であった	书面语	でありました	郑重场合的发言用语
であり	书面语	—	—
である	书面语	であります	郑重场合的发言用语
であれば	书面语	—	—
であろう	书面语	—	—
でもある	书面语	でもあります	口语、发言用语（表示同一主语的兼提事项）

① あしたは晴れ<u>ではない</u>でしょう。/明天不是晴天吧。

② こちらは工場<u>であり</u>、あちらは学校<u>であった</u>。/这里曾经是工厂，那里曾经是学校。

③ 雨<u>であれば</u>運動会は中止する。/如果下雨，运动会就不开了。

④ みなさんも分かる<u>であろう</u>。/诸位大概都明白了吧。

⑤ あの方は学者<u>でもあり</u>、政治家<u>でもあります</u>。/那一位既是学者，也是政治家。

【注意】

在下列的句型里，只能用「である」。这一方面是由于书面语的关系，同时也是由于「だ」「です」的连体形、终止形没有后续这些词的用法。

1. 体言 +「である」+体言，提示同位语

① 主人が教授である家の二階に下宿していた。/曾借住在一家主人是教授的二楼。

② 化学療法の最もよい適症は<u>血液の癌である</u>白血病である。/最适合进行化疗的是叫作血癌的一种白血病。

2.「である」+以上，表示既定条件

① <u>学生である</u>以上、勉強を第一に考えなければなりません。/既然是学生，就必须把学习放在第一位。

② <u>病人である</u>以上は、先生の言うとおりに治療を受けるべきだ。/既然是病人，就应该按大夫所说的接受治疗。

3. 「であるかぎり」，表示必要条件

① 優等生である限り、奨学金の心配はない。/只要你是优等生，就不必担心奖学金。

② プロである限り、出場資格は認められません。/只要是专业选手，就没有上场资格。

4. 「であるらしい」，表示推测语气

① 幸福であるらしい様子。/看起来挺幸福。

② 犯人は大の男であるらしい。/罪犯好像是一个大个头的男人。

第十节 愿望助动词「たい・たがる」

一、愿望助动词「たい・たがる」的意义

愿望助动词，亦称希望助动词，表示说话者对动作、作用、现象等的愿望。相当于汉语的"想……""希望……""要……"等意思。表示愿望的助动词有「たい」「たがる」。

「たい」通常用于表示第一人称的愿望。用于表示第二、三人称的愿望时，一定要后续某些助词（如「か」）或助动词「ようだ」「そうだ」等。他动词后续「たい」时，宾格助词「を」常被主格助词「が」取代。例如：

① 私はとても日本語を習いたい。/我很想学日语。

② 私も行きたかったが、とうとう行かなかった。/我很想去，可最终没去成。

③ 北京へ行きたいですか？/你想去北京吗？（问句中可以使用第二人称）

④ 王さんは日本に行きたいと言いました。/小王说他很想去日本。

⑤ 田中さんは友達と約束があるので、早く帰りたそうです。/田中和朋友约好了，所以好像想早点回去。

「たがる」与「たい」一样，是表示愿望、希望的助动词，但「たがる」通常用于表示第二、三人称的愿望。特别是常用来表示讲话人发觉别人（第三人称）在行动或表情上流露出来的某种愿望，意为"想……""愿意……"。例如：

① 弟も東京へ観光に行きたがっている。/弟弟也很想去东京旅游。

② 子供はいやがっているのに、無理に進学させたがる親がいます。/孩子不愿意，父母却硬要让他们升学。

③ 私が行きたがっているのに、あなたは知らん顔をしている。/（看着）我想去，可你却装不知道。

④ とてもすばらしい小説なので、彼も読みたがっている。/因为是非常棒的小说，

他也想读。

⑤ 夏になるとみんな海水浴に<u>行きたがる</u>。/一到夏天，大家都想去洗海水浴。

【注意】

有些学者认为「たがる」是由助动词「たい」加上接尾词「がる」构成的，认为它并不是助动词，但是由于「たがる」本身也存在着活用，所以为了便于理解，本书将其作为助动词来处理。

「たい」主要表示说话者自己的愿望，而「たがる」主要用于表示第三人称显露在外表或行动上的愿望。例如：

① 私は明日のパーティーに<u>行きたい</u>。/我想参加明天的聚会。

② <u>買いたい</u>品が手に入らない。/想买的东西买不到。

③ 冬になるとみんスキーに<u>行きたがる</u>。/一到冬天，大家都想去滑雪。

④ 子供は甘いものを<u>食べたがる</u>ものです。/小孩子都想吃甜食。

二、愿望助动词「たい・たがる」的接续方法

愿望助动词「たい・たがる」通常接在动词连用形或动词型助动词「れる・られる」「せる・させる」的连用形之后。例如：

五段动词：行く→ 行きたい、行きたがる

一段动词：見る→ 見たい、見たがる

覚える→ 覚えたい、覚えたがる

カ変动词：来る→ 来たい、来たがる

サ変动词：する→ したい、したがる

勉強する→ 勉強したい、勉強したがる

动词型助动词：「れる」呼ばれる→ 呼ばれたい、呼ばれたがる

「られる」褒められる→ 褒られたい、褒られたがる

「せる」行かせる→ 行かせたい、行かせたがる

「させる」覚えさせる→ 覚えさせたい、覚えさせたがる

「しめる」向上せしめる→ 向上せしめたい、向上せしめたがる

三、愿望助动词「たい・たがる」的活用

（一）「たい」的活用

「たい」前面一般接续动词的连用形，其活用形为形容词型活用（即变化规律与形容词相同）（见表5.15）。

表 5.15　愿望助动词「たい」的活用

基本形	连用形	终止形	连体形	假定形	命令形	推量形
たい	たかっ たく	たい	たい	たけれ	—	たかろ

「たい」各活用形的用法如下：

1. 连用形

「～たく」后续「ない」「ありません」构成否定式，也可后续动词「なる」「思う」「存じる」，后续接续助词「て」，以「～たかった」形式构成过去时。

① 私はあの人に会いたくない。/我不想见他。

② 一日も早く彼に会いたかった。/想早日见到他。

③ 私は水が飲みたくてたまらない。/我非常想喝水。

④ 私は水も飲みたく、酒も飲みたい。/我想喝水，也想喝酒。（「たく」为中顿法）

⑤ 水が飲みたくなりました。/想喝水了。

⑥ 私も買いたく思うが、金がない。/我也想买，可是没有钱。

⑦ 早速、拝見させていただきたく存じます。/我马上拜读一下。

2. 终止形

「たい」的终止形可用于终止句子（敬体形式「たいです」），可后续助词、助动词，还可后续「と思う」构成惯用句型。

① 母の手料理を食べたい。/想吃妈妈亲手做的菜。

② 田中さんもこの新聞が（を）読みたいですか。/田中，你也想看这份报纸吗？

③ ゆうべ映画を（が）見たかったが、暇がなくて見ませんでした。/昨晚本来想看看电影，但因没空就没看了。

④ 日本へ留学に行きたいと思っています。/我想去日本留学。

⑤ 恵子さんも私たちといっしょに行きたいそうですが。/听说恵子也想和我们一起去。

3. 连体形

「たい」可后续体言做定语，也可后续助词。

① 行きたい人は手をあげなさい。/想去的人请举手。

② 君の読みたい本が見つかりましたか。/找到你想看的书了吗？

③ 結婚したいのに、恋人ができない。/想结婚却找不到恋爱对象。

4. 假定形

「～たけれ」后续ば，构成假设条件，用于第二、三人称。

① 休みたければ休みなさい。/想休息就休息吧。

② 映画を見たければ、一緒に行きましょう。/想看电影的话，就一起去吧。

5. **推量形**

① 昔の友にさぞかし会いたかろうと思います。/我想你一定想见见老朋友吧。

② 君も大学を受けたかろう。/你也想考大学吧。

③ 彼もデモに参加したかろう。/他也想参加示威游行吧。

以上这种用法已不常用，一般多为「たいだろう」「たいでしょう」的形式。例如：

④ 君も大学を受けたいだろう。/你也想考大学吧。

⑤ 彼もデモに参加したいでしょう。/他也想参加示威游行吧。

【注意】

(1)「たい」的连用形「たく」后续「ございます」「存じます」时，与形容词一样，也要发生音便。例如：

① 私も一緒にお伴をしとうございます。/我也想一起陪伴您。

② 微力ながら、できる限り、尽力しとう存じます。/我愿尽微薄之力。

「~とうございます/我想要……」「~とうぞんじます/我想要……」分别是「~たいです」「~たいと思います」的音便形和郑重语，例如：

③ 私もまいりとうございます。/我也想去。（「とう」是助动词「たい」的音便）

另外，「~たいと思います」比「~たいです」的语气更婉转。

(2)「たい」的词干「た」之后，可接续接尾词「げ」「さ」以及样态助动词「そうだ」，表示状态或者程度。

① 何か言いたげな様子だ。/像是想要说什么的样子。

② 私は死にたい。それが確かで唯一の感情だ。この死にたさは言語化できない。/我想死，那确实是我唯一的感情，这种想死的愿望难以言表。

③ 妹も行きたそうにしていた。/妹妹似乎也想去。

（二）「たがる」的活用

愿望助动词「たがる」属于五段动词型活用，具体活用方法见表5.16。

表5.16　愿望助动词「たがる」的活用

基本形	未然形	连用形	终止形	连体形	假定形	命令形	推量形
たがる	たがら	たがり たがっ	たがる	たがる	たがれ	—	たがろ

「たがる」各活用形的用法如下：

1. **未然形**

① 怪我したから、どこへも行きたがらない。/因为受了伤，哪儿也不想去。

② 彼は薬を飲みたがらない。/他不想吃药。

2. 连用形

① 歌舞伎を見たがります。/想看看歌舞伎。

② 彼は薬を飲みたがります。/他想吃药。

③ みんなは彼の話を聞きたがっています。/大家都想听他讲。

④ 父は海外旅行に行きたがっているが、母は行きたくなさそうだ。/父亲想去国外旅行，但是母亲好像并不想去。

3. 终止形

① 彼は薬を飲みたがる。/他想吃药。（结句）

② 彼は飴ばかり食べたがるから、糖尿病にかかりやすい。/因为他总是想吃糖，所以容易患糖尿病。

③ 彼は見たがるだろう。/他可能想看吧。（推量式）

④ 彼は見たがるでしょう。/他可能想看吧。（「たがるだろう」的敬体，推量式）

4. 连体形

① 夏は冷たいものを食べたがる季節だ。/夏天是爱吃冷饮的季节。

② わたしが行きたがっているのに、あなたは知らん顔をしている。/尽管我表示想去，可你却佯装不知。

③ 彼は何でもやりたがるくせに、なんにもまともにはできない。/他什么都想干，可是什么都干不好。

④ あまり行きたがるので、行かせました。/他特别想去，所以就让他去了。

5. 假定形

① 帰りたがれば、帰らしてやれ。/要是想回去，就让他回去吧。

② 彼が行きたがれば、連れて行かないわけにはいかない。/如果他想去，也不能不带他去。

③ 子供が買いたがれば、黙っているわけにもいかない。/孩子要是想买的话，也不能置之不理。

④ 親が見たがれば、子供がテレビに夢中になるのは当然だ。/连父母都想看的话，孩子当然会迷恋电视了。

以上这种用法在实际生活中已经不多见，一般更常用的形式是「たがるなら」或是「たい」的假定形「たければ」。例如：

⑤ 子供が買いたがるなら、黙っているわけにもいかない。/孩子要是想买的话，也不能置之不理。

⑥ 親が見たければ、子供がテレビに夢中になるのは当然だ。/如果连父母都想看电视的话，孩子当然也会沉迷其中。

6. 推量形

① 彼はお酒を飲みたがろう。/他想喝酒吧！

② こんなに便利なものなら、だれでも買いたがろう。/如果是这么便利的东西，无论是谁都会想买的吧。

「～たがろう」的形式在现代日语中不常用，多以"「たがる」的终止形＋「だろう」或「でしょう」"来表示。例如：

③ 彼は見たがるでしょう。/他可能想看吧。

④ こんなに便利なものなら、だれでも買いたがるでしょう。/如果是这么便利的东西，无论是谁都会想买的吧。

四、愿望助动词「たい・たがる」的主要用法

（一）「たい」的主要用法

「たい」作谓语时和日语中其他表示感觉和心理的谓语相同，基本形只能用于第一人称。除去小说中作者从登场人物的角度出发可以使用「たい」，在表示说话者以外他人的体会或经验时，要加上「のだ」「ようだ」「だろう」等表示说话者的判断，表明这是从别处得到的信息。

1. 表示说话者自身的愿望、希望

主语为第一人称，但是常常省略。

① スキーにも、スケートにも行きたいけど、暇がない。/既想去滑雪，又想去滑冰，可是没有时间。

② 私は医者として立ちたかった。/我曾经想作为医生而立业。

③ 急に君の顔が見たくなってね。/突然想见见你了。

④ 船員になりたいと思います。/我想做个船员。

⑤ われわれは芸術に純粋でありたいのです。/我们希望艺术是纯洁的。

【注意】

（1）在文学作品里出现的「たい」，情况常常不同于一般。例如：

① 幸子夫人は言ったが、あづさは自分からお供しますといっていた。せめて、お詫びのつもりで、伊勢の役に立ちたいと思う。（平岩弓枝「北国から来た女」）/幸子夫人说了，会自己陪伴梓弓。至少，她想以道歉的姿态，为伊勢做些什么。

② 節子は亮助がいる家に帰れないと思い込んでいた。……声を放って泣きたいような激情が身内に湧き立っていた。（大仏次郎「宗方姉妹」）/节子意识到再也回不到有亮助在的家了，心里不禁涌现出来一种想要放声大哭的感情。

（2）即使是用于第三人称，也和说话者表达自身希望和要求时所用的形式相同。一般被认为是作者从作为观察者的第三者转移到作品中登场人物的角度，站在这样的立场进行陈述。

2. 用于第二、第三人称时，必须采用发问、传闻、推测或客观说明等形式

① 君も一緒に<u>行きたい</u>か。/你也想一块儿去吗？

② 本当は、彼女に<u>会いたい</u>ので、ここに来たんだろう。/实际上是由于想见她才到这里来的吧。

③ 彼女もその本を<u>買いたい</u>そうだ。/听说她也想买那本书。

④ 田中さんはあなたに<u>頼みたい</u>んですよ。/是田中想拜托你的哦。

⑤ 彼はあなたに<u>会いたい</u>らしい。/他好像很想见你。

3. 在句子中做定语或状语时，不受人称限制。

① 私に<u>相談したかったら</u>、いつでも研究室に来てください。/如果想和我商量，请随时到研究室来。

② <u>食べたくなければ</u>、無理に食べなくてもいい。/如果不想吃的话，就不要勉强吃了。

③ マリアさんは東京大学に<u>入りたい</u>と思っているらしい。/玛丽亚好像想考东京大学。

④ <u>見たい</u>ところがあったら、いつでも案内しますよ。/如果你有想看的地方，我随时可以做向导。

⑤ <u>読みたければ</u>、その本を持って行ってもいいよ。/如果想看的话，可以把这本书带走。

做定语或状语的「たい」虽以基本形出现在说话者以外的场合，和其基本用法即「たい」只限于说话者表达自身的心情，当用于说话者以外的场合，必须表明此表达为"推测"之规则并不冲突。

4. 表示说话者对对方的请求、要求或者命令

① ご一報<u>くだされたく</u>お願い申し上げます。/敬请来函通知。

② この手紙をボストに<u>入れてもらいたい</u>。/请把这封信投到邮筒里。

③ その点について慎重に<u>考慮されたい</u>。/关于这一点，希望慎重考虑。

④ 全員必ず<u>参加されたい</u>。/希望全体务必参加。

⑤ 明日<u>来られたい</u>。/请明天来一下。

（二）「たがる」的主要用法

「たがる」可以用于各种人称，基本都是说话者站在观察者的角度，对于他人的某种希望、要求予以肯定。并且，比起直接听到他人从口中说出心中所想的内容，更多地用于说话者对他人的言行进行充分观察后，判断其有某种心理的状况。若是听到某个自己以外的特定对象说起抱有某种希望或要求，一般用下面的句子。

これが山田さんが<u>買いたい</u>と言っていた/<u>買いたがっていた</u>本ですよ。/这是山田先生说想买的书啊。

1. 表示第三人称流露于外表的愿望或希望

相当于汉语的"显得想……""好像要……"等意思。

① 会場の人たちは誰も彼と<u>話したがらない</u>。/会场里的人，谁都不想和他说话。

② 山田さんはカラオケで何曲も<u>歌いたがります</u>。/山田好像想在卡拉 OK 唱上几首。

③ 女の人はいつも新しくきれいな服を<u>着たがる</u>。/女人总想穿新潮漂亮的衣服。

④ 弟は野菜を<u>食べたがらない</u>ので、母はいつも困っています。/弟弟不想吃蔬菜，妈妈总是为此发愁。

⑤ 歩くのが嫌いな高橋さんは、すぐタクシーに<u>乗りたがる</u>。/高桥不愿走路，动不动就想坐出租车。

「たがる」一般用来表达第三人称的希望和要求。说话者从观察者角度出发，对第三者持有的某种希望、要求的状态予以肯定。比起直接听到他人从口中说出心中所想的内容，更多地用于说话者对他人的言行进行充分观察后，判断其有某种心理的状况。也就是说，断定他人具有某种持续性的心理，并以此为前提来进行论述，这是「たがる」的常见用法。

2. 回忆过去时，表示过去的愿望、希望

对过去发生的事情进行回忆，回想当时的心情，或通过对从别处听来信息的加工，判断自己当时的心理状态，这种情况下，即使是第一人称的场合，通常也可以用「たがる」来表示。

① あの頃は休みになれば、よく山に<u>登りたがった</u>ものだ。/那时候，每到休息时，总想去爬山。

② 私は子供のころ、よく動物園へ<u>行きたがった</u>ようだ。/我小时候好像经常想去动物园。

③ 僕は子供のとき、どういうわけか歯医者に<u>いきたがった</u>そうだ。/据说我小时候不知为什么总是想去看牙科医生。

④ 子供の頃、私は人の食べているものを<u>食べたがった</u>。/小时候，我总是很想吃别人正在吃的东西。

⑤ 若いとき、絵描きに<u>なりたがっていました</u>。/年轻时，我曾一度想当个画家。

3. 出现在从句中，表示流露于外表的愿望、希望

此种情况下也可以用于第一人称。

① 私は<u>行きたがっている</u>のに、あなたは知らん顔をしている。/我已经表现出想去的意思，你却假装不知道。

② 私が<u>賛成したがらない</u>のを見て、彼はこう言った。/他看我不想赞成，便这样说。

③ 私があまりにも<u>聞きたがる</u>ものだから、小林さんはとうとう根負けして教えてくれました。/由于我表现出非常想知道的样子，小林终于坚持不住告诉了我。

④ 先生は私が<u>行きたがっている</u>と思っているようだ。/老师似乎觉得我很想去。

⑤ 私がその本を<u>読みたがっている</u>のに、彼は貸してくれない。/我想看那本书，可是他却不借给我。

例句⑤中的「読みたがっているのに」换成「読みたいのに」，意思基本相同。但「たい」只用来表达说话者自身的主观心情，而「たがる」表示的是从观察者的角度可以

清楚地判断说话者的心理状态。也就是说，在他看来，他明明应该知道我想要读那本书，这是此句想要传达的重点。

◄◆ 知识扩展 ◆►

1.「たい」和「たがる」的用法比较

（1）「たい」表示内心的愿望、希望，多用于第一人称，有时后续「と思う」。表示第二、第三人称的内心愿望、希望时，需要在「たい」后加上「でしょう」「そうだ」「らしい」等表示推测、传闻、发问、判断等的表达方式。而「たがる」则表示第三人称显露于外表或行动上的愿望、希望，后面一般不接助动词「そうだ」「らしい」等。

① 時間の都合で会議はここまでにしたいと思います。/由于时间关系，会议就开到这儿吧。

② あなたも読みたいですか。/你也想读吗?

③ 中川さんが古い車を売りたいらしい。/中山似乎想卖掉旧车。

④ 息子は友達と何かあったのか、学校に行きたくないと言っています。/儿子似乎和朋友之间发生了什么，说不想去上学。

⑤ 彼は誰にも会いたがらない。/他谁也不想见。

⑥ 入社後 1 年やめたがる人が多いが、それを過ぎるとたいていは長く勤めるようだ。/进入公司 1 年后辞职的人有很多，但是如果过了这一关，好像大都会长期在此工作了。

（2）「たい」如果不出现在句尾结句时，可以不受上述限制，自由使用。

① ツアーに参加したい人は15日まで申し込んでください。/希望参加旅行团的人请于 15 日之前提交申请。

② 田中さんは車を買いたくて、夏休みはずっとアルバイトをしていた。/由于田中想买车，暑假一直在打工挣钱。

③ 孫はおもちゃを買ってもらいたくて泣いている。/孙子哭闹着想让人给买玩具。

④ ジュースよりお茶を飲みたい人もいた。/和果汁相比，也有人更愿意喝茶。

（3）说话人重复第三人称关于自己的看法或者所说的话时，第一人称也可使用「たがる」。

彼は僕が社長になりたがっていると思っているようだが、僕はそんなつもりがまったくない。/他认为我想当总经理，但其实我根本没那个打算。

2.「~を~たい~」和「~が~たい」的用法比较

使用「たがる」时，所涉及的对象一律用「を」来表示。例如：

① 王さんは野球をやりたがっている。/小王想打棒球。

② 彼はしきりに彼女のことを知りたがった。/他多次想了解她的情况。

而使用「たい」时，所涉及的对象则既可以用「が」表示，也可以用「を」表示。例如：

③ 私はコーヒーが飲みたい。/我想喝咖啡。

④ 私はコーヒーを飲みたい。/我想喝咖啡。

一般传统语法学认为「～は～が～たい」为典型的愿望句结构，即使用「たい」时，所涉及的对象应该用「が」表示。但是也有一些学者认为「コーヒーが飲みたい」是一种方言式的表达方法，是对「コーヒーを飲みたい」的一种误用。但在实际生活中，两种表达方式其实都很常见。有的学者将「コーヒーが飲みたい」的「たい」看作接尾词，将「飲みたい」整个词组形容词化，而「コーヒーを飲みたい」中的「たい」则为助动词，整个句子的重点放在了他动词「飲む」上。还有的学者将「コーヒーが飲みたい」中的「コーヒー」看作对象语，而将「コーヒーを飲みたい」中的「コーヒー」看作宾语。

综合各种说法，概括起来，目前一般认为：使用「～が～たい～」时，重点在内心的希望上，表示一种本能的愿望；而使用「～を～たい～」时，重点在动作、行为上，表示一种理性的愿望。因此，一般说来，「～を～たい～」和「～が～たい～」可以互换使用，只是强调的重点不同，但是在以下情形中，应该使用「～を～たい～」的形式。

（1）表示移动、离开的自动词前出现的格助词「を」是用来提示动作移动、活动的场所的，此时的「を」承接的并非宾语，而是补语。因此，其对象格助词必须使用「を」。

① 山を降りたい。/想下山。

② 橋を渡りたい。/想过桥。

③ 公園を散歩したい。/想在公园里散步。

④ 下宿を出たい。/想搬出寄宿的公寓。

除了「を」之外，以下这些格助词也不能与「が」换用。

⑤ 東京へ行きたい。/想去东京。

⑥ ここにまちたい。/想待在这里。

⑦ 彼女と結婚したい。/想和她结婚。

（2）对象语和「たい」之间夹有其他较长的句子成分时，其对象格助词也需要使用「を」。

① 私はこの実験を一度でもいいからやってみたいなあ。/我真想做这个实验，哪怕一次也好。

② そのことを君の両親に言いたいです。/我想把那件事告诉你父母。

③ 音楽を部屋で一人で静かに聞きたい。/我想一个人在屋里静静地听音乐。

如果改变一下句子结构，这些句子中也可以使用「～が～たい」。

④ 部屋で一人で静かに音楽が聞きたい。/我想一个人在屋里静静地听音乐。

（3）当句中动词表示的行为、动作涉及说话人以外的其他人时，一般其对象格助词也需要使用「を」。而自动词使役句中表示使役对象的格助词「を」也不可以换成「が」。

① 私は田中さんに日本語を<u>習いたい</u>。／我想跟田中学日语。

② 私はあなたに理由を<u>説明してもらいたい</u>。／我希望你说明一下理由。

③ 私は皆さんに面白い話を<u>聞かせたい</u>。／我想让大家听个有趣的故事。

④ どんなやり方を採用したらいいかを自分で<u>考えさせたい</u>。／想让他们自己考虑采用什么方法好。

⑤ 子供を幼稚園へ<u>行かせたい</u>。／想让孩子去幼儿园。

（4）句中出现「たい」的否定形式时，对象格助词需要用「を」，有时也可以用「は」和「も」。

① おなかが痛いので、ご飯を<u>食べたくない</u>。／肚子很痛，所以不想吃饭。

② テレビも<u>見たくない</u>。／也不想看电视。

③ つまらない小説は<u>読みたくありません</u>。／不想看无聊的小说。

（5）当句子中的对象语是人的时候，一般对象格助词用「を」。

① 私はあの人を<u>助けたい</u>。／我想帮帮那个人。

② 彼は妻を<u>喜ばしたい</u>と思っていた。／他想让妻子高兴。

③ あの子を殴って<u>やりたい</u>。／我真想揍那孩子一顿。

（6）当「たい」前出现一些惯用句型、惯用语或固定搭配形式时，原形式中的「を」不变。

① あの公園をバックに<u>したい</u>。／想把那个公园作为背景。

② 中日友好のために力を<u>尽くしたい</u>のが私の願いです。／尽力促进中日友好，这就是我的愿望。

③ 詳しくは以下の参考文献を<u>参照されたい</u>。／详细情况请参照以下的参考文献。

④ 彼女に日本のテレビドラマを<u>翻訳していただきたい</u>。／想请她翻译日本电视剧。

⑤ ご高見を<u>伺いたい</u>。／愿闻高见。

（7）「たい」前的动词为复合动词或是サ变动词时，其对象语格助词一般用「を」。

① なぜ、彼は不在を<u>主張したい</u>のか。／他为什么要硬说自己不在呢？

② 先生の講義を<u>書き取りたい</u>。／想把老师讲课的内容记录下来。

③ 王さんは北京大学日本語学部で日本文学を<u>傍聴したい</u>らしい。／小王好像想在北京大学日语系旁听日本文学。

（8）在句子中出现了「から」「に」「として」「で」等连用修饰语时，「たい」的对象格助词一般用「を」。

① 毎月のサラリーから妹に仕送りを<u>したい</u>。／想从每月的薪水中给妹妹寄点钱。

② 食卓にこのきれいな花を<u>飾りたい</u>。／想把这朵美丽的花装点在餐桌上。

③ 今後の課題としてそれを<u>考えたい</u>。／想把这个作为今后的课题来考虑。

④ 娘は学校で日本語の勉強<u>をしたい</u>そうだ。/听说女儿想在学校学习日语。

（9）「たい」后续「と思う」「と言う」「と希望する」等动词时，其对象语格助词一般用「を」。

① 彼はパソコン<u>を買いたい</u>と言っていた。/他说想买电脑。

② 京都<u>を見学したい</u>と希望する。/希望游览京都。

③ 与えられた仕事<u>を果てたい</u>と思って、一生懸命に働いた。/想完成交给自己的工作，拼命地干活。

第十一节 否定助动词「ない・ぬ（ん）」

一、否定助动词「ない・ぬ（ん）」的意义

否定助动词（打消しの助動詞）「ない・ぬ（ん）」表示否定，即表示"不""没有"的意思。讲话时一般多使用「ない」（但关西地区用「ぬ」的现象也很普遍），在文章里则两者都可使用。例如：

① 時計なしでは時間表は何の<u>役にも立たない</u>。/如果没有钟表，时间表就不起任何作用。

② <u>ない</u>袖は振れ<u>ぬ</u>。/巧妇难为无米之炊。

③ 彼は今日も<u>来ません</u>。/他今天也不来。

④ うそを言っては<u>いかん</u>。/不要撒谎。

二、否定助动词「ない・ぬ（ん）」的接续方法

否定助动词「ない・ぬ」可接在动词（「ある」除外）、动词型助动词「れる」「られる」「せる」「させる」「しめる」「たがる」未然形后，「ぬ（ん）」还可接在敬体助动词「ます」的未然形后（见表5.17）。

表5.17　否定助动词「ない・ぬ（ん）」的接续

词类	词典形	ない、ぬ（ん）
五段动词	行く	行かない、行かぬ
一段动词	見る	見ない、見ぬ
	覚える	覚えない、覚えぬ
カ变化动词	来	来ない、来ぬ

续表 (5.17)

词类	词典形	ない、ぬ（ん）
サ変化动词	する	しない、せぬ
	勉強する	勉強しない、勉強せぬ
れる	言われる	言われない、言われぬ
られる	見られる	見られない、見られぬ
せる	行かせる	行かせない、行かせぬ
させる	来させる	来させない、来させぬ
しめる	向上せしめる	向上せしめない、向上せしめぬ
ます	行きます	行かない
たがる	読みたがる	読みたがらない、読みたがらぬ

【注意】

（1）「ない」不能接在五段动词「ある」的未然形后，「ある」的否定形式为形容词「ない」。「ぬ」可以接在「ある」之后，构成「あらぬ」的说法。例如：

① あら<u>ぬ</u>うわさ。／捕风捉影的谣传。

② あら<u>ぬ</u>疑い。／无根据的怀疑。

但以上说法都是文语的残余，在现代日语中视之为连体词，并不常用。

（2）「ない」不能接在助动词「ます」的未然形「ませ」之后，但「ぬ（ん）」可以接，构成常用的敬体否定形式「～ません」。

（3）「ない」和「ぬ（ん）」本来是两个不同的词，而且还各有方言色彩，「ない」为关东方言，而「ぬ（ん）」为关西方言，因此要避免两者混用。一般不说「～せねばならない」或「～しなければならぬ」，应说成「～せねばならぬ」或「～しなければならない」。

三、否定助动词「ない・ぬ（ん）」的活用

否定助动词「ない」属于形容词型活用；「ぬ」属于特殊型活用，是变化不完全的助动词。

（一）「ない」的活用

否定助动词「ない」为形容词型活用，无命令形。「ない」的具体活用方法见表5.18。

表 5.18　否定助动词「ない」的活用

基本形	未然形	连用形	终止形	连体形	假定形	命令形	推量形
ない	—	なく なかっ	ない	ない	なけれ	—	なかろ

「ない」各活用形的用法如下：

1. 终止形

① 彼はまだ気がついていないらしい。/他好像还没有注意到。

② 校舎の増築は今年の計画に入っていないそうだ。/据说校舍的扩建不在今年的计划之内。

③ 彼氏は、タバコも吸わないし、お酒も飲まない。/我男朋友既不吸烟也不喝酒。

2. 连用形

① 僕は何も知らなかった。/我什么也不知道。

② 植え替えたら、咲かなくなる。/移植了，就不会开花。

③ 明日休みだから、早く起きなくてもいいです。/明天休息，用不着早起。

3. 连体形

① 雨が降らない日がもう一カ月続いた。/已经有一个月没下雨了。

② 明日から行かないことにする。/决定从明天起不去了。

③ 風邪を引かないように注意しなさい。/当心不要感冒。

④ 誰も手伝ってくれないので、一人でしなければならない。/谁都不帮我，因此得独自奋战。

4. 假定形

① 見えなければ、もっと前へ出なさい。/要是看不见，就再往前一点儿。

② 車を運転するときには、シートベルトを締めなければなりません。/开车的时候一定要系好安全带。

③ 話さなければ分かるまい。/要是不说就不知道吧。

5. 推量形

① 山田さんはそんなことは言わなかろう。/山田不会说那种话吧。

② たぶん彼には会えなかろうと思うがね。/我想大概见不到他吧。

③ 君はまだ知らなかろうが、王君はすごいんだぜ。/你可能还不了解，小王厉害着呢。

【注意】

一般不以「～なかろう」而以「～ないだろう」「～ないでしょう」表示推量。

（二）「ぬ（ん）」的活用

否定助动词「ぬ（ん）」为特殊型活用，无未然形、命令形、推量形（见表 5.19）。

表 5.19 否定助动词「ぬ（ん）」的活用

基本形	未然形	连用形	终止形	连体形	假定形	命令形	推量形
ぬ	—	ず	ぬ（ん）	ぬ（ん）	ね	—	—

「ぬ（ん）」各活用形的用法如下：

1. 终止形

① 真相は一切分からぬ。/真相全都不明。

② 私は決してそうは申しません。/我绝对不会那样说（我绝对不撒谎）。

③ 金もいらなきゃ、名もいらぬ。/既不要利，也不要名。

④ そのことは李さんも「知らん」と言った。/关于那件事小李也说"不清楚"。

2. 连用形

① そんなことを言わずに早く来たまえ。/不要说那些了，快点儿来吧。

② 断りもせず，行ってしまった。/也不说一声就走了。

③ お出かけの日にお見送りも出来ず、失礼しました。/您走的那天也没能去送您，真是不好意思。

3. 连体形

① 私は知らぬことは決して話しません。/不知道的事我决不说。

② あんなわけの分からぬ奴と話したくない。/我不想和那种不明事理的家伙说话。

③ 自分も知らんのに、人に教えるなんてできるもんか。/连自己都不明白，难道还能去教别人嘛！

4. 假定形

① ぜひそうせねばならぬ理由はない。/没有理由非那样做不可。

② 一度は行かねばなるまい。/恐怕应该去一次。

③ 良いとも思わねば、悪いとも思わない。/既不觉得好，也不觉得坏。

四、否定助动词「ない・ぬ（ん）」的主要用法

（一）否定助动词「ない」的用法

1. 表示对动作、作用、状态、属性的否定

① 辞書なしでは、英語の新聞を読めない。/没有词典的话读不了英文报纸。

② 膨大な資料を調査してみたが、彼らの残した記録は一つも見つからなかった。/尽管查了大量的资料，却没有发现任何他留下的记录。

③ この番組は生放送だから、やり直しがきかない。/该节目是现场直播，因此不能重来。

④ 人生において、一番大切なものは何なのだろう？ あれもこれもで、一つには絞<u>りきれない</u>なあ。/人生中，最重要的东西是什么？这也是那也是，无法总结为一个啊。

2.「ない」用在句末，表示非确定性叙述以及征询、请求、愿望、劝诱等

一般用升调，有时「か」被省略。多用于关系亲密者之间。

① さあ、そろそろ<u>始めない</u>か。/差不多可以开始了吧。
② みんなで、お見舞いに<u>行かない</u>か? /大家一起去探望一下怎么样?
③ 彼の様子、ちょっと変だと<u>思わない</u>? /他的情况是不是有点奇怪?
④ この本 2、3 日貸して<u>もらえない</u>? /这本书能否借我两三天?
⑤ 今度、一緒にスケートに<u>行かない</u>? /下次一起去滑雪如何?

3. 用「てはならない」「てはいけない」等形式，表示不许可、禁止

① 自分の過ちを他人に押しつけるようなことを<u>してはならない</u>。/不要把自己的过错强加于他人。
② 夜更かしを<u>してはいけない</u>。/不要熬夜。

4. 用「なければならない」「なくてはならない」「ないといけない」等形式，表示"必须、义务"

① 九時までに帰宅<u>しなくてはならない</u>。/九点之前，必须回家。
② いずれにせよ、君は一度<u>行かなければならない</u>。/无论如何，你必须去一次。
③ みんなで<u>協力しないといけない</u>。/大家必须协力。

5. 用「なくてもいい」的形式，表示许可

① これだけの人で足りるから、人数を<u>増やさなくてもいい</u>。/有这些人手就够了，所以不用增加人也可以。
② 明日は特に用もないから、別に<u>来なくてもいい</u>ですよ。/明天没什么事，你不用来也可以的。

6. 用「ない」「ないか」「ないかな（あ）（男性）」「ないかしら（女性）」等形式表示推测（多为自言自语）、愿望或恳求的心情

① 彼は<u>来ないかな</u>。/他不来了吧?
② 向こうから来る人、鈴木さん<u>じゃないかしら</u>。/迎面走过来的人是铃木吧。
③ 早く春に<u>ならないかな</u>。/春天快点来啊。
④ しばらく待って<u>くれないかしら</u>。/能稍微再等我一会儿吗?
⑤ 明日釣りに<u>行かないか</u>。/明天去钓鱼吧。
⑥ 今日一緒に<u>帰らない</u>? /今天一起回家吧。

7. 用「ないで」的形式，表示否定的愿望或委婉的禁止

① 授業中、よそ見を<u>しないで</u>。/上课时，请不要往旁处看。
② あまり早く<u>歩かないで</u>（ね）。/请不要走得太快（啊）。
③ ぼくの机に<u>さわらないで</u>（よ）。/请不要碰我的桌子（哟）。

（二）否定助动词「ぬ（ん）」的用法

1. 表示否定

「ぬ」是文语表达形式，口语中常用「ん」。

① 風向きが変わったから、晴れんこともあるまい。/由于风向变了，应该不会不放晴了。

② 僕は留学したいが、親が僕を行かせぬ。/我想去留学，可是父母不让我去。

③ 分からぬことを先生に聞くといい。/有不懂的地方可以问老师。

④ そんなことはおれはやらぬぞ。/那种事我是不会做的。

2. 以「ぬか（んか）」的形式表示询问或者劝诱

① もう一度、会社に帰る気にならぬか。/你有意再回公司工作吗？

② たまには家へ遊びに来ませんか。/偶尔也来我家玩吧。

③ シャツはまた乾きませんか？/衬衫还没干吗？

④ お茶でも飲みませんか？/喝点儿茶什么的，怎么样？

3. 用「て（で）はいかぬ」「て（で）はならぬ」的形式，构成惯用型，表示禁止

相当于「て（で）はいけない」「て（で）は（ならない）」。

① 庭に無断で入ってはならぬ。/不要擅自进入院内。

② わがままを言ってはいかぬ。/不要乱说。

4.「ぬ」的连用形「ず」结合前接词构成副词或其他固定的连语

絶えず（经常，不断）

遠からず（不久，最近，即将）

悪しからず（原谅，不要见怪）

思わず（不由地，情不自禁地）

思わらず知らず（不知不觉地）

知らず知らずに（不知不觉地）

取りあえず（急忙，匆匆忙忙）

取りもなおさず（即是，就是，简直是）

及ばずながら（尽量，愿尽所能）

相変わらず（依旧，照旧）

のみならず（不仅）

やむをえず（不得已）

第十二节　推量助动词「う・よう」

「う」和「よう」都是推量助动词，又称作推量意志助动词。当句子中的主语是第一人称时，表示意志和决心；当主语是第二人称或第一人称＋第二人称时，表示劝诱。主语是被推测的对象。

一、推量助动词「う・よう」的意义

助动词「う」和「よう」用以表现说话人对客观事实的推测、自己的意愿，以及对听话人的要求、邀请。由于在现代日语中，推量助动词「う」和「よう」除了接在断定助动词后构成推量式「だろう」「でしょう」外，其余场合通常用来构成意志、愿望、劝诱等主观意志型的句式，因此又称作"意志助动词"。

① 明日から天気がよくなるだろう。/明天天气会好转吧。（推测）
② 今年こそ頑張ろう。/今年一定努力。（意志）
③ この問題をよく考えてみよう。/认真考虑一下这个问题吧。（劝诱）

二、推量助动词「う・よう」的接续方法

「う」接在五段动词、形容词、形容动词、判断助动词和「ます」的推量形后，与前面的词尾拼读成お段长音。「よう」接在一段动词、力变动词、サ变动词、「れる」「られる」「せる」「させる」等助动词后。例如：

一段动词：見る→ 見よう
力变动词：来る→ 来よう
五段动词：書く→ 書こう
サ变动词：する→ しよう
形　容　词：涼しい→ 涼しかろう
形容动词：豊かだ→ 豊かだろう
　　　　　豊かです→ 豊かでしょう
　　　　　豊かである→ 豊かであろう
判断助动词：学生だ→ 学生だろう
　　　　　　学生です→ 学生でしょう
　　　　　　学生である→ 学生であろう
动词型助动词：「ます」見ます→ 見ましょう
　　　　　　　「せる」行かせる→ 行かせよう
　　　　　　　「れる」読まれる→ 読まれよう

「させる」来させる→ 来させよう
「られる」見られる→ 見られよう
「しめる」接触せしめる→ 接触せしめよう

三、推量助动词「う・よう」的活用

推量助动词「う・よう」为词形不变型活用，只有终止形和连体形两种活用（见表 5.20）。

表 5.20　推量助动词「う・よう」的活用

基本形	连用形	终止形	连体形	假定形	命令形	推量形
う	—	う	う	—	—	—
よう	—	よう	よう	—	—	—

四、推量助动词「う・よう」各活用形的用法

（一）终止形

① さあ、私たちも休もう。/喂，我们也休息吧。
② 夕方までに宿題をやってしまおう。/我一定在傍晚以前把作业做完。
③ みなさん、がんばりましょう。/各位，一起加油吧。
④ こんなばかなことがあろうか。/难道有这样的蠢事吗?

推量助动词「う」「よう」的后续能力弱，所以常在它们的终止形后面接「と思う」「とする」「と考える」等，并依靠这些动词的变化来表示各种不同的意思。例如：

⑤ 行こうと思わない。/我不想去。
⑥ みまいに行ってみようと考えている。/正在考虑去探望。
⑦ 帰ろうと思えば、帰ってもいい。/如果你想回去，可以回去。

（二）连体形

① わたしの意見を取り入れようはずがない。/不可能采纳我的意见。
② 君に秘密をもらそう道理がない。/不会向你泄密的。
③ お金で解決できようものなら、いくらでも出す。/如果用钱能解决，出多少钱都行。
④ 行こうとしているところに、彼が来た。/我正想去的时候，他来了。
⑤ 雨が降ったら、困ろうに。あの子は傘を持たずに、出かけたよ。/要是下雨可就

不好办了，那孩子没带伞就出去了。

「う」和「よう」的连体形后面除接「こと」「もの」「はず」等形式体言外，几乎很少用，需用连体形时，一般用接在其后面的「思う」「する」「考える」等动词的连体形。

五、推量助动词「う・よう」的主要用法

（一）表示说话人对客观事实的推测

这种推测并不是任意的或毫无根据的，而是出现的概率比较大的。常见的是接在形容词、形容动词后面表示推测。接在动词后面表示推测比较受限制，一般是接在「ある」「～ている」「できる」「言える」「思える」等可能动词和「考えられる」「見られる」「出現しうる（える）」等可能语态动词后面。「～ましょう」的形式一般用于后述两种意义，用于表示推测的情况较少，但用「～ございましょう」的形式时则常用于表示推测。上述这些表示推测的用法一般只见于文章，在会话中常用的形式是「～だろう」「～でしょう」。例如：

① 北海道はさぞ寒いでしょう。／北海道一定很冷吧。
② ペニシリンで一応抑えることができよう。／用青霉素基本上可以控制住吧。
③ 明日はお宅においでになるんでございましょう。／明天在府上吧。
④ 明日は雨が降るでしょう。／明天会下雨吧。
⑤ ここは学校だろう。／这儿是学校吧。

（二）表示意志

相当于汉语的"要……""想……""打算……"之意，可以分为三种情形。

1. 表示说话人本身的、现时的意志
此时可以用来向听话人表明自己的意愿，但大部分是用于自言自语的情况。

① この仕事は約束どおり今日中にやってしまおう。／这个工作定好了要在今天内干完。
② 夏休みになったらすぐに富士山に登ろう。／一到暑假，我就马上想去登富士山。
③ 来月から日本語を習おう。／从下个月起学日语吧。
④ 明日は早く起きよう。／明天我要早起。
⑤ よし、分った。その役はぼくが引き受けよう。／好，明白了。这个角色我接受。

2. 表示说话人本身的非现时性（过去或将来的）意志
多是客观叙述语气，一般用「～う／ようと思う」等形式。

① 明日は朝が早いから、今夜は早く寝ようと思う。／因为明天早上要早起，我想今晚早点睡。（客观性叙述）
② その時、私はみんなのために犠牲になろうと考えた。／那时，我想为大家而牺牲

自己。（过去的意志）

③ この件については、杉本君の意見も聞いてみ<u>ようと思っている</u>。/关于这件事，我一直也想听听杉本的意见。（持续性的意志）

④ どんなに苦しくても、最後まで<u>やり抜こうと</u>決心した。/不论多么苦，我都决心干到底。（将来的意志）

在口语中，「と思う」等有时也被省略掉。例如：

⑤ 驚かして<u>やろうと</u>、今まで黙っていたんだ。/为了让你吃一惊，至今我一直都没吱声。

3. 表示非说话人的意志

一般用「う/ようと思う」等形式，因为表达的是他人的情感，所以通常还伴随「そうだ」「ようだ」等这样一些表示推量的词语。

① <u>留学しようと思っている</u>なら、もう少し英会話の勉強をしたほうがいいよ。/如果你想留学的话，最好还是再学点儿英语会话。

② 山田君は会社を<u>やめようと考えている</u>らしい。/山田君好像要辞职。

③ 彼は一度は、大学進学を<u>あきらめようと思った</u>そうだ。/听说他一度想放弃考大学。

④ 困っている人を見たら、助けて<u>やろうと思う</u>のが人情だ。/见到有困难的人就想予以帮助，这是人之常情。

⑤ かれは、今日中に<u>仕上げようと</u>頑張っている。/他想今天内搞完，所以在努力工作。

（三）表示对听话人的要求、邀请等

主要表示对听话人的要求、祈使，希望听话人去做某事。在对听话人表示要求时，后面常有「よ」「ね」「な」「ぜ」等终助词，或「じゃないか」「ではないか」等一类惯用型。例如：

① 君も、ちょっと<u>考えてみよう</u>ね。/你也想想看吧。

② もう一度よく<u>考えてみよう</u>じゃありませんか。/再好好想一下吧。

③ 一緒に<u>行こう</u>よ。/一起去吧。

④ おい、久しぶりにゆっくり<u>話そう</u>ぜ。/喂，我们好久不见了，慢慢聊一聊吧。

（四）表示劝诱、提议、号召或委婉的命令

表示邀请、劝说听话人同自己一起共同完成某事。在对听话人表示要求时，多以「ようか」「ようよ」「ようね」「ようではないか」的形式出现。

① もう12時だね。そろそろ昼ご飯に<u>しようか</u>。/已经12点了。去吃午饭吧。

② 二人で勉強<u>しようよ</u>。/咱俩一块儿学习吧。

③ みんなで行ってみ<u>ようではないか</u>。/大家一起去吧。

④ 佐藤先生のために乾杯しようではありませんか。/让我们为佐藤干杯吧。

⑤ 日が暮れないうちに帰ろう。/趁天还没黑快回去吧。

⑥ おい、久しぶりにゆっくり話そう。/喂，我们好久不见了，慢慢聊一聊吧。

⑦ 差し支えなかったら、君も一緒に行こうよ。/可以的话，你也一起去吧。

（五）与终助词「か」连用，表示疑问或反问

① そんなに不勉強で合格できようか。/你一点都不用功，能及格吗？

② 彼がに何ができようか。/他能干点什么呢！

③ こんな所でに誰が来ようか。/这种地方谁会来？

●知识扩展●

「う・よう」构成的惯用句型如下：

1.「～う（よう）とする/している」

表示就要做某动作或某种作用就要发生。相当于汉语"想要……""就要……""即将……"。可以用于人也可以用于事物，用于第三人称时一般会采用「ようとしている」的形成，相当于「う（よう）と思っている」。

（1）表示马上就要发生的动作、作用。

① 出かけようとしているところに、電話がかかってきた。/正要出门的时候，来电话了。

② 休もうとしているところへ、友だちが来た。/正要休息的时候，朋友来了。

③ 話そうとしたとたん、遮られた。/正想说就被打断了。

④ 出掛けようとした時、友達が来ました。/正要出去的时候，朋友来了。

⑤ 長かった夏休みももうすぐ終わろうとしている。/漫长的暑假即将结束。

⑥ 夜が明けようとする頃、やっと仕事が終った。/天将亮时，工作才好不容易结束。

（2）表示想要做的动作，相当于"想……""打算……"等意思。

① 息子は北京大学に入ろうとしている。/儿子想考北京大学。

② 彼女は25歳になる前に結婚しようとしている。/她想在25岁以前结婚。

③ 歩こうとするが、足が動かない。/想要走，但脚不听使唤。

④ 切符を買おうとする人が列をつくっている。/想要买票的人正在排队。

⑤ あの事件は忘れようとしても忘れることができない。/那件事就算想忘也忘不掉。

2.「～う/ようとしない」

接在表示意志性行为的动词意志形后面，表示没有做该动作或行为的意志。相当于"不打算……""不想……"。

① 彼は体の調子が悪いのに、医者に見てもらおうとしない。/他身体状况不好，却

不想看医生。

② いくら注意しても、いたずらをやめようとしない。/不论怎么提醒，都不打算结束其恶作剧。

③ 鈴木さんはアメリカへ行ったまま、一向に帰ってこようとしない。/铃木去美国之后，完全没有要回来的意思。

④ 声を掛けても振り向こうともしない。/即便有人打招呼也不想回头搭理。

⑤ 彼女はこの見合い話をおそらく承諾しようとはしないだろう。/她恐怕不想答应这次相亲吧。

3.「～う（よう）ものなら、～」

表示假定条件，如果这一假定成立，将导致不良的后果，故后面往往是消极的结果。相当于"要是……的话，准保……"之意。

① あの人に発言させようものなら、一人で何時間でもしゃべっているだろう。/要是让他发言，他会一个人啰唆几个小时。

② そんなことを先生に言おうものなら、怒られるよ。/你要是跟老师讲这些，老师会批评你的。

③ そんなことをしようものなら大変なことになる。/要是做了那种事可了不得。

④ 子猫に触ろうものなら、親猫は恐い目をして今にも飛び掛かってくるような構えを見せる。/要是有人想摸一下小猫，老猫就会瞪起可怕的眼睛，摆出一副就要扑上来的架势。

4.「～う（よう）が、～まいが～；～う（よう）と、～まいと～」

表示"不管是否……都……""……（做）也罢，……（不做）也罢，都……"。

① あなたは信じようが、信じまいが、これは事実なのです。/不管你信不信，这是事实。

② 行こうと行くまいと、あなたの自由だ。/去不去是你的自由。

③ あなたが行こうが、行くまいが、私は行きます。/你去也罢，不去也罢，我总是要去的。

④ 使おうと、使うまいと、私のお金ですから、あなたは何も言わないでください。/花也罢，不花也罢，因为是我自己的钱，所以请你什么也不要说。

5.「～う（よう）が、～う（よう）が～；～う（よう）と、～う（よう）と～」

表示无论前项如何变化，后项的结果均不发生变化。相当于"不论……还是……都……"。

① 雨が降ろうが風が吹こうが、僕は行きます。/无论下雨还是刮风，我都会去。

② 君が賛成しようと反対しようと、私には関係がない。/无论你赞成还是反对，都与我无关。

③ あの人は暑かろうと寒かろうと、いつも同じ服を着ている。/那个人不管天气冷热，总穿着一样的衣服。

④ 美味しかろうが、美味しくなかろうが、一度食べてみたい。/不管好吃还是不好

吃，我都想尝一尝。

⑤ 誰が何と言おうと、私の決意は変わりません。/无论谁说什么，我的决心都不会改变的。

⑥ どんな悪人であろうと、心のどこかに良心は残っているはずだ。/即使再歹毒的恶人，内心深处也会有善良的地方。

⑦ たとえ彼であろうと、この問題は解けないだろう。/即使是他，这个问题可能也解不了。

6.「～う（よう）にも～ない」

用「う（よう）にも＋同一动词可能式的否定形式」，表示虽然有做某事的意愿，但由于各种原因难以实现。相当于"想……也不能；连……都……"。

① 金がなくては、買おうにも買えない。/没钱，想买也买不起。

② 頭が痛くて、起きようにも起きられない。/头很疼，想起也起不来。

③ 仕事が忙しくて、国へ帰ろうにもなかなか帰れない。/工作很忙，想回国也回不了。

第十三节　否定推量意志助动词「まい」

一、否定推量意志助动词「まい」的意义

助动词「まい」与「う」「よう」相对应，表示否定的推测和意志。「まい」主要用于书面语，口语中用得较少。

① あした、雨は降るまい。/明天可能不下雨吧。（推测）

② あんな悪いことは絶対しますまい。/那种坏事绝对不干。（意志）

③ 最初だけ一緒に来てくれまいか。/一开始的时候一起来吧。（劝诱）

④ 過ちは二度と繰り返すまい。/决不重犯错误。（意志）

二、否定推量意志助动词「まい」的接续方法

「まい」的接续比较复杂，可以分三种情况。

1. 接五段动词、助动词「たがる」「ます」的终止形

①飲む→ 飲むまい

②行きます→ 行きますまい

③読みたがる→ 読みたがるまい

2. 接一段动词以及除「たがる」「ます」以外的助动词的未然形

①かける→ かけまい

②笑われる→ 笑われまい

3. カ行、サ行变格活用动词各有三种接续

①来る→きまい/こまい/くるまい

②する→すまい/しまい/するまい

两者一般以接在未然形之后的「こまい」「しまい」为标准说法，但现代口语中，更多使用「くるまい」「するまい」。

【注意】

「まい」不能直接接在形容词或形容动词后面，接形容词时接在连用形「～く（は）ある」后面，构成「～く（は）あるまい」的形式，接形容动词时要接在连用形「～で（は）ある」后面，构成「～で（は）あるまい」的形式，以表示否定的推量。例如：

① もう4月だから、北海道はそれほど<u>寒くはあるまい</u>。/已经是4月份了，北海道大概也不会那么冷了吧。

② そのあたりは<u>静かではあるまい</u>。/现在，那一带大概也不安静了吧。

三、否定推量意志助动词「まい」的活用

「まい」属于无活用型助动词，活用形仅有终止形和连体形（见表5.21）。

表5.21　否定推量意志助动词「まい」的活用

基本形	未然形	连用形	终止形	连体形	假定形	命令形	推量形
まい	—	—	まい	まい	—	—	—

四、否定推量意志助动词「まい」各活用形的用法

（一）终止形

① この悪天候じゃ、飛行機も<u>飛ぶまい</u>。/这么恶劣的天气，飞机也不会飞吧。

② 他人の利益を損うことは決して<u>するまい</u>。/决不做损害他人利益的事。

③ もう二度と彼に<u>会うまい</u>と彼女は決心した。/她决定不再见他。

（二）连体形

「まい」的连体形后只接「もの」「こと」等形式体言。

① 彼のことだから、そんなことを<u>しまい</u>ものでもない。/因为是他，那种事情他做得出来。

② そういうことだってある<u>まい</u>ものでもない。/即便是那种事也不见得没有。

五、否定推量意志助动词「まい」的主要用法

「まい」与「う」「よう」相对应，表示否定的推测和意志。

（一）表示否定的推量

相当于「ないだろう」的作用。在口语中常用「ないだろう」来表示否定的推量。相当于汉语的"大概不……吧""也许不……吧"等意思。一般用于书面语，若用于口语，则带有简慢的语感。例如：

① あした、雨は<u>降るまい</u>（降らないだろう）。/明天可能不下雨吧。

② このことはまだだれも<u>知るまい</u>（知らないだろう）。/这件事大概还没有人知道。

③ この天気では山に登る人が<u>いまい</u>（いないだろう）。/这种天气，大概不会有人爬山吧。

（二）表示否定的意志

相当于汉语的"不……""不想……"等意思。「まい」表示否定的意志也有三种情形。

1. 表示讲话人本身的、现时的否定意志

① あんな悪いことは絶対<u>しますまい</u>。/那种坏事绝对不干。

② 恨まれるぐらいなら、二度と意見は<u>言うまい</u>。/要是这样被怨恨的话，那我就不再提意见了。

③ 夫や息子を戦争に<u>行かせまい</u>。/决不让丈夫和儿子去参加战争。

2. 表示讲话人本身的非现时性的否定意志

一般用「～まいと思う」等形式表示讲话人本身的非现时性的否定意志，含有客观叙述的语气。

① みんなの迷惑になるようなことは<u>しまい</u>と思う。/我决不做给大家添麻烦的事。（将来的否定意志）

② つまらないことはもう<u>考えまい</u>と思っている。/我不想考虑那种无聊的事了。（持续性的否定意志）

③ 試験が近いから、テレビをもう<u>見まい</u>と思っても、つい見てしまった。/快考试了，所以我打算不看电视了，最后却又看了。（过去的否定意志）

④ 会議に<u>遅れまい</u>と必死に走った。/为了赶上会议拼命地跑。（过去的否定意志）

3. 表示非说话人的否定意志

一般用「～まいと思う」等形式表示非说话人的否定意志。因为表达的是他人的情

感，所以通常还伴随「そうだ」「ようだ」等这样一些表示推量的词语。

① 彼はタバコを<u>吸うまい</u>と決心したようだ。/他好像决心不吸烟了。

② 彼は、今は受験勉強に専念し、テレビなどは<u>見まい</u>と思っているらしい。/他似乎正在专心复习考试，电视什么的都不想看了。

③ お母さんは目に溢れる涙を人に<u>見られまい</u>として、密かに部屋に入っていった。/妈妈不想被别人看见自己流泪的样子，悄悄地进了房间。

（三）伴随疑问词和终助词「か」，表示疑问、质问、反语等

① 学生の間に多少の不満が残るのではある<u>まいか</u>。/学生之间，多少存在些不满吧。

② 希望者が誰か<u>いまいか</u>。/志愿者一个人也没有吧。

③ 買ったばかりなのにすぐ壊れた。これは偽物なのではないある<u>まいか</u>。/刚买就坏了。这莫非是假货吧?

（四）附加终助词「か」，表示劝诱、依赖

① 最初だけいっしょに<u>来てくれまいか</u>。/一开始的时候一起来吧。

② ちょっと彼に<u>聞いてくれまいか</u>。/帮我问他一下吧。

（五）用「～まいに」的形式，表示用与事实相反的假设

① はじめにそう言ってくれれば、誰も<u>心配しまいに</u>。/如果开始就这样说的话，谁都不会担心。

② 自分の子供なら、あんなに<u>叱るまいに</u>。/如果是自己的孩子，就不会那样批评。

（六）伴随终助词「ぞ」，表示禁止

① そんなことは<u>言うまいぞ</u>。/那样的话不要说啦。

② 二度と<u>繰り返すまいぞ</u>。/不要出现第二次。

◗◖● 知识扩展 ●◗◖

「まい」构成的惯用句型如下:

1. 「～まいとする」

表示「う（よう）とする」的否定，相当于「～しないようにする」，意为"不想……""想不……"。

① 眼にもつ涙をお増に<u>見られまいとして</u>体を脇へそらしている。/把身体转向一边，不想让阿增看见眼中的泪水。

② 彼は何のかの口実をもうけて娘を家から出すまいとした。/他想方设法找借口，不放女儿出去。

③ 自分は思い出すまいとすればするほど思い出される。/自己越是想忘记，越是忘不了。

④ 彼女は決して笑うまいとした。/她根本就不想笑。

2. 「～う（よう）と～まいと」

表示对比列举动作、作用，相当于"无论……无论不……""不管……还是不……""……也好，不……也好"。

① 行こうと、行くまいと、お前の勝手だ。/去也好，不去也好，是你的自由。

② 九月に大切な試験があるので、夏休みに国へ帰ろうか帰るまいかと考えています。/因为九月份有重要的考试，所以我在想暑假要不要回国呢。

③ 本物かどうかはっきりわからないから、買おうか買うまいか（を）決めかぬています。/因为不知道是不是真货，所以要不要买，一时很难做出决定。

④ 皆疲れてきたが、時間も限られているため、ここでしばらく休憩しようかするまいか悩むとこである。/大家确实很累了，但是时间又非常紧迫，所以要不要在原地休息一会儿，我一时没了主意。

3. 「～ではあるまいし、～」

提示一种带轻蔑语气的理由，有汉语的"也不是……，又不是……"的意思。这是口语的表现形式，后续部分为说话者对对方的判断或主张。变形有「じゃあるまいし」「～でもあるまいし」等。用于表示"不是……；当然……"的情况。

① 子供ではあるまいし、もう少し冷静に話し合うべきだ。/又不是小孩子，应该稍冷静些商量。

② 十代の娘じゃあるまいし、そんなはでなリボンはつけられませんよ。/又不是十几岁的小女孩，那样花哨的飘带不能用。

③ 神でもあるまいし、そんなことわかるものか。/又不是神，怎么会知道那种事情呢？

4. 「～まいものでもない」

双重否定（即肯定），表示可能性。

① そういうことだってあるまいものでもないさ。/那种事也并不是不可能发生的。

② 時と場合によっては、承諾しまいものでもない。/看时机和场合，也不见得一定不答应吧。

③ この調子では、成功しまいものでもあるまい。/以这种状况看，大概不会不成功吧。

第十四节　样态助动词「そうだ」

一、样态助动词「そうだ」的意义

样态助动词「そうだ」表示某事物呈现出来的某种样态，主要是说明现状。接动词时表示某动作、行为可能要发生前的样态，接形容词、形容动词及状态动词时表示从外观上看，某物是某种样子或处于某种状态。可译成汉语的"（看上去）好像……"。例如：

① 雨が<u>降りそうだ</u>。/好像要下雨了。
② 水が<u>溢れそうだ</u>。/水快溢出来了。
③ 外は<u>寒そうだ</u>。/外面好像很冷。
④ このりんごは赤くて、<u>おいしそうだ</u>。/这个苹果红红的，好像很好吃。

二、样态助动词「そうだ」的接续方法

样态助动词「そうだ」接动词、动词型助动词连用形及形容词、形容动词词干后面，但接形容词「ない」「よい」时，要用「なさそうだ」和「よさそうだ」的形式。接助动词「ない」和「たい」时，用「～なそうだ」和「～たそうだ」的形式。「そうだ」的敬体是「そうです」（见表5.22）。

表5.22　样态助动词「そうだ」的接续

词类	词典形	そうだ
形容词	暑い	暑そうだ
	優しい	優しそうだ
形容动词	元気だ	元気そうだ
	穏やかだ	穏やかそうだ
五段动词	泣く	泣きそうだ
	降る	降りそうだ
一段动词	落ちる	落ちそうだ
	消える	消えそうだ
サ変化动词	変化する	変化しそうだ
カ変化动词	来（く）る	来（き）そうだ
助词	見られる	見られそうだ
	待たせる	待たせそうだ

【注意】

样态助动词「そうだ」接在形容词或补助形容词「ない」「よい」之后时，要变成「なさそうだ」「よさそうだ」的形式。

（1）接在词干为一个音节的形容词「ない」「よい」，或补助形容词「ない」之后时，要在形容词词干与「そうだ」之间加个「さ」。例如：

① 気持ちが<u>よさそうだ</u>。/好像很舒服的样子。

② 元気が<u>なさそうだ</u>。/好像没精神的样子。

③ 少しも楽しく<u>なさそうだ</u>。/好像一点儿都不愉快的样子。

（2）愿望助动词「たい」、否定助动词「ない」后续「そうだ」时，不在「た」「な」之后加「さ」。例如：

① 橋元君も名古屋へ<u>行きたそうだ</u>った。/桥元君好像想去名古屋。

② 彼は<u>知らなそうだ</u>よ。/他好像不知道。（这一形式已不常用，一般要说「知りそうもない」）

三、样态助动词「そうだ」的活用

「そうだ」属于形容动词型助动词，活用形和形容动词一致（见表5.23）。

表 5.23　样态助动词「そうだ」的活用

基本形	未然形	连用形	终止形	连体形	假定形	命令形	推量形
そうだ	—	そうだっ そうで そうに	そうだ	そうな	そうなら	—	そうだろ

【注意】

推量形「そうだろ」后续助动词「う」构成「だろう」的形式，在实际语言实践中很少使用。因为「そうだ」本身就已表达推量之义。

四、样态助动词「そうだ」各活用形的用法

（一）连用形

「そうだっ」后加「た」表示过去时，「そうで」可表示中顿，「そうで」后加「（は）」ない表示否定，「そうに」做状语，修饰后面的用言。例如：

① 山田さんのけがした足を見ましたが、はれていてまだだいぶ<u>痛そうで</u>した。/我看了山田那只受伤的脚，还肿着，看来还很痛。

② そのとき、彼は<u>元気そう</u>だった。/那时，他看上去很健康。
③ 大雨が<u>降りそう</u>で、早目に帰ってきたの。/好像要下大雨，就提前回来了。
④ 彼はあまり<u>元気そうではない</u>。/看上去他不太有精神。
⑤ すべって、谷へころげ<u>落ちそう</u>になったそうです。/听说滑倒了，差点儿掉到山谷里去。

（二） 终止形

终止形用来结句，敬体用「そうです」的形式。例如：

① 船が<u>沈みそう</u>です。/船好像要沉下去。
② 近ごろ、彼は<u>忙しそう</u>だ。/近来他好像很忙。
③ 彼は気持ちが<u>よさそう</u>だ。/看上去他好像心情很好。
④ あの机は<u>丈夫そう</u>だ。/那张桌子看上去很结实。

（三） 连体形

① <u>優しそう</u>な顔をしています。/显得很慈祥。
② 雨が<u>降りそう</u>な空模様だ。/好像要下雨的天气。
③ <u>元気なさそう</u>な顔をしています。/显得没有精神。

（四） 假定形

样态助动词假定形「そうなら」的后续词「ば」常被省略。

① 雨が<u>降りそうなら</u>、傘を持っていこう。/如果感觉要下雨，就带伞去吧。
② 山田さんが<u>できそうならば</u>、かれにやってもらおう。/山田如果能做的话，就请他做吧。

（五） 推量形

彼ならこの難問も<u>解けそう</u>だろう。/如果是他的话，应该能解决这个难题吧。

五、样态助动词「そうだ」的主要用法

（一） 根据外观进行判断，相当于"好像""像是"

① 自信の<u>なさそう</u>な様子。/似乎缺乏自信的样子。
② それは<u>おもしろそうではない</u>。/那看上去没意思。
③ 先生はとても<u>元気そう</u>でした。/老师看上去很精神的样子。
④ このガラスは<u>頑丈そう</u>だ。/这个玻璃看样子挺结实。

（二）表示可能性，意为"像是""看来"

① 彼女はできそうにもない。/看来她不会。
② 彼は物分かりがよさそうだ。/他似乎很懂事。
③ 彼なら分かりそうなものだ。/他好像比较懂。
④ もうそろそろ帰ってきそうなものだ。/差不多就要回来了。
⑤ これは食べない方がよさそうだ。/我看这个还是不吃为好。

（三）表示趋势，说明将要出现某种情形的前奏、迹象，意为"就要""快要"

① 雨が降りそうだ。/看样子要下雨。
② 花が今にも咲きそうだ。/花就要开了。
③ もうすぐ夜が明けそうだ。/天快要亮了。
④ 女の子は今にも泣き出しそうだ。/女孩就要哭出来了。

（四）夸张、比喻

① 胸がさけそうだ。/胸口像要裂开似的。
② 折れそうな細かい手。/像要断掉似的细手。

‖●知识扩展●‖

（一）「そうだ」的否定表现

1. 接动词时

样态助动词「そうだ」接在动词后面表示否定时，有「～そうもない」和「～そうにもない」两种形式，都相当于汉语的"好像不……"。这时一般不用「～そうではない」的形式表示否定。另外，从语法上讲，还有助动词「ない」接「そうだ」的形式，即「～なそうだ」，但很少用，如「雨が降りそうだ」的否定形式一般都用「雨が降りそうもない」表示，而不用「雨が降らなそうだ」。

① 雨は降りそうもない。/好像不下雨。
② 彼に頼んだが、引き受けてくれそうもなかった。/恳求他了，但他好像不接受。
③この問題は私には解けそうにもない。/这个问题我好像解答不了。

2. 接形容词、形容动词时

样态助动词接在形容词、形容动词后面表示否定时，有「～そうではない」和「～なさそうだ」两种形式，前者是「～そうだ」的否定，直译为"不是……样子（样态）"。后者是「～ない」接「そうだ」的否定，可译为"好像不……"，这种形式用得比较广泛。例如：

① このおかしはあまりおいしくなさそうだ（おいしそうではない）。/这种点心好

像不太好吃。

② 彼女は<u>うれしくなさそうだ</u>（うれしそうではない）。/她好像不太高兴。

③ 彼はあまり<u>元気ではなさそうだ</u>（元気そうではない）。/他好像不太健康。

（二）「だろう」与样态助动词「そうだ」

「だろう」是判断助动词「だ」的推量形，可译为"大概""可能"等，「そうだ」可译为"（看上去）好像……"，都表示不确切的判断。但是「そうだ」表示呈现出来的某种样态，是以现状为根据的主观性判断，常用来表示现在的事项。完了或过去的事项不用「そうだ」表示，但可用「そうだった」的形式表示过去的某种样态。「だろう」是避免明确断言，表示说话留有余地的推测性判断，常表示说话人对现在某事项的推测，所推测的事项可以是现在、过去或将来的。例如：

① <u>雨が降りそうだ</u>。/好像要下雨。

② <u>雨が降りそうだった</u>。/（那时）好像要下雨。

③ <u>雨が降るだろう</u>。/可能要下雨吧。

第十五节　比况助动词「ようだ・みたいだ」

一、比况助动词「ようだ・みたいだ」的意义

比况助动词「ようだ・みたいだ」，可用于表示比喻（比况）、类比以及根据某些因素做出的推测。例如：

① 嵐の<u>ような</u>拍手。/暴风雨般的掌声。（比喻）

② 彼は次の<u>ように</u>説明した。/他做了如下的说明。（内容指示）

③ あそこに誰かいる<u>みたいだ</u>。/那里好像有人。（推量）

④ 転ばない<u>ように</u>気をつけてください。/注意别摔倒了。（劝告内容）

⑤ 北海道の<u>ような</u>寒い地方では、春と夏が一緒にやってくる。/像北海道这么冷的地方，春夏不分明。（示例）

二、比况助动词「ようだ・みたいだ」的接续方法

（一）「ようだ」

「ようだ」接在体言加「の」之后，以及用言、助动词（う、よう、そうだ、ます、らしい、まい除外）的连体形后，还可以接在连体词（この、その、あの、どの）之后。

例如：

五段动词：飛ぶ→ 飛ぶようだ

一段动词：流れる→ 流れるようだ

カ变动词：来る→ 来るようだ

サ变动词：相談する→ 相談するようだ

形容词：新しい→ 新しいようだ

形容动词：確かだ→ 確かなようだ

助动词：飲まれる→ 飲まれるようだ

　　　　食べる→ 食べないようだ

　　　　行く→ 行きたいようだ

名词：本物→ 本物のようだ

连体词：この→ このようだ

（二）「みたいだ」

「みたいだ」接续动词、形容词、助动词时，与「ようだ」相同；但是接续名词时，不加「の」，直接接续；接续形容动词时，接在其词干之后。例如：

名词：夢→ 夢みたいだ

　　　子供→ 子供みたいだ

形容动词：馬鹿だ→ 馬鹿みたいだ

　　　　　静かだ→ 静かみたいだ

三、比况助动词「ようだ・みたいだ」的活用

比况助动词「ようだ」「みたいだ」都属于形容动词型活用（见表5.24）。

5.24　比况助动词「ようだ・みたいだ」的活用

基本形	未然形	连用形	终止形	连体形	假定形	命令形	推量形
ようだ	—	ようだっ ようで ように	ようた	ような	ようなら	—	ようだろ
みたいだ	—	みたいだっ みたいで みたいに	みたいだ	みたいな	みたいなら	—	みたいだろ

【注意】

（1）「ようだ」和「みたいだ」的敬体说法为「ようです」和「みたいです」。

例如:

① ちょっと熱がある<u>よう</u>です。/好像有点儿发烧。
② 雨がやんだ<u>みたい</u>です。/雨好像停了。

（2）连用形「ように」的形式，有时「に」被省略掉，只用词干「よう」。例如:

① 一日も早く全快なさいます<u>よう</u>（に）、お祈りします。/祝您早日康复。
② すぐ来てくださる<u>よう</u>（に）頼みなさい。/请他马上来。

（3）「ようだ」和「みたいだ」在口语中，特别是在女性谈话中，通常只用词干，在其后直接接终助词「よ」「ね」「さ」等使用。例如:

① 彼女は知らなかった<u>よう</u>よ。/她好像不知道啊。
② まるで夢の<u>よう</u>ね。/真像是做梦啊。
③ 足音がするから、誰か来た<u>みたい</u>よ。/有脚步声，好像有人来了。

四、比况助动词「ようだ・みたいだ」各活用形的用法

（一）连用形

① まるで、人質救出劇の<u>ようだっ</u>た安保法案は強行採決された。/简直就像拯救人质剧似地，安保法案被强行通过。
② 海は鏡の<u>よう</u>で、波一つもなかった。/海面如镜，没有一点儿波浪。
③ 彼の<u>よう</u>にけちな人は見たことがない。/没见过像他那样小气的人。
④ あの人はちょっと疲れている<u>みたい</u>だった。/那个人似乎累了。
⑤ 汗のたまが雪でもとけた<u>みたい</u>に流れおちる。/汗珠好像雪化了似的往下流。

（二）终止形

① 彼らは実の兄弟<u>みたい</u>だ。/他们像亲兄弟一样。
② あの人は、どうもどこかで逢ったことがある<u>みたい</u>です。/那个人我总觉得像在什么地方见过。
③ あの雲は羊<u>みたい</u>です。/那朵云看上去像只羊。

（三）连体形

① 彼女は女学生の<u>よう</u>なかっこうをしている。/她打扮得像个女学生似的。
② コーヒー<u>みたい</u>な刺激の強い物は寝る前には飲まない方がいい。/类似咖啡这样刺激性很强的饮料最好睡前不要喝。

（四）假定形

① 形が犬の<u>ようなら</u>（ば）、それはおおかみだろう。/如果形状像狗的话，那就是

狼吧。

② もし今よりいい部屋に住んで<u>みたいなら</u>これを読め。/如果想试试住进比现在好点儿的房子，就看看这个！

（五）推量形

① その白さは、きっと雪の<u>ようだろう</u>。/那种白色，就像雪一样吧。
② 教室に誰もいない<u>みたいだろう</u>。/教室里似乎一个人也没有。

五、比况助动词「ようだ・みたいだ」的主要用法

（一）「ようだ」的具体用法

1. 表示比喻

暖かくて、まるで春の<u>ようです</u>。/温暖如春。（比喻）

2. 表示类比、列举

提出一个在性质、内容或方法等方面要求与之一致的具体人物或事物，作为后述行为动作的参照例。

① あの人は日本人の<u>ように</u>上手に日本語を話します。/他日语讲得像日本人一样流利。（类比）
② 働かないでお金がもらえる<u>ような</u>仕事はないでしょう。/不干活就能拿到钱的工作是不存在的。（列举）

3. 表示委婉的不确切的判断

判断的语气较暧昧，这种判断虽然是不完全确切的，但也是有根据的。例如：

① 彼、風邪をひいた<u>ようよ</u>。/他好像感冒了。（推测）
② 玄関で音がするから、だれか来た<u>みたいよ</u>。/门口有声响，看来大概有人来了。（推测）

4. 表示行为的目的，可译成汉语的"为了……"。例如：

① 風がよく通る<u>ように</u>、窓をあけました。/为了通风好，把窗户打开了。
② 痛みが治まる<u>ように</u>、注射を打ってもらいました。/为了止痛，请求打了针。
③ アイスクリームが溶けない<u>ように</u>冷蔵庫に入れてあります。/为了不使冰激凌融化而放入冰箱。

5. 表示轻微的命令、要求、愿望等

这时可用「ように」结句。例如：

① 用事があるから、早く帰る<u>ように</u>。/因为有事，请早点儿回来。
② 風を引かない<u>ように</u>（気をつけてください）。/请注意不要感冒。

③ 忘れ物をしないように。/不要忘了你的东西。

④ ご家族の皆様にもよろしくお伝えくださいますように。/也请向您的全家问好。

6. 表示假设条件

① 学校を休んでダンスをしているようでは、卒業はできないでしょう。/如果不上学成天跳舞，那就毕不了业了吧。(负效应的假设条件)

② どうしてもだめなようなら、早くあきらめなさい。/如果无论如何都不行的话，那就早点放弃吧。(假定)

（二） 构成惯用句型

1.「ようになる」

接在动词连体形后面，表示从不可能的状态变成可能的状态，或者表示主体开始做以前不会做的动作。

① 眼鏡をかけたら、黒板の字が見えるようになりました。/戴上眼镜，就可以看到黑板上的字了。

② 東京の近郊に紅葉が見られるようになるのは十一月の半ばごろである。/到十一月中旬，才能欣赏到东京附近的红叶。

③ 赤ちゃんはずいぶん活発に動くようになりました。/婴儿变得好动起来。

④ 日本人も以前に比べれば肉をたくさん食べるようにはなったが、ヨーロッパ諸国やアメリカに比べると、国民一般の肉類消費量は話しにならないほど少ない。/跟以前比起来，日本人的食肉量已经有大幅增长，但是跟欧美国家比起来，还是少得可怜。

【注意】

①②句中，「ようになる」接在非意志动词后面，表示事物的自然变化。「見える」「見られる」这种状态是不受人为控制的。③④句中，「ようになる」接在意志动词后面，并不表示自然变化，而是客观地叙述状况的变化。

2.「ようにする」

（1）以表示指代的「ように+する」的形式，说明动作的状况，此时的「ようにする」前接意志动词，意为"做到……"，或不译出。例如：

① 汽車の窓から身を乗り出すようにして、友達と手を握り合った。/从火车窗口探出身子来和朋友握手。

② 二人は体を寄せ合うようにしながら、音楽を聴いている。/两人互相依偎着，听着音乐。

（2）用表示目的的「ように+する」的形式，表示目的，此时的「ようにする」前接非意志动词，意为"为了……""以便……"。例如：

① 鏡の表面をよく拭いて明るく見えるようにする。/仔细擦拭镜面，使它更清晰。

② 名前に振り仮名をつけて、子供にも読めるようにした。/给名字注上假名，以便让孩子也能读。

（3）用表示希望的「ように＋する」的形式，用于第二人称，表示对对方的劝告。此时的「ようにする」前接意志动词，意为"请……""要……"。例如：

① 忘れ物をしないようにしてください。／请不要忘记东西。
② 私語は慎むようにしなさい。／请不要交头接耳。

（4）用表示希望的「ように＋する」的形式，用于第一人称，表示意志、意愿，意为"尽量做到""设法做到"。例如：

できるだけ英会話のテレビを見るようにしている。／尽量做到看英语对话的电视。

3.「みたいだ」

「みたいだ」与「ようだ」意思相同，是俗语的说法。「みたいだ」本身属于形容动词活用，多用「みたいで」「みたいに」「みたいだ」「みたいな」等几种形式。具体用法说明从略。

① この頃は暖かくて本当に春みたいだ。／最近暖和得像春天一样。
② うれしいわ。まるで夢みたい。／真高兴，好像做梦一样。
③ あの人はどうもどこかでであったことがあるみたいだ。／我好像在什么地方见到过他似的。
④ コーヒーみたいな刺激の強い物は寝る前には飲まない方がいい。／类似咖啡这样刺激性很强的饮料最好睡觉前不要喝。

●‖ 知识扩展 ‖●

表示目的时「ように」和「ために」的区别如下：

1.「ように」

（1）接无意志动词或意志动词的否定式，不接名词或形容词、形容动词。
（2）前后项的主体不必一致。
（3）表达得比较消极，表示说话者的愿望或要求，意为"……以便……""……以免……"。

2.「ために」

（1）只接名词和意志动词现在时，很少接否定式，不接形容词、形容动词。
（2）前后项的主体必须一致。
（3）表达的意思是积极的，口气坚定，多用于重大事情，意为"为了……而……"。例如：

① 病気を治すために、治療を続けている。／为了治好病，一直在坚持治疗。（前后同一主语，前项意志动词。「～ために」）
病気が治るように、治療を続けている。／力争病情痊愈，一直在持续治疗。（前后不同主语，前项无意志动词。「～ように」）

② 日本語を勉強する<u>ために</u>、辞書を買った。/为了学日语，买了本字典。（前后同一主语，前项意志动词。「～ために」）

息子が日本語を勉強する<u>ように</u>、わたしは辞書を買った。/为了儿子学日语，我买了本字典。（前后不同主语，前项意志动词。「～ように」）

③ 日本語が話せる<u>ように</u>、毎日テープで練習している。/为了能说日语，我每天通过磁带进行练习。（前后同一主语，前项无意志动词。「～ように」）

（わたしが）分かる<u>ように</u>、（あなたが）話してください。/为了让我弄清楚，请你说给我听。（前后不同主语，前项无意志动词。「～ように」）

从上面的例句可以看出，「～ために」的使用范围是非常有限的，必须要统一前后主语，而且前项的动作是该主语有意识地发出的。

第十六节　推断助动词「らしい」

一、推断助动词「らしい」的意义

推断助动词「らしい」用以表现说话人根据一种有相当把握的客观根据，判断为某种情况。即说话人虽然不能断然肯定是一个什么情况，但根据各种迹象、现象判断，可以认定十之八九是什么情况。

二、推断助动词「らしい」的接续方法

「らしい」接在动词、形容词、部分助动词（れる、られる、せる、させる、ない、ぬ、た、たい等）的终止形后，还可以接在体言、副词、形容词动词词干等之后（见表5.25）。

表 5.25　推断助动词「らしい」的接续

词类	词典形	らしい
五段动词	ある	あるらしい
一段动词	いる	いるらしい
	濡れる	濡れるらしい
カ变动词	来る	来るらしい
サ变动词	する	するらしい
形容词	おそい	おそいらしい

（续表 5.25）

词类	词典形	らしい
形容动词	確か	確からしい
れる	取られる	取られるらしい
られる	見られる	見られるらしい
せる	行かせる	行かせるらしい
させる	来させる	来させるらしい
ない	まけない	まけないらしい
ぬ	立たぬ	立たぬらしい
た	起きた	起きたらしい
たい	読みたい	読みたいらしい
体言	学生	学生らしい

接续在部分副词、助词之后，例如：

① 「まだある?」「ちょっとらしい。」／"还有吗?""好像还有一点。"

② 明日からららしい。／好像从明天开始。

③ それは趙さんのらしい。／好像是小赵的。

④ 十キロまだらしい。／好像不到 10 公里。

三、推断助动词「らしい」的活用

推断助动词「らしい」的活用变化是形容词型的，但没有未然形、推量形、命令形，假定形也几乎不用（见表 5.26）。

表 5.26　推断助动词「らしい」的活用

基本形	未然形	连用形	终止形	连体形	假定形	命令形	推量形
らしい	—	らしく らしかっ	らしい	らしい	（らしけれ）	—	—

【注意】

（1）在理论上，「らしい」有其假定形「らしけれ」，但在实际应用中却找不出它的用例。因此有的语法书断言其没有假定形。一般在表示「らしい」的假定语气时，常使用「らしいなら」的形式。例如：

そこに人がいるらしいなら、誰だかよく確かめておいて。／那里要是有人的话，可好好看看是谁。

（2）「らしい」属于形容词型活用，后接「ございます」时，发生音便，即「らしく＋ございます」变为「らしゅうございます」。例如：

① そうらしくございます。→ そうらしゅうございます。／好像是那样。

② 雨らしくございます。→ 雨らしゅうございます。／好像要下雨。

③ 先生は昨日お帰りになったらしくございます→ 先生は昨日お帰りになったらしゅうございます。／老师好像昨天回来了。

四、推断助动词「らしい」各活用形的用法

（一）连用形

① 一見、見たことがある学生らしかった。／一看，好像是曾经见过的学生。

② 彼は英語も分かるらしく、日本語も分かるらしい。／他好像既懂英语也懂日语。

③ 彼は少しも学生らしくない。／他的确不像是学生。

④ 何かあったらしくて、彼は泣いていました。／好像出了什么事，他在哭。

（二）终止形

① 明日雨が降るらしい。／明天似乎要下雨。

② ここはまだ賑やからしい。／这里好像还很热闹。

③ 帰るまでに、彼に会いたかったらしいけれども、結局会えなかったらしいよ。／虽然在回去前想和他见一面，但是结果还是见不了吧。

④ 彼は日本語ができるらしいから、彼に通訳をつけさせよう。／因为他好像是会日语，所以就让他翻译吧！

⑤ この本は彼のらしい。／这本书好像是他的。（「の」是形式名词）

⑥ この教室にいる人は学生だけらしい。／在这个教室里好像只有学生。

（三）连体形

① 天安門広場はいかにも北京らしい所ですよ。／天安门广场是北京最具有代表性的地方。

② 今日は夏らしい天気です。／今天像是夏天的天气。

（五）假定形

雨が降るらしければ（降るらしいなら）、行かない。／如果要下雨的话，就不去。

五、推断助动词「らしい」的主要用法

推断助动词「らしい」表示说话人依据客观事物的状态、事实、迹象或传闻等进行有根据的推测和委婉的断定。当表示传闻时，若要提及传闻的出处、消息的来源时，一般使

用「体言＋によると／によれば／（の話）では」。表示非传闻的一般推测时，常与副词「どうも／どうやら」相呼应。例如：

① 人がたくさん集まっているので、何か事故があったらしい。／许多人在集聚，看来发生事故了。

② 大勢の人が映画館から出てきて、映画がもう終わったらしい。／很多人从电影院出来了，看来电影已经演完了。

③ 天気予報では、明日雨が降るらしい。／按照天气预报，明天要下雨。

④ 天気予報によると、明日はとても寒いらしいです。／按照天气预报，明天很冷。

⑤ どうも分からないらしい。／好像怎么也不明白。

⑥ あそこにいる人はどうも女らしい。／那边那个人好像是个女的。

（一）表示根据客观事实进行的推量

① 夜中に雨が降ったらしく、地面が濡れています。／夜里好像下雨了，地面湿了。

② においで分かったのだか、包みの中身は食べ物らしかった。／从香味闻得出，包里的东西好像是食物。

③ 鈴木さんによれば、田中さんが買った家は便利でも広くないらしい。／听铃木先生说，田中先生买的房子虽然不大但是很方便。

④ リーさんの話では、あの店のケーキがとてもおいしいらしい。／李先生说，那家店的蛋糕很好吃。

（二）表示委婉的判断

「らしい」使判断的语气变得暧昧或表示对某话题不关心、对自己说的话不负什么责任等。

① 大雪で列車がおくれるらしい。／因下大雪，列车似乎要晚点。

② どうも君の考えはまちがっていたらしい。／总觉得你的想法错了。

③「先生はもう帰りましたか。」／"老师已经回去了吗？"

「ええ、帰ったらしいね。」／"欸，好像回去了吧。"

④「昨日も地震がありましたね。」／"昨天也地震了吧。"

「ええ、そうらしいね。」／"欸，好像是吧。"

【注意】

「らしい」在体言后表示推测时，如「彼は学生らしい＝彼は学生であるらしい。／他好像是学生」，这时「らしい」是助动词；如「らしい」后的体言具备「らしい」前的体言性质，这时「らしい」是接尾词，并构成形容词。例如：

① 工場らしい工場。／像样的工厂。

② 食事らしい食事をしていない。／没有正经吃过饭。

||●｜知识扩展 ｜●||

（一）推断助动词「らしい」与「だろう」的区别

推断助动词「らしい」与「だろう」都表示推量，但「らしい」表示有客观根据的推量，而「だろう」表示主观判断的推量。例如：

ここではたばこを吸ってもいいらしい（だろう）。/这里好像可以抽烟（吧）。

这句话用「らしい」时，可能是说话人看到那里放着烟灰缸，或有人抽烟，或没有看到"禁烟"等字样之后所进行的推量，总之要有足以证明此处可以抽烟的根据才可以使用。而用「だろう」时，可以没有以上那些客观根据，说话人只是主观地判断在此处抽烟不会被人指责或引起什么危险等。

（二）推断助动词「らしい」和接尾词「らしい」的区别

1. 助动词「らしい」

它接在名词或动词、形容词、助动词等活用语后面，表示根据某些客观情况，做出某种推断，意为"好像是……""似乎是……"。例如：

① 今課長の部屋に入った人は記者らしい。/现在进入科长房里的那个人好像是记者。
② 山の麓にあるのは病院らしい。/山下的那些房子好像是医院。

2. 接尾词「らしい」

它只能接在名词后面，表示具有这种性质、样式、气派的人和物，意为"像真正的……""像……样的"。例如：

① 今日は本当に春らしい、暖かな一日だった。/今天真像春天的样子，整天暖洋洋的。
② この町には、公園らしい公園はない。/这个镇子没有像样的公园。
③ 子供は子供らしく、決して子供らしくない振る舞いはしなさるな。/小孩子就要有个小孩子样，决不要做那种不像孩子做的事。

3. 推断助动词「らしい」和接尾词「らしい」的区别

（1）助动词「らしい」所构成的连语前面可以有定语，而接尾词「らしい」所构成的连语前面不能有定语。例如：

① あの人は電子工学専攻の学生らしい。/他好像是电子工学专业的学生。（前面有定语，「らしい」是助动词）
② 本当に学生らしい。/真像个学生的样儿。（前面无定语，「らしい」是接尾词）

（2）助动词「らしい」的连用形不能接「ない」，表示否定时，要用「ではないらしい」，而接尾词「らしい」表示否定时要用「らしくない」。例如：

① あの人は学生ではないらしい。/他好像不是个学生。（「らしい」是助动词）

② あの人は学生らしくない。/他不像个学生的样儿。(「らしい」是接尾词)

(3) 助动词「らしい」和它所接的体言之间可以插入「である」，而且可以换用「だろう」「であるようだ」「であると思う」，此时意思不变。而接尾词「らしい」则不能这么用，既不能插入「である」，也不能换用「であるようだ」等。例如：

① あの子は山田先生の子供（○である）らしい。/那个孩子好像是山田先生的小孩。(「らしい」是助动词)

② 彼は非常に子供（×である）らしいところがある。/他有些地方非常像个小孩。(「らしい」是接尾词)

(4) 在助动词「らしい」构成的句子里，如果用副词，一般用「どうも」「どうやら」。而接尾词「らしい」如果要用副词，经常用「いかにも」「本当に」「とても」「見るからに」等。前者表示推量，后者表示性质，意义不同。例如：

① あそこで遊んでいるのはどうやら田中先生の子供らしい。/在那儿玩的，好像是田中的孩子。(「らしい」是助动词)

② 見るからに子供らしい。/一看就像个孩子。(「らしい」是接尾词)

③ さっき会った人はどうもあの有名な選手内山さんらしい。/刚才遇到的那个人好像是名选手内山。(「らしい」是助动词)

④ それはいかにも内山らしいやりかただ。/那的确像内山的做法。(「らしい」是接尾词)

(5) 助动词「らしい」可以用过去式「らしかった」，而接尾词「らしい」则不能。例如「それはいかにも図書館らしかった。」是错误的。

① 反対意見を出したのはどうも彼女らしい。/提出反对意见的好像是她。(助动词)
② あの人は山田さんらしい。/那个人好像是山田。(助动词)
③ 彼は先生らしい先生です。/他是个具有老师风度的老师。(接尾词)
④ この娘はとても女らしい。/这个姑娘很具有女孩子气质。(接尾词)

(三)「う・よう」与「らしい」及「ようだ」的用法辨析

1.「う・よう」

「う・よう」表推量时，一般只用于书面语或惯用表达。现在，活用词未然形加「う・よう」表推量的用法并不常见，而是改用终止形加「だろう」「でしょう」，意思基本相同。「だろう」「でしょう」表示说话者根据自己所掌握的各种情报及周围状况做出判断，有时明明可以断定，但为了征求他人意见而婉转地表示看法，这一点区别于其他推量表现。例如：

21世紀で高齢化社会は深刻な問題になるだろう。/在21世纪，社会高龄化已经成为一个严重的问题了吧。

例句中，说话者是很肯定的，只是比较委婉、含蓄地表达出来。

2. 推断助动词「らしい」与比况助动词「ようだ」

（1）相同点：二者虽然接续法及活用各不相同，各自的作用也不完全相同，但在表示不确切的判断时，二者的作用基本相同。另外在表示委婉、不确切的判断时，二者也具有基本相同的作用。例如：

① どうも風邪を引いたらしい（引いたようだ）。／总觉得像是感冒了。

② どこかに出かけたらしい（出かけたようだ）。／好像出门了。

③「今日は交通事故がありましたね。」／"今天好像发生了交通事故吧。"

　「ええ、そうらしいね（そのようですね）。」／"好像是吧。"

（2）不同点：「らしい」是通过比较可靠的客观依据对某一事物进行推测的感觉较强，是种接近断定的推量，但这种判断与说话人本身信心把握程度无太大关系，而且「らしい」不是表述所观察到的事物本身怎么样，而是将观察到的现象或情形作为依据或证据，进而对未知的事物等进行推断。例如：

① 風邪を引いたらしい。／好像感冒了。

这里说话者通过表现出来的类似感冒的头疼、咳嗽等感冒症状来推断出应该得了感冒。「らしい」也用在对否定事物的判断上，此时「らしい」要接在否定之后，其本身并不进行变化。例如：

② 両親が亡くなってしまったことをあの女の子は知らなかったらしい。／好像那女孩还不知道她的父母已经去世了。

「ようだ」表示自己主观推测的感觉较强，无论有无明确的客观根据，带有很浓厚的主观色彩，有时也可表示委婉的断定。与「らしい」有依据的推断不同，「ようだ」无论有无依据或依据真假如何，都可以直接得出结论，且这种结论具有不确定性。例如：

③ 雨が降っているようだ。／好像在下雨。

这里得出"下雨"这个推断，有可能是说话人听到了外面的雨声，又或是看到了打在窗上的雨点，或是看到有人撑着伞，等等，总之是观察后得出的结论。

如果是根据情报或传闻所做出的推断，「らしい」与「ようだ」都可以用，但「らしい」倾向于表示根据传闻做出推断，而「ようだ」则倾向于表示本人观察后的感觉。例如：

④ この本が面白いようだ。／好像这本书很有趣。

第十七节　传闻助动词「そうだ」

一、传闻助动词「そうだ」的意义

传闻（伝聞^{でんぶん}）助动词「～そうだ」是一种将从他人那里听到的话或者得到的情报向对方传达的表现形式。情报资源通常用「～によると」或者「～では」来表示。

传闻（伝聞^{でんぶん}））助动词「～そうだ」表示说话者用直接或间接从别处得来的信息进行判断或说明事物，相当于汉语的"听说……""据说……"等意思。例如：

① 天気予報によると，夕方から雨が降るそうだ。/据天气预报说，傍晚有雨。
② 明日の試験はとても難しいそうです。/据说明天的考试很难。
③ 田中さんはテニスが上手だそうだ。/听说田中网球打得很好。
④ あの人は東大の学生だそうです。/听说他是东大的学生。

二、传闻助动词「そうだ」的接续方法

传闻助动词「そうだ」接用言以及一些助动词（せる、させる、れる、られる、ない、ぬ、た、たい、たがる、ようだ、みたいだ、だ等）的终止形后。

三、传闻助动词「そうだ」的活用

「そうだ」属于不完全形容动词型活用，仅有终止形「そうだ」和连用形「そうで」，敬体为「そうです」（见表5.27）。

表5.27　助动词「そうだ」的活用

基本形	未然形	连用形	终止形	连体形	假定形	命令形	推量形
そうだ	—	そうで	そうだ	—	—	—	—

【注意】

（1）「そうで」表示中顿，或后续「ある」构成书面语体「そうである」。例如：

① 何か話したいことがあるそうで、今晩会うことになっています。/听说有什么话想说，所以决定今晚见面。
② 昔、ここはとても不便だったそうである。/据说，过去这里很不方便。

（2）「そうです」的连用形「そうでし」很少使用，多用「そうだ」的连用形「そうで」。「そうです」也有连接接续助词「ので」的用法，可以将其看作连体形，但用例很少。例如：

今日はお客さんが来るそうですので、外出は見合わせました。/因为今天客人要来，所以不出门了。

（3）传闻助动词「そうだ」通常使用现在式。没有「～そうだった」（过去式）和「～そうではなかった」（否定形）的形式。

四、传闻助动词「そうだ」各活用形的用法

（一）终止形

① 彼は学生だそうだ。/听说他是学生。

② 祖父の話では昔この辺は一面の林だったそうです。/据祖父讲，过去这一带是一片树林。

③ 山下さんはテニスが上手だそうです。/听说山下网球打得不错。

④ 昨日は暑かったそうです。/听说昨天很热。

⑤ 天気予報によると、明日雨が降るそうです。/据天气预报报道，明天要下雨。

⑥ 馬さんの息子は今年小学校に入学ができないそうです。/听说小马的儿子今年不能升入小学。

⑦ 田中さんはひどく頭が痛くて、先に帰ったそうだ。/听说田中头疼得厉害，就先回去了。

（二）连用形

① 佐藤さんはお腹がひどく痛むそうで、病院に行きました。/佐藤去医院了，据说是因为肚子痛得厉害。

② 皆さん、元気だそうで、何よりです。/听说大家身体都很棒，这太好了。

③ 雪の多い所だそうでして、冬は大変らしいです。/听说是个常下雪的地方，冬天似乎很难熬。

五、传闻助动词「そうだ」的主要用法

传闻助动词「そうだ」接在活用语的终止形后面，表示所叙述的内容是从别人那里听说的，相当于汉语的"听说……""据说……"，有时与表示信息来源的「～によると/よれば」或者「～では」呼应，构成「～によると、～そうだ」的句型。

① 今日は雨だそうだ。/听说今天要下雨。

② 今年の冬は例年より寒いそうだ。/据说今年冬天比往年要冷。

③ 山田さんが入院した<u>そう</u>です。/听说山田住院了。

④ 天気予報によると、明天は天気がよくなる<u>そうだ</u>。/据天气预报报道，明天天气将变好。

⑤ テレビのニュースによれば、たばこを吸う人が減っている<u>そうです</u>。/据电视新闻报道，吸烟的人在减少。

⑥ 友達の話によると、あの店のラーメンはおいしい<u>そうです</u>。/据朋友说，那家店的拉面很好吃。

⑦ 噂では、李さんと良子さんは近く結婚する<u>そうです</u>よ。/据传闻，小李和良子马上就要结婚了。

⑧ 政府の発表によると、消費税は値上げしない<u>そうです</u>。/根据政府的公告，消费税不会上涨。

【注意】

「そうだ」多用在句末。当它位于句中时，除了连用形，还可以后续が、から、けれども、し等接续助词来使用。例如：

① 李さんは日本へ行った<u>そう</u>ですが、本当ですか。/听说小李去日本了，是真的吗?

② 鈴木さんが入院した<u>そう</u>ですが、どこの病院かご存知ですか。/听说铃木住院了，您知道是哪家医院吗?

③ 町中は大変賑やかだ<u>そうだ</u>から、行ってみよう。/听说街上很热闹，去看看吧。

④ 彼女は美しい<u>そうだ</u>けれども、少し年を取りすぎている。/听说她很漂亮，就是年纪大了些。

⑤ 谷口君は家も売った<u>そうだ</u>し、畑も売ったそうだ。/听说谷口把房子卖了，地也卖了。

||● 知识扩展 ●||

（一）表示传闻「そうだ」与「ということだ」的用法区别

表示传闻时，除用「そうだ」外，还可用「~という話（こと）だ」「~との話（こと）だ」。二者虽都可表示传闻，但在使用场合上有区别。「そうだ」本身含有说话人相信所得到的情况基本是正确的、与事实相符合的判断。所以，当听说的内容与现实情况有矛盾时，不用「そうだ」，而用「~という話（こと）だ」「~との話（こと）だ」。因为这种表达方式是客观地传达得到某种情况这一事实，是引用别人的话进行叙述，并不包含说话人的判断。下面的①②两句可以用「そうだ」替换，而③④两句则不能。

① 来週、山田さんは退院できる<u>ということだ</u>。/据说山田下周可以出院。

② 話によると、電車事故で多くの死傷者が出た<u>とのことだ</u>。/据说由于电车事故造成了很多人伤亡。

③ 彼はきのう来る<u>ということだ</u>ったから、外出をとりやめたのに、来なかった。/

听说他昨天要来，所以取消了外出，但是他没来。

④ 天気予報によると、午後雨が降る<u>ということだ</u>ったのに、雲一つなく晴れ渡っている。／据天气预报说下午要下雨，但结果却是万里晴空。

另外，「そうだ」多用于较随便场合的口语中，而「ということだ」则为书面语，常用于信函和新闻广播中。例如：

⑤ 水野さんの話では、先生には最近お体の具合が悪い<u>とのこと</u>で、くれぐれもお大事になさってください。／听水野说，老师最近身体欠佳，请务必注意身体健康。

⑥ また、今朝は普段通りに家を出ましたが、学校には行っていなかった<u>ということです</u>。／据说今天早上与往常一样离家上学去了，可没有去学校。

（二）传闻助动词「そうだ」与样态助动词「そうだ」

使用这两种助动词时要特别注意它们的接续法，因为接续法不同，意思完全不同。例如：

① 雨が降る<u>そうだ</u>。／听说要下雨。
　 雨が降り<u>そうだ</u>。／好像要下雨。
② 彼は元気だ<u>そうだ</u>。／听说他很健康。
　 彼は元気<u>そうだ</u>。／看上去他很健康。

第六章

助　词

第一节　助词的分类

助词附属在体言和用言等独立词后面，无活用，不具备具体的、实际性的词汇意义。其作用是表明句子中词与词之间的语法关系并不同程度地增添各种语法意义。如「桜が咲く」中的助词「が」接在体言「桜」后面，表示「桜」是动词「咲く」的主语；又如，「頼むぜ」中动词「頼む」后的助词「ぜ」表达了叮嘱、提醒的语气。

在助词的分类上，根据出发点和标准的不同存在多种学术意见。按照助词所起的作用来看，总体上可以将其分为"关系助词"和"添意助词"两大类。

关系助词是表示实词、词组、句子等相互之间关系的助词，可进一步细分为三小类：格助词、接续助词和并列助词。例如：

①ニワトリが鳴く。（格助词）／公鸡在叫。

②暑いので、冷房をつけた。（接续助词）／因为热，所以开空调了。

③太郎君と花子さんがペアになった。（并列助词）／太郎和花子组成了一对。

添意助词是主要用于为上接词、词组增添语法意义、调整句子语气、表达说话人对叙述内容态度的助词，也可细分为三小类：提示助词、副助词和终助词。例如：

①この場所は現地の人も知らない秘境の地だ。（提示助词）／这个地方是当地居民也不知道的秘密场所。

②今日こそは、課題を終わらせるぞ。（副助词）／就是今天，要把课题完成哦。

③弱い者いじめをするな！（终助词）／不要欺负弱者！

有些助词根据特定的规则可以叠加使用。

第二节　格助词

一、格助词的概述

格助词的"格"，指的是体言或相当于体言的词、词组在句子中的地位以及与其他词之间的关系。格助词接在体言或相当于体言的词语之后，表明该词与其他成分之间的关系，即格关系。格助词共有10个，即「が・の・を・に・で・へ・と・から・まで・より」。

二、格助词的分类

根据其在句中的作用，格助词可以分为主格助词、领格助词、宾格助词、补格助词。

主格助词：が、の。

领格助词：の、が。

宾格助词：を。

补格助词：と、を、に、へ、で、から、まで、より。

主格助词接在充当谓语叙述主体的体言后面，表明该体言的主格地位。领格助词表示体言与体言的修饰、限定关系，领格指处于领格地位的体言是对于后面的体言（被修饰语）的限定、说明。宾格助词表明体言的宾格地位，其接续的体言是谓语动词叙述所涉及的对象或结果。补格助词接在体言后面表明该体言是对于谓语叙述的补充说明。

三、格助词的用法

部分格助词可以重叠使用。此时，可视为前一个格助词与其所附体言在一起构成相当于体言的词语，再与后面的格助词接续，由后面的格助词表示这个相当于体言的词语在句中的语法关系。例如：

① 日本<u>からの</u>お客様をお迎えに行きます。/去迎接来自日本的客人。

② この先も、新たな薬物は次から次<u>へと</u>開発されるだろう。/以后，新的药品也会不断地被研发出来吧。

格助词可以和部分副助词重叠，其位置有前有后。格助词可与提示助词重叠，格助词在前。但值得注意的是，主格助词与提示助词重叠时，由提示助词顶替主格助词，宾格助词与部分提示助词（如：は）重叠时也被其顶替。另外，格助词可与并列助词重叠，位于并列助词之后。格助词不能和接续助词重叠。补格助词以及接续助词「て」能和领格助词「の」重叠，位于「の」之前。

（一）主格助词"が"

接在体言或者用言连体形之后，还可以接在某些助词、副词之后。其意义和用法如下：

1. 表示主语成分

（1）表示主语。

① 信号<u>が</u>赤から青になった。/红灯变成了绿灯。

② 彼女<u>が</u>私の妹です。/她是我的妹妹。

（2）表示从句主语。

① 日本では、仏教<u>が</u>広く民衆の間に広まったのは、鎌倉時代のことだ。/在日本，佛教在民众中广泛地传播开来是在镰仓时代。

② 僕が君を叱るのは、君に期待しているからだ。/我训斥你是因为对你抱有期望。

（3）表示主谓语句中谓语部分的主语。

① 象は鼻が長い。/大象鼻子长。
② 私は歌が得意です。/我擅长唱歌。

（4）表示疑问句的主语。疑问词做主语时用「が」，其回答的主语也要用「が」。

①「昨日誰が来た?」「佐藤さんが来た。」/"昨天谁来了?""佐藤来了。"
② あんなくだらない番組、誰が見るもんですか。/那么无聊的节目，谁看呀。

（5）表示比较的一方。

① 冬は東京より北京の方が寒い。/冬天北京比东京冷。
② 夏子より純子の方が背が高い。/纯子比夏子个子高。

2. 表示对象语成分
表示希望、需要、好恶、巧拙、难易、能力、感觉等的对象的体言部分叫对象语。

① ああ、暑い。何か冷たいものが飲みたい。/啊，真热，我想喝点冷饮。
② 今回のシンポジウムの日程が知りたいんですが。/我想了解一下这次论坛的日程。

3. 表示连体修饰关系
接在体言及活用词连体形后，后续体言、助动词。文言色彩较浓。

① 仕事をやるがゆえに、困難を恐れてはならぬ。/因为要工作，所以不能害怕困难。
② 千円が値打ちはある。/值一千日元。

4. 重复同一词语表示强调
① 夏が夏で本当に暑い。/夏天真的很热。

（四）主格助词"の"

「の」作为主格助词时，与「が」一样后接用言，构成主谓结构。当「の」表示主语或对象语时，它一般不是以谓语形式结束句子，而是以「体言＋の」的连体修饰语形式出现，来修饰后面的体言。

① 桜の咲く頃に一緒に京都に行きましょう。/等到樱花开放的时候我们一起去京都吧。
② 授業の始まるベルが鳴っています。/上课铃响了。
③ ピアノのうまいのが大評判だ。/因擅长弹钢琴而闻名。
④ これは患者の熟考した末の意思である。/这是患者在深思熟虑后做出的决定。

但并非定语从句中的主格助词「が」都可以用「の」替代。被定语从句修饰的体言是实质性体言，且定语从句较短，构成较简单时，定语从句中的主语既可用「が」也可用

「の」。当定语从句修饰的不是实质性体言或定语从句较长时，主语用「が」，不用「の」。另外，定语从句中有副助词等助词时，也不用「の」。

⑤ 10 人ばかりが集まる会。/十人左右的集会。

⑥ 老人までが借り出された戦争。/就连老人也被征用的战争。

⑦ バスを降りてからが遠い村。/下了汽车还有很长路的村子。

（三）领格助词"の"

接在体言或用言连体形之后，还可以接在某些助词、副词之后。其意义和用法如下：
构成定语，以修饰后续的体言，表明其所属、所有、所在、时间、地点、方向、目的、顺序、性质、状态、数量、材料以及表示同位关系等。

① 日本語学部の学生（所属）/日语系的学生

② 田中の辞書（所有）/田中的字典

③ 広州の大学（所在）/广州的大学

④ 日曜日の朝（时间）/星期日早晨

⑤ 南のほう（方向）/南边

⑥ 五千年の歴史（数量）/五千年的历史

⑦ 病気の人（状态）/病人

⑧ 車の模型（性质）/车的模型

⑨ 鉄の棒（材料）/铁棍

⑩ 2 番目の信号（顺序）/第二个红绿灯

⑪ 部長の鈴木（同位）/铃木部长

（四）宾格助词"を"

接在体言或某些助词之后。其意义和用法如下：

1. 表示宾语，后续他动词表示动作直接涉及的对象

① 本を読む時、眼鏡を掛けます。/看书的时候戴眼镜。

② 今日は新しい洋服を買いました。/我今天买了新衣服。

③ アメリカで留学している彼女を恋しがる。/想念在美国留学的女朋友。

④ 私は毎朝納豆を食べる。/我每天早上吃纳豆。

2. 表示使役者（动作的实际执行者），后续自动词使役形式

① 一番安全な方法はまず病人を入院させることだ。/最安全的办法是先让病人住院。

② 子供を泣かせないようにしてください。/请别把孩子弄哭了。

③ あの有名なタレントは突然引退を公表し、世間を驚かせた。/那位著名的艺人突然发表隐退声明，在社会上引起了轰动。

④ 経済を発展させます。/发展经济。

3. 表示行为，后续他动词、表示动作进行的时间或状况

① 私は英語教室に参加するなど、充実した夏休みを送りました。/我暑假参加了英语班等，过得很充实。

② 少女ローラはやさしい両親の愛を受け、幸せな日々を過ごしてきたが、母を不治の病で失ってしまう。/少女萝拉原本深受父母宠爱，过着幸福的生活，但后来母亲因不治之症去世了。

③ お忙しいなかをお邪魔して、すみませんでした。/在您百忙之中打搅了，实在对不起。

（五）补格助词"を"

1. 表示移动时离开的场所、出发点，接移动性自动词

① おじいさんは15歳の時故郷を離れて、一人で大都会の上海へ向かいました。/爷爷15岁的时候只身一人离开故乡，去了上海。

② 電車を降りて、15分ぐらい歩いたら病院に着く。/下了电车走15分左右就到医院了。

当「を」接在「大学・病院・故郷・家」等表示长期生活场所的词后，可以表示永久或彻底离开之意。

③ 大学を卒業して10年ぶりの再会は本当に楽しかった。/大学毕业十年后的聚会实在令人开心。

2. 表示移动时经过的场所，接移动性自动词

① 鳥のように空を遊びたいです。/真想像小鸟那样在空中飞翔。

② バスが山の下を通る。/公共汽车经过山下。

3. 表示状态

① あの人は高い鼻をしている。/那个人鼻梁很高。

② 知っていながら、知らないふりをしている。/虽然知道，但是装作不知道的样子。

4. 表示经过的时间、数量、界限

① もう八時をまわっている。/已经过八点了。

② 五年を隔てて再会する。/隔五年后重逢。

（六）补格助词"に"

接在体言或相当于体言的词或词组、用言连体形、动词连用形之后，还可以接在某些助词之后。其意义和用法如下：

1. 表示动作、作用发生的时间、场合

① 試験の申込が24日の午後6時に締め切られる。/考试报名于24号下午6点截止。

② 子供が眠っているうちに、買い物に出かけてきた。/趁孩子睡觉的功夫出去买了

趟东西。

2. 表示存在的场所

① 川には大鉄橋が掛かっている。/河上挂着大铁桥。

② お台場の高級マンションに住んでいる人たちを見ると、美ましいよ。/看到那些住在台场高级公寓的人们，真是羡慕极了。

3. 表示拥有者

田中さんには兄弟が三人いる。/田中有三个兄弟。

4. 表示移动性动作的接触点、归着点、目的地

① 愛ちゃんは十時に部屋に入りました。/小爱十点进入了房间。

② 去年、転勤で新しい住まいに移りました。/去年由于调动迁到了新居。

5. 表示动作的目的

① このごろは退屈しのぎに撮影を習っています。/最近为了解闷正在学习摄影。

② 秋から3月頃にかけて、合格祈願に白山神社を訪れる方が絶えません。/从秋天到3月份的这段时间，到白山神社祈祷合格的人络绎不绝。

6. 表示动作、作用涉及的对象

① お父さんはお母さんが言ったことに賛成しました。/爸爸赞成妈妈的话。

② 故宮博物館は、今年の中国の子供の日に同博物館を14歳以下の子供たちに無料開放することを発表した。/故宫博物馆发布了将于今年儿童节向14岁以下的孩子免费开放的消息。

7. 表示变化、演变、决定的结果，常用「～になる」「～にする」的形式

① 視覚障害者は盲導犬と一緒に列車に乗れるようになった。/如今视觉障碍者可以和导盲犬一起乘坐列车了。

② 私はコーヒーにします。千枝子は? /我要咖啡。千枝子你呢?

8. 表示事物、动作的状态

彼はスポーツ選手に見える。/他看起来像运动选手。

9. 表示比例、分配的基准

① 中国は、今世紀中ごろに3人に1人が高齢者になると見られている。/据统计，中国到了本世纪中期每3个人里面就有1个高龄者。

② 年に二回海外旅行に行きます。/每年去海外旅行两次。

10. 表示比较、评价的标准

① 私のふるさとは海に近いが、駅に遠い。/我的老家离海很近，但是离车站很远。

② 妹はお酒に弱いから、もう飲ませないことにしよう。/妹妹酒量不好，就不要再让她喝了吧。

11. 表示原因

这里所指的原因主要是自然界的，或无法控制的情感方面的原因。

① あまりの悲しさに声も出ない。/悲伤得发不出声音。
② この夏、毎週釣りに行ったから、日に焼けて顔が真っ黒になりました。/这个夏天，每周都去钓鱼，脸被太阳晒得黑黝黝的。

12. 表示名目

① 父は大学進学の祝いに新しいノートパソコンを買ってくれました。/作为考上大学的礼物，爸爸给我买了一台新的笔记本电脑。
② 私には私としての考えがある。/我有我自己的想法。

13. 表示主语

「に」表示主语时常后续提示助词「は・も」，当动作主体为第二、三人称时，表示尊敬的含义，并常与其他各种敬语表达形式配合使用。

① 先生にもお変わりがないようで、何よりのことでございます。/看到老师您安然无恙，真是再好不过了。
② 貴社におかれましては、念願のアメリカ進出を果たされたとのこと、まことにおめでとうございます。/听说贵公司终于把业务拓展到了美国，谨表祝贺。

14. 表示情感、能力、感知的主体

① お前に分かる問題なら僕にだって解けないはずはない。/你都懂的问题我不可能解答不出来。
② 彼の言葉は、僕にはどこか皮肉めいて聞こえた。/他的话听起来有点讽刺的意思。
③ それは私には無理ですよ。/那事我可干不来。

15. 表示被动句中的施动者

① 贅沢な時代だ。僕が子供の頃は、鉛筆一本粗末にしても、親に叱られたものだった。/现在真是个奢侈的时代。我小时候连浪费一支铅笔都会被父母责骂。
② 逃げ回っていた鼠は、とうとう猫に捕まえられた。/四处逃跑的老鼠终于被猫逮住了。

16. 表示使役的对象

① 目が悪いお爺さんは、孫に新聞を読ませました。/眼睛不好的爷爷让孙子给他读了报纸。
② 彼の行動は多くの人に反感を起こさせました。/他的行动引起了众多人的反感。

（七）补格助词“で”

接在体言或某些助动词之后，其意义和用法如下：

1. 表示动作、作用的场所

① あの人とどこかで会ったことがある気がします。/我总觉得似乎在哪里见过他。

② 先週の金曜日、私は広州体育館で、すばらしいサッカーの試合を見た。/上周五，我在广州体育馆看了一场精彩的足球比赛。

2. 表示范围、范畴

① ゴールデンウィークに東京に行きます。東京で何か面白いイベントなどあったら教えてください。/我黄金周时去东京。要是东京有什么好玩的活动，请告诉我。

② 花の中ではバラが一番美しいです。/在花之中，玫瑰最美丽。

3. 表示状态、条件、态度、资格

① 直美さんは彼氏と二人で海外旅行に行きました。/直美和男朋友两个人去海外旅行了。

② これで仕事が終わります。/工作到此结束。

4. 表示动作、行为的方法、手段、工具、材料

① 世の中には、金で買えないものがたくさんあります。/世上有许多用金钱无法买到的东西。

② 弟はいつも新聞紙で紙飛行機を作ります。/弟弟经常用报纸折纸飞机。

5. 表示根据、原因、理由，多用于表示客观、直接的原因，并且产生消极的结果

① 彼は今度の事件で有名になった。/他由于这次事件而出名了。

② そのくらいのことで泣くやつがおるか。/哪有因为这点小事就哭的！

6. 表示总和

① さらに三人のメンバーが入って、会員は全部で40人になった。/又有三个人参加，队员总数达到了18人。

② こんな絵葉書は、12枚で一組になっています。/这样的明信片是12张一套。

7. 表示时间范围、限期（截止的时间）

① 現在でも科学では解決できないことがたくさんあるんだ。/即使是现在仍存在着大量无法用科学解决的问题。

② 私が東京に来てから今日でちょうど一年になる。/截至今天，我来东京刚好一年了。

8. 表示行为的主体

此时主体多为机关、团体或组织等集合体。当行为主体为个人时，主要用于区别双方。

① 警視庁で未成年者犯罪の取り締まりに全力を挙げています。/警视厅正在全力以赴取缔未成年犯罪活动。

② 大企業と小企業ではボーナスがずいぶん違う。/大企业的奖金与小企业的完全不一样。

（八）补格助词"へ"

接在体言或某些助词之后，其意义和用法如下：

1. 表示方向或到达点

① 一匹の猿が木の上<u>へ</u>登っては、また下<u>へ</u>降りる。/一只猴子在树上爬上爬下。

② 小鳥は、あちら<u>へ</u>飛んで行きました。/小鸟朝那边飞去了。

2. 表示动作、作用的对象

① これは先生<u>へ</u>の手紙です。/这是给老师的信。

② 生徒の英語力の向上を図るには、生徒の英語学習<u>へ</u>の意欲を高めることが大切です。/要想提升学生的英语能力，很重要的一点是提高他们对英语学习的兴趣。

3. 表示流动的时间点，一般常用「ところへ」等形式

① 出かけようとしているところ<u>へ</u>お客さんが来ました。/正要外出的时候来客人了。

② 寝ようとしているところ<u>へ</u>電話が掛かってきた。/正想睡觉的时候来了电话。

（九）补格助词"より"

接在体言或相当于体言的词、用言连体形之后，还可以接在某些助词之后。其意义和用法如下：

1. 表示比较的基准

① 北京の交通は前<u>より</u>ちょっと便利になりました。/北京的交通比以前便利了一些。

② 昨日<u>より</u>今日、明日<u>より</u>明後日と自分が強くなっていく。/今天胜昨天，后天胜明天，这样自己一点点强大起来。

2. 表示时空等范围的界限、起点

此为书面语的说法，在口语中常用于正规的场合，如讲演、主持等。可用「から」代替。

① 遠方<u>より</u>昔の友人がやってきた。/昔日好友自远方至。

② この映画は 7 月 10 日<u>より</u>上映される。/这部电影将于 7 月 10 日开始上映。

③ ここ<u>より</u>先に何もありませんよ。/自此处起后面什么都没有哦。

3. 表示排除其他，进行限定

① 私にできることをコツコツやる<u>より</u>仕方ない。/除了勤勉做好自己力所能及的事情外，别无他法。

② どうしても大学に通う気が起きないのなら、もう退学する<u>より</u>ないだろう。/怎么都不想上大学的话，除了退学恐怕别无选择了吧。

（十）补格助词"から"

接在体言或某些助词之后，其意义和用法如下：

1. 表示动作、作用在时间、空间、事项、人物关系等方面的起点、出处

① 天安門広場<u>から</u>北京駅まで行きます。どのバスに乗りますか？／我要从天安门广场去北京站，该坐哪路公交车？

② 子供<u>から</u>大人まで楽しめる番組です。／大人和孩子都爱看的节目。

③ 民間団体<u>から</u>の支援も福島県の復興への大きな励ましとなりました。／来自民间团体的支援也成为福岛县复兴的巨大激励。

2. 表示动作、作用的主体、出处

① 地元の人はこの街には何もないというけど、よそ者の僕<u>から</u>見るといいものがいっぱいある。／虽然当地人说这条街道什么都没有，但从我这个外人看来有很多好东西。

② お手紙は係り<u>から</u>それぞれの国へ送ります。／信件由办事人员寄到各个国家。

3. 表示顺序的起点

① 得点の高いほう<u>から</u>順に発表します。／按得分的高低顺序发表。

② 日本近代文学は、夏目漱石<u>から</u>読み始めた。／从阅读夏目漱石的作品开始，逐渐接触了日本近代文学。

4. 表示事物构成的原料或要素

① 酒は米<u>から</u>造る。／酒是用米做的。

② この全集は、全部で六巻<u>から</u>なっている。／这部全集共由六卷构成。

5. 表示原因、理由
一般接在名词后，以区别于表示原因、理由的接续助词「から」。

① イスラム教の信者は宗教的な理由<u>から</u>豚肉を食べない。／伊斯兰教的信徒出于宗教原因不吃猪肉。

② ちょっとした油断<u>から</u>大変なことになります。／因一时疏忽大意，酿成重大事故。

6. 表示根据、来历

① 主治医の話<u>から</u>、容疑者にはてんかんの持病があることが判明した。／从主治医生的话得知嫌疑犯有癫痫病。

② 探査機の観測結果<u>から</u>、火星表面の4箇所で水と過塩素酸塩の化合物を確認した。／根据探测机的观测结果，在火星表面的四处地方发现水与高氯酸盐的化合物。

7. 接在数量、重量的词语后，表示最低限度的估算，强调数量之多

① この河は深いところは10メートル<u>から</u>ある。／这条河最深的地方超过 10 米。

② あの人は5000万円<u>から</u>の借金を抱えているそうだ。／听说他欠了 5000 多万日元的债。

（十一）补格助词"まで"

接在体言、动词连体形或某些助词之后，其意义和用法如下：

1. 表示动作、作用在时间、空间、事项、人物关系等方面的终点或到达点

① 彼女はわざわざ空港まで迎えに来てくれました。/她特意到机场来迎接我。

② 私は怠け者で、日曜日はもちろん、普通の日でも、たいてい12時ごろまで寝ている。/我是个懒人，星期天不用说，就是平时也要睡到12点左右。

③ レポート提出の締め切りは月末までです。/报告的提交截止日期是月底。

2. 表示程度、范围

① 若者どころか、老人まで一生懸命に働いている。/别说年轻人，就连老人也拼命工作。

② そんなことをすると、子供にまで笑われるよ。/做那样的事情的话，就连小孩子也会笑话。

（十二）补格助词"と"

接在体言、用言连体形或某些助词之后，其意义和用法如下：

1. 表示动作、行为的共同实施者或者对象

① 就職について親と話し合った。/和父母谈了谈就职的事情。

② わがままな人とは、一緒に仕事をしたくない。/不想和任性的人一起工作。

2. 表示引用、思考、称谓、叙述等的内容

多后续「言う・教える・書く・聞く・答える・叫ぶ・頼む・述べる・思う・考える・見る・見える・認める・称する・呼ぶ・申す」等动词。

① 物価がこれからもっと上がると思う。/我认为物价今后还要涨。

② 英語のトランプという名詞には「切り札」以外に「頼もしい人」という意味があります。/英语中"trump"这个名词除了"纸牌"之外，还有"可靠的人"的意思。

3. 表示事物演变、转化或认定、决定的结果

多后续「なる・する・変わる・決まる・決定する」等动词。

① 明日の会議は延期と決まった。/已决定明天的会议延期。

② 女の子ばかりの会話では決まって恋愛や美容が話題となる。/女孩子在一起聊天时，一定会谈到恋爱和美容。

4. 表示比较的对象或基准

① 牛肉と比べて豚肉は価格が安く、味の差別化が難しいため、加工品にする場合が多い。/比起牛肉，猪肉价格便宜，因难以区分味道，所以常被做成加工食品。

② 人とではなく、自分と比べてください。/不要和他人相比，要跟自己相比。

5. 表示动作、行为进行的方式、样态

① 私は思ったことを口で伝えるのが苦手ですが、いったん頭で整理して文字にする作業ではすらすらと自分の気持ちが表せます。/我不擅长口头表达自己所想的内容，但通过先在脑海整理一遍再写成文字，就能够很顺畅地表达出自己的心情。

② ベンチに腰かけ、コーヒーを飲みながらのんびりと木を見上げた。/在长椅上坐下，一边喝咖啡一边悠闲地仰望树木。

6. 表示比喻

① 手足と頼む親友。/亲如手足的朋友。

② ゴミが積まれて山となる。/垃圾堆积成山。

第三节　接续助词

一、接续助词的概述

接续助词主要接在用言、助动词的有关活用形之后，在复句中连接前后两项，起承前启后的作用，表示并列、对等、因果、假设和转折等意义。

二、接续助词的分类

接续助词按其意义，一般分为三类：并列的如「て・し・ながら・つつ」，顺接的如「ば・と・たら・なら・から・ので」，逆接的如「が・けれども・のに・ものの・ところが・ところで・ても」等。

常用的接续助词有「て・し・ながら・つつ・ば・と・たら・なら・ては・ので・ために・くせに・ゆえ・が・けれども・のに・ものの・ものを・ところ（か）・ところで・ても（でも）・とも・たって（だって）・や・なり」。

三、接续助词的用法

（一）て

「て」通常接在用言连用形之后，接在五段动词后一段要发生音便。接形容动词后为「で」，接表示否定的「ない」时，有「ないで」「なくて」两种形式。其意义及用法如下：

1. **表示动作、行为、状态的并列、对比、添加**

① 広州では安くて美味しいレストランがいっぱいあります。/广州有很多又便宜又好吃的饭馆。

② 朝は6時に起きて夜は10時に寝る。/早上6点起床，晚上10点睡觉。

③ 社会施設も整っていて、環境もよく、住みよい町です。/社会福利设施齐备，环境良好，是个适合居住的地方。

2. **表示动作、行为、状态的发生顺序**

① 今夜、ピザを注文して、家で映画を見ましょう。/我们今晚叫比萨，在家里看电影吧。

② 風邪薬を飲んで寝ました。/吃了感冒药睡觉了。

③ 夏は過ぎて秋が来た。/夏天过去了，秋天来了。

3. **表示动作所采取的方式、状态、手段**

① 私はラジオの講座を聞いて英語を勉強しています。/我在听广播讲座学习英语。

② 木村さんは有名人の物まねをして、彼女を笑わせた。/木村模仿名人，逗得女朋友发笑。

4. **表示动作、行为、状态的原因、理由**
「て」表示原因时比「から」「ので」所表示原因和结果之间的关系要弱些。

① このごろ体がだるくて、外より家でのんびりしたいです。/我最近浑身无力，不想出门，想舒舒服服地待在家里。

② この公園は緑が多くて、環境もいいです。/这个公园绿植很多，环境也很好。

5. **表示前后的逆接关系**
「て」表逆接的语气没有「のに」强烈。

① 体に悪いと知っていて、タバコが止められない。/虽然知道抽烟对身体不好，可还是戒不掉。

② あれだけひどいことをされて怒らない彼は本当に偉いです。/遭到那样过分的对待却毫不生气，他真是了不起。

6. **反复使用同一动词或形容词，以表示对其程度的强调**

① うれしくてうれしくて、言葉にできない。/高兴得说不出话。

② 走って走ってやっと間に合った。/跑啊跑啊，拼命地跑，终于赶上了。

7. **连接动词、补助动词和补助形容词**

① ちょっと説明して頂きたいです。/想请您说明一下。

② きれいな花が咲いています。/美丽的花儿盛放着。

③ すぐ事務室に来てほしいですけど。/希望你马上来一下办公室。

（二）し

接用言和助动词的终止形之后，其意义和用法如下：

1. 表示并列、添加

① 今日は雨も降っている<u>し</u>、風もひどくなりそうだし、出かけるのはやめましょう。/今天下雨，看样子还要刮风，我们就别出去了吧。

② 朝は早い<u>し</u>、夜は遅くまで残業しなければなりません。/早上起得早，晚上又要加班到很晚。

2. 表示原因、理由，前项是理由之一

① 田中君、お腹も出てきた<u>し</u>、何か運動を始めたらどうですか。/田中，你的小肚子也很明显了，开始做点运动怎么样。

② さあ、食欲の秋だ。柿も食べごろ、秋刀魚も出盛りで安い<u>し</u>、たくさん買って食べましょう。/秋天是食欲旺盛的季节。正是吃柿子的时候，秋刀鱼也正大量上市，很便宜，多买些来吃吧。

（三）ながら

接动词连用形、形容词终止形、形容动词词干、名词以及部分助词之后，其意义和用法如下：

1. 表示逆态接续

有时为表示强调，可用「ながらも」的形式。

① 子供<u>ながら</u>に、なかなかしっかりとした挨拶であった。/虽然是小孩，但是讲话很得体。

② 夫は自分に非はないと思い<u>ながらも</u>、家を出た妻を捜す。/丈夫虽然觉得自己没有错，但还是去寻找离家出走的妻子。

2. 接动词连用形后，表示两个动作同时或交替进行

① 携帯のメールを見<u>ながら</u>、運転するのは危険である。/边看手机边开车是很危险的。

② 私はいつもバラエティー番組を見<u>ながら</u>、晩ご飯を食べます。/我经常边看综艺节目边吃晚饭。

3. 表示原样不变的持续状态、情况

① 生まれ<u>ながら</u>の優れた才能に恵まれている。/天生就有卓越的才能。

② 実家は昔<u>ながら</u>の農家なので、小さい頃から作業の手伝いをさせられた。/我老家从前就是农户，所以我从很小的时候起就帮忙干农活。

4. 接数词后，表示所有、全部

① 兄弟三人<u>ながら</u>秀才です。/兄弟三人都是秀才。

② 三日ながら雨天だった。/三天都是雨天。

（四）つつ

接动词连用形之后，其意义和用法如下：

1. 表示逆态接续

有时为表示强调，后加「も」。

① 大酒は悪いと知りつつ、なかなか改められない。/虽然知道喝多酒不好，但就是改不了。

② 勉強しなければならないと思いつつも、毎日パソコンゲームをやっている。/尽管知道要好好学习，但每天都在打游戏。

2. 接动词连用形后，表示两个动作同时或交替进行

① 皆は、美しい満月を眺めつつ、月餅を食べている。/大家一边遥望着美丽的满月，一边吃月饼。

② 伝統を守りつつ、新しいものを創作するのは彼の作品の特徴である。/他的作品的特征是在保留传统的同时有所创新。

3. 以「～つつある」的形式表示动作行为正在进行中，一般用于书面语

① 我が国では、改革開放政策のおかげで、国民の生活は日増しに向上しつつある。/多亏了改革开放政策，我国国民的生活日益改善。

② 新学期に入ってから、学生たちの日本語の成績は、少しずつ、上がりつつある。/新学期以来，学生们的日语成绩慢慢提高了。

（五）ば

接在用言假定形之后，其意义和用法如下：

1. 表示假定顺接条件

① タクシーで行けば、30分ぐらい行けます。/坐出租车的话，30分钟左右就能到。
② 高くても品がよければ、買っておこう。/即使贵，如果质量好就买下来吧。
③ 小さい力でも長いあいだ根気よく努力していれば、夢はいつか実現できる。/即使力量很小，只要长期坚持努力下去，总有一天梦想会实现。

2. 表示恒常顺态条件
即具备了某种条件，就必然会发生某种情况。多用于表达超时间的真理、谚语、格言以及事物的习惯、特性等。

① 春が来れば、花が咲きます。/春天到了就会开花。
② 台風が近づけば、気圧が下がる。/台风临近，气压就会降低。
③ 三人寄れば、文殊の智恵。/三个臭皮匠，顶个诸葛亮。

3. 以「～も～ば～も」的形式表示并列

① 台風の季節には風も吹けば、雨も降る。/台风的季节又是刮风又是下雨。

② 疲れている時もあれば、いいときもある。人は毎日が同じ体調であることはないんだ。/有时会疲倦，有时会精神抖擞。人的身体状况并不是每天都相同的。

4. 表示前项动作是后项动作的转机

① 彼は変わり者だという評判だったが、会ってみれば、うわさほどのことではなかった。/都说他是个怪人，见面一看，倒不像传言中的那样。

② 落ち着いて考えてみれば、自分にも責任があることが分かった。/冷静一想，发现自己也有责任。

5. 表示习惯性、反复性的动作

① 新商品が出れば、すぐに買ってしまう癖がある。/ 有只要一出新品就马上买的毛病。

② 私は暇さえあれば、一人でこもって日本舞踊の稽古をする。/我一有空，就一个人闭门不出练习日本舞蹈。

6. 用于劝说听话人采取某个行动

① 教えてあげれば? /就告诉他吧。

② やってみれば? /试着做做吧。

7. 提示根据、出处、话题、理由

① 田中君の話によれば、彼の先祖は大名だったらしい。/据田中讲，他的祖先好像是地方诸侯。

② この記録によれば、その城が完成したのは11世紀末のことだ。/根据这项记录，那个城堡是在11世纪末建成的。

（六）と

接在用言终止形之后，其意义和用法如下：

1. 表示假定顺接条件

① そんなに食べると太るよ。/吃那么多的话会胖的。

② お母さんは風邪を早く治さないと、もっと大変な病気になる可能性があると思っています。/妈妈认为感冒若不及早治好，有可能会发展为大病。

③ 早く行かないと、間に合いません。/如果不快点去，就赶不上了。

2. 表示恒常条件

① 気温が低いと桜はなかなか咲かない。/气温低的话，樱花迟迟不开。

② 夏が来ると、暑くなります。/夏天一到，天气就变热。

③ 一に二を加えると、三になる。/一加二等于三。

3. 表示习惯性、反复性的动作

① このボタンを押すとドアが開きます。/按这个按钮的话门就会开。
② 私はお酒を飲むと、いつも頭が痛くなる。/我一喝酒就会头痛。

4. 提示同时或相继发生的动作

前后项一般是同一主体，动词一般都是意志动词，后项谓语多用动词过去时。

① トンネルを出ると、そこは銀世界だった。/一出隧道，就看到一片银白色的世界。
② 駅に着くと、友達が迎えに来ていた。/到了车站，朋友已经等在那里。

5. 提示根据、出处、话题、理由

① テレビによると、大雨のため、飛行機が飛ばないそうです。/据电视报道，因为大雨飞机不起飞。
② 天気予報によると、明日は晴れるそうです。/天气预报说，明天是晴天。

（七）たら

1. 表示后项动作发生的个别的、一次性的、偶然的外界条件

① そんなことを言ったら、彼女は泣くだろう。/说了那样的话，她会哭的吧。
② 食堂へ行ったら、マリーさんに会いました。/去饭堂，碰见玛丽了。

2. 表示后项事物发生的时间点

可用「と」代替。后项为过去形式。

① トンネルを抜けたら、日が暮れていた。/出了隧道，发现天已经黑了。
② 外を見たら、雨が降っていた。/向外望去，发现下雨了。

3. 表示"之后"的意思

可用「～たあと」代替。后项多为表示请求的形式。

日本に着いたら、電話でもください。/到了日本后，请来个电话。

（八）なら

「なら」是断定助动词「だ」的假定形，后续「ば」可构成「ならば」的形式，但是口语中常常只说「なら」而省略了「ば」。接动词、形容词终止形、名词、形容动词词干和部分助词、副词之后，其意义和用法如下：

1. 表示假定顺接条件，或举出一项事物作为前提，然后承接此话题展开叙述

① 時間なら心配はありません。/时间方面你不必担心。
② 有名な作家の小説なら、どれでも面白いとは限らない。/知名作家的小说也未必每本都有趣。
③ お好きなら、あなたにあげましょう。/你喜欢，就送给你吧。

2. 表示前项是后项陈述的认可条件或内容

① あんなひどいことを言われた<u>なら</u>、あなたが怒るのも無理はない。／被人说了这么过分的话，也难怪你生气。

② いや<u>なら</u>いやと、はっきり言うはずなのに、日本人はそうしない。／不同意就该明确地说不同意，可日本人不这样。

（九）ては

接用言、助动词连用形，接在五段动词后一般要发生音便，形容动词和形容动词活用形，助动词的连用形「で」后接「は」构成「では」的形式。其意义和用法如下：

1. 表示假定条件，后项多为消极或否定的内容

① 叔父は事業家で色々な事に手を出し<u>ては</u>失敗する、いわば山気の多い男であった。／我的叔叔是企业家，尝试做过很多事情都以失败告终，是个冒险心旺盛的男人。

② あの人は先物取引などへ投資を続ける一方、失敗して多額の損失を出し<u>ては</u>複数の金融機関や知人から借金を重ねた。／他不断地投资期货交易，接连失败导致严重亏损，跟很多金融机构和熟人都借了钱。

2. 表示某动作、现象反复出现

① 何度も書い<u>ては</u>消し、消し<u>ては</u>書き直して、ようやくいい原稿ができました。／写了又删，删了又写，终于写出了好稿子。

② 食事量を極端に制限し、やせた状態になっても体重が増えることを恐れ、食べ<u>ては</u>吐くことを繰り返す人もいるそうだ。／据说有人极端地控制自己的饭量，即使很瘦了仍担心体重增加，每次吃了就吐出来。

（十）から

接在用言终止形之后，表示原因、理由。表示说话人解释原因、理由，其前后两项并不一定存在内在的因果关系，后项多表示主观意志，如决心、推量、请求、委托、命令、禁止、劝诱、希望、询问等。

① 雨が降るかもわからない<u>から</u>、傘を持っていったほうがいいですよ。／或许会下雨，所以最好带伞去。

② お願いだ<u>から</u>、早く。／拜托了，快点。

③ 子供を連れてもいい<u>から</u>、あなたも出席してください。／带孩子来也没关系，请你也参加吧。

（十一）ので

接在用言连体形之后，表示客观的原因，后项一般不能表示主观意志，如推量、请求、命令、禁止等。

① 2日も徹夜していた<u>ので</u>、疲れるのも無理はない。／已经通宵了2个晚上，难怪

会累。

② もう遅い<u>ので</u>、これで失礼いたします。/时候不早了，我这就告辞了。

③ 試験が近づいた<u>ので</u>、みんな一生懸命勉強しています。/快要考试了，所以大家都在拼命学习。

（十二）ため（に）

接在「体言＋の」或用言、助动词连体形之后，表示原因和理由。

① 世間をうまく渡り、成功する<u>ため</u>には、戦いに勝つことにこだわるよりも、争わないように勤めることが大切です。/要想在社会成功，比起固执于在斗争中获胜，更重要的是与世无争地勤勉工作。

② 大雨の<u>ため</u>、一行はやむなく登頂を断念しました。/因为大雨，一行人不得不打消登上山顶的念头。

③ 日本では、二酸化炭素の排出量を抑制し地球温暖化を食い止める<u>ために</u>、色々な取り組みが行われている。/在日本，人们采取了各种各样的办法来减少二氧化碳排放量，阻止地球温暖化的进程。

（十三）ゆえ（に）

接在体言或「体言＋の（が）」、用言连体形或「用言连体形＋（が）」之后，表示原因和理由。

① 部下を評価する立場になると、優しすぎるが<u>ゆえに</u>、思い悩む人も少なくない。/要对下属进行评估的时候，有很多人因为自己的标准太宽松了而感到烦恼。

② 日本は、島国<u>ゆえに</u>、海運業が盛んになったと言われている。/正因为日本是一个岛国，所以海运业比较发达。

（十四）が、けれども（けれど・けども・けど）

两者都接在用言终止形之后，其语法意义基本相同。「が」多用于书面语，男性多用，比较生硬、郑重；「けれども（けれど、けども、けど）」多用于口语，女性多用，比较委婉、柔和。其意义和用法如下：

1. 表示转折

① 雨が降ってきた<u>が</u>、試合は続行します。/虽然下起雨来了，但比赛还要继续进行。

② 成績も大切だ<u>けど</u>、体を壊しては元も子もないよ。/成绩虽然重要，但是如果身体垮了那可就鸡飞蛋打了。

③ 私は日光の紅葉がみたい<u>けど</u>、道がとても込むんでしょうね。/我想去看日光的红叶，但是道路应该会很堵吧。

2. 表示并列或对比、对照

一般与提示助词「～は、～は」「～も、～も」的形式搭配使用。

① 彼女は器量もあるが才識にも富んでいる。/她既漂亮又有才学。

② 英語はできますが、日本語はできません。/会英语，但是不会日语。

③ 母が病気だったんですけど、姉はしっかりしていて、母親代わりでした。/妈妈生病了，姐姐认真地代行母职。

3. 用于交代后项所需的前提，起承上启下的作用

① 部長、今回の仕事ですが、ぜひ、私に担当させていただけませんか？/部长，这次的工作请务必让我来负责，好吗？

② 失礼ですが、お名前を伺ってもよろしいでしょうか。/不好意思，请问您尊姓大名？

4. 用于句末，使语气显得委婉

① さっき警察に同じ事を何回も聞かれたんですけどね。/同样的事情刚才已经被警察问了好几次了。

② 私も、お店に近い方が通勤に楽なので、それこそ広岡さんが住んでいらっしゃるようなアパートがよかったんですけど。/我也觉得住在店附近上班方便，所以广冈先生现在住的这种公寓是很好的。

（十五）のに

接在用言连体形之后，也可接在形容动词或断定助动词的终止形后，其意义和用法如下：

1. 表示确定逆接条件，后项含反常、意外、责怨、不满等语气

① 隣は留守のはずなのに、人の声がします。/邻居家应该没有人，却有说话的声音。

② 頑張っているのに、日本語が全然上達しなくて…/我很努力了，可是日语完全没有进步。

③ ご病気中なのに、わざわざ見送りいただきまして、誠に恐縮です。/您患病中还专程为我送行，我实在是诚惶诚恐。

2. 以不理解、惊讶的语气，表示前后两项的对比、对照

① お兄さんはよく勉強するのに、弟は授業をよくさぼる。/哥哥学习很用功，而弟弟却经常逃课。

② もう十二月なのに、何でこんなに暑いんだろう。/已经十二月了，怎么还这么热？

3. 以厌倦、感伤之类的语气表示意外事件的连续发生

言外之意是前一事件发生后，按道理应向事态的另一端发展，而实际上仍向相同方向发展。故可看作心理上的逆态结果。

① 昨日も残業したのに、今日も残業することとなっている。/昨天加班了，今天又要加班。

② 三回も勝ち続けたのに、今度もまだ勝ったという。/已经连赢了三次，听说这次

又嬴了。

（十六）くせに

接在「体言＋の」或用言、助动词连体形之后，表示逆接条件，指后项事态从前项内容的前提来看不符合常理，有时含责备非难的语气。

① 彼女は、自分ではできないくせに、いつも人のやり方に文句を言う。/他自己不会，却还总挑别人的毛病。

② 好きなくせに、嫌いだと言い張っている。/明明很喜欢，却硬说不喜欢。

（十七）ものの

接在用言连体形之后，其意义和用法如下：

1. 表示确定逆接条件

后项出现与前项相反的情况，或后项与前项相矛盾。

① 彼女は演技力などにまだまだ課題はあるものの、悪女としてのただならぬオーラや凄味、勢いで言えば現時点でNo.1の悪女役と言っていい。/尽管她的演技还有很多值得改善的地方，但就那种非同寻常的坏女人气场、凶相以及气势而言，她可称得上是扮演恶女的最好演员。

② 緑陰の涼を求めて多くの観光客が訪れた夏場ほどではないものの、この時期ならではの風情を楽しみながら散策する人の姿が見られる。/夏天很多游客来此享受阴凉的绿荫，此时虽然比不得夏天，但也有不少人一边欣赏着此季节特有的风情一边四处走动。

2. 表示虽承认前项的事实，但仍有后项的种种的情况；或表示前后项的对比

① 今回の首脳会談は開催にこぎ着けたものの、曲折の連続だった。/这次的首脑会谈虽然最终得以召开，但当中曲折连连。

② 日本では外国人を活用する動きがあるものの、語学や資格のハードルが高すぎる。/日本虽然出现了起用外国人的动向，但是语言能力和证书的门槛很高。

（十八）ものを

接在用言、用言型助动词连体形或断定助动词终止形「だ」后，说明事态没有如愿发展，或表明自己的态度，含有责怪、不满、后悔、埋怨、遗憾等语气。

① これほど頼んでいるものを、なぜ引き受けてやれないんだ。/都这样恳求你了，你为何不肯答应呢？

② 本当のことを言えばいいものを、彼は嘘をついて信用を失ってしまった。/原本老实说出来就好了，但他却撒谎失去了信用。

③ 彼は日本語を続けて勉強すればいいものを1年間やっただけでやめてしまった。/他要是将日语继续学下去就好了，然而仅仅学了一年就放弃了。

（十九）どころ（か）

接在体言、用言连体形、形容动词词干之后，其意义和用法如下：

1. 表示否定前项而强调后项

① 叱られる<u>どころか</u>、自分の非を素直に認めたのはよろしいといって、かえって褒められた。/我不但没有受批评，反而被表扬说能坦率地承认自己的错误很好。

② 休養する<u>どころか</u>かえっていつもより仕事に励んだ。/非但没有静养，还更加努力工作。

2. 表示确定顺接条件
前项为后项的契机，后项多为意外的结果。

① 肌の色<u>どころか</u>、言語も、宗教も異なる遠来の難民のために、彼は援助を求めて駆け回り、たゆまずに奮闘した。/远来的难民们不但肤色迥异，语言和宗教也不相同，但他为了替他们争取援助而四处奔波，毫不懈怠地奋斗着。

3. 表示假定逆接条件
前项多为未成立的事项，表示非但前者不成立，连最低限度的后项都不能成立。后项为说话者的评价、意见、判断等，且多为消极的内容。

① あの人は文章<u>どころか</u>自分の名前すら満足に書けない。/他甭说文章了，连自己的名字都写不好。

② これは藝術作品<u>どころか</u>、見るに堪えないほどのできだ。/这别说算得上艺术作品，就连看都不值得看。

4. 以出乎意料或对照的语气，说明后项结果与前项非但不符，且与之正相反

① IQの低さの原因を人種に求めるという議論を論駁する<u>どころか</u>、彼のデータはそれを事実上補強することになっている。/他的数据非但没有驳倒 IQ 低的原因在于人种这一论断，反而从事实上加强了佐证。

② 現代の教育は、暗記重視で、クリエイティブな面は伸ばされる<u>どころか</u>、押さえつけられます。/现代教育重视背诵，这哪里是发展创造，反而是在填鸭子。

（二十）ところで

接在「动词连用形＋た」之后，其意义和用法如下：

1. 表示假定逆接条件，假定前项的事项或条件成立，也无法期待有什么积极的结论、后果

① この時代、会社に忠誠を誓った<u>ところで</u>一生を保障してくれるとは限らない。/如今这个时代，即使你向公司宣誓忠诚，它也不一定能给你一生的保障。

② タクシーで行った<u>ところで</u>、もう間に合わない。/即使坐出租车去也已经来不及了。

2. 和疑问词相呼应，表示任何努力都不能得到预期的结果

① いくら頼んだ<u>ところで</u>、あの人は引き受けてはくれないだろう。/即使使劲求他，他也不会接受吧。

② どんなに頑張った<u>ところで</u>、あのチームには勝てないだろう。/即便怎么努力，也赢不了那支队伍吧。

3. 与后项表示限度的词语相呼应，表示即使发生了某事，其程度、数量等都是微不足道的

① 泥棒に入られた<u>ところで</u>、価値のあるものは本ぐらいしかない。/即使小偷钻进来也没什么可偷，有价值的也就只有书了。

② 会社と言った<u>ところで</u>、その時は社員が三人しかなかった。/虽说是个公司，但当时只有三个员工。

（二十一）ても（でも）

接在动词和形容词连用形之后，接在五段动词后一般要发生音便，其意义和用法如下：

1. 表示假定逆接条件

① ピアノはだいたい小さい項から習うだろう。いまさら教室に入っ<u>ても</u>、間に合わないじゃないか。/钢琴一般应该从小开始练习吧。现在去学也来不及了。

② たとえ両親に反対され<u>ても</u>彼との結婚は諦めない。/即使遭到父母反对，我也要和他结婚。

2. 表示确定逆接条件

① 広州では、冬になっ<u>ても</u>雪が降らない。/在广州，即使到了冬天也不会下雪。

② 国へ帰っ<u>ても</u>ここの人々の親切は忘れないだろう。/即使回国，也忘不了这里人们的友好感情。

3. 常用「といっても」等形式，表示虽然承认前项，但后项出现部分否定、限制性内容

① 庭がある<u>といっても</u>、猫の額ほどです。/虽说有院子，但只是巴掌大的地方。

② 日本語ができる<u>といっても</u>、基礎を勉強しただけですから、まだまだです。/虽说会日语，也只是学过一些基础，还差得远。

4. 以并列的形式举出两个相近的或相反的行为或状态，表示结果都一样

① 一日ぐらいなら食べても食べなく<u>ても</u>、体重は大して変化しない。/仅一天的话，无论吃不吃饭，体重也没什么变化。

② 好きでも好きでなく<u>ても</u>宿題をやらなければなりません。/无论喜不喜欢，都必须做作业。

5. 接在疑问词后，表示全面肯定或全面否定

① いくら給料が高く<u>ても</u>、残業がそんなに多ければ、就職するのはいやだ。/加班那么多的话，不管报酬多高都不愿意在那里工作。

② いくら食べ<u>ても</u>太らない。/不管怎么吃也不胖。

③ あの人は何<u>でも</u>知っている。/他什么都知道。

（二十二）とも

接在动词、动词型助动词的终止形与形容词、形容词型助动词连用形及「う・よう」「まい」「ず」等助动词之后，与「ても」意义大致相同，为书面语，是现代日语中的文语残留，但使用较多。

1. 表示逆接，即后项的成立不受前项所述条件的约束

① 誰に何を言われよう<u>とも</u>、堂々と胸を張り、前を向いて生きていってください。/无论被谁说了什么，请您都堂堂正正地挺胸向前迈进。

② どんなに苦しく<u>とも</u>、最後まで諦めないで、頑張るつもりです。/无论多么苦，我也打算坚持不懈地奋斗到最后。

2. 重复出现，以列举方式表示强调

① 病人であろう<u>とも</u>年寄りであろうとも、何の配慮もなしに、敵は攻撃を仕掛けてくる。/不论病人，还是老人，敌人都毫不宽容地对其进行攻击。

② 物は試みだからできよう<u>とも</u>できないともやってみたほうがいい。/一切都要敢于尝试，成也好，不成也好，最好做做看。

3. 接部分表示程度的形容词、副词后，表示程度

① AFP通信によると、この事故で少なく<u>とも</u>10人が死亡、37人が負傷した。/据AFP通讯报道，这场事故中至少10人死亡，37人负伤。

② 隣のイタリア料理店の営業時間は、一般的には8時半から19時、遅く<u>とも</u>20時です。/隔壁的意大利餐厅一般是8点半到19点营业，最晚到20点。

（二十三）たって（だって）

接在动词、形容词连用形之后，接词尾为「ナ・バ・マ」的五段动词后要发生音便为「だって」，断定助动词、形容动词以及形容动词型助动词也用「だって」的形式，另外也常以「ったって」的形式接在用言及助动词的终止形以及部分体言之后。「たって（だって）」与「ても」意义大致相同，但是只用于口语。其意义和用法如下：

1. 表示尽管承认前项，仍有后项的不足或限定

① どんなに早く読め<u>たって</u>三日ぐらいはかかるだろう。/无论读得多快，总得要三天吧。

② 何かを書きたい<u>ったって</u>、全然余裕がない。/想写点什么，却一点儿空闲都没有。

2. 表示前项不足以使得后项成立

① あの人はいくら食べ<u>たって</u>太らないんだそうだ。/听说那个人无论怎么吃都不胖。

② あの人はどんなにつらく<u>たって</u>、決して顔に出さない人です。/他这个人，无论多么痛苦也从不表现在脸上。

（二十四）や

接在动词、部分动词型助动词的终止形之后，或以「～やいなや」的形式表示两个行为、动作同时或相继发生。

① 飲食店で腰を下ろす<u>やいなや</u>、友人たちはスマートフォンを取り出し、ゲームを始めた。/刚在饮食店坐下，朋友们就纷纷拿出智能手机开始玩游戏。

② あの映画は 2015 年 11 月から上映が開始される<u>やいなや</u>大反響を呼び、公開初日満足度ランキングで見事 1 位に輝いた。/那部电影 2015 年 11 月刚一上映就获得极大反响，成功在首映日满意度排行榜获得头筹。

（二十五）なり

接在动词、部分动词型助动词的终止形之后，其意义和用法如下：

1. 表示两个行为、动作同时或相继发生

① 彼は帰ってくる<u>なり</u>食事もせずに寝てしまいました。/他一回来饭都没吃就睡觉了。

② 小学 2 年で来日した当初は日本語が全く分からず、半年ほど毎日教室に入る<u>なり</u>泣いていた。/小学 2 年级刚来日本时日语一点都不会说，有大概半年的时间每天一进教室就哭。

2. 接在「动词连用形＋た」之后，表示状态的接续

① 家へ帰って、一日部屋へ入った<u>なり</u>考え込んでいた。/回到家一整天都关在房间里思考。

② 茶碗の側に新聞を置いた<u>なり</u>、開けて見る気にならない。/报纸一直放在茶碗旁边，没有心思打开来看。

第四节　并列助词

一、并列助词的概述

并列助词用来表示词或词组乃至分句之间的并列关系，可使体言、相当于体言的词

语、用言及助动词的连体形和连用形、副词等并列。并列助词一般接在所并列的词语之间，或接在每个并列的词语之后。它借助格助词或助动词构成主语、宾语、补语、定语、谓语等成分。与格助词或提示助词重叠使用时，并列助词在前；与副助词重叠使用时，并列助词可前可后。

常用的并列助词有「か・たり・だの・と・とか・なり・に・の・や・やら」。

二、并列助词的用法

（一）か

接在体言、用言、助动词终止形之后。其意义和用法如下：

1. 以「～か～か」的形式表示列举若干事项，从中择一

「～か～か」中的后一个「か」往往可以省略，相当于汉语的"或是""还是"等。

① 醤油<u>か</u>ソース<u>か</u>をつけて食べてください。/蘸点酱油或者醋吃吧。

② 今日<u>か</u>明日先生のお宅にお伺いします。/我今天或者明天去老师家拜访。

2. 以「～か～ない（かの）うちに～」的形式表示前后两个动作几乎同时发生

① ピクニックの日の朝、娘はとても嬉しそうにしていた。「行って来ます」と言い終わる<u>か</u>終わら<u>ないか</u>のうちに玄関を飛び出していった。/要出去郊游的那天早上，女儿显得非常高兴。只见她一句"我走了"语音未落，就已经跑出了大门。

② 銃の引き金に指が触れた<u>か</u>触れ<u>ないか</u>のうちに、弾がびゅんと飛び出した。/手指刚碰到枪的扳机，子弹就"砰"地一声飞了出去。

（二）たり

接在用言连用形，接在五段动词后一般要发生音便。

1. 表示动作在某一时间内交替进行或状态交替出现

① 人間は、皆喜ん<u>だり</u>、悲しん<u>だり</u>して一生を終えるのだ。/人都是悲欢交加地结束这一生。

② 動物園の熊は、檻の中を行っ<u>たり</u>来<u>たり</u>している。/动物园的熊在笼子里走来走去。

2. 用「～たりする」的形式举出具有代表性的动作或状况，暗示还有其他诸如此类的事情

① 嘘をつい<u>たり</u>などしてはいけません。/不允许撒谎什么的。

② 部屋を汚くし<u>たり</u>するのはよくありませんね。/把房间搞脏之类的事情可不好啊。

（三）だの

接在体言、动词、形容词终止形和形容动词词干之后，也可接在动词命令形之后，表

示不完全列举，其内容多为负面的，含有非难语气。

① 彼は給料が安い<u>だの</u>、休みが少ない<u>だの</u>と文句が多い。／他总是抱怨工资低、休假少等等。

② 彼女は市場に出かけると、肉<u>だの</u>野菜<u>だの</u>持ちきれないほど買ってきた。／她一到市场，就又是买肉又是买菜，一直买到最后都拿不动了才罢休。

③ 彼はいつ会っても会社を辞めて留学する<u>だの</u>、何<u>だの</u>と実現不可能なことばかり言っている。／每次见到他都说要把工作辞了去留学之类的空话。

（四）と

接在体言之后，有时也接在动词终止形之后，表示单纯的并列、列举。

① 朝日新聞<u>と</u>読売新聞<u>と</u>毎日新聞は日本の三大新聞です。／《朝日新闻》《读卖新闻》和《每日新闻》是日本的三大报纸。

② あなたのやり方<u>と</u>考え方はおかしいですね。／你的做法和想法有点奇怪啊。

（五）とか

接在体言、用言终止形之后，其意义和用法如下：

1. 表示举例性并列

① 夏休みには清水寺<u>とか</u>金閣寺<u>とか</u>へ遊びに行きました。／暑假时去清水寺、金阁寺等地方玩了。

② 同窓会で、先生<u>とか</u>友達<u>とか</u>、色々な人に合いました。／在同学会上，碰到了老师、朋友等许多人。

2. 与「言う」「話す」等词一起使用，表示引用或传闻的内容

① うわさでは、彼女は今までもう三回も結婚したことがある<u>とか</u>。／据小道消息说，好像她已经结过三次婚了。

② 雪子さんはなんか今日は体調がよくなくて休む<u>とか</u>言ってた。／雪子好像说因为身体不舒服，今天不上班了。

（六）なり

接在体言、动词、形容词终止形、形容动词连用形以及部分助词、副词之后，其意义和用法如下：

1. 列举两个同类事项，表示数者择一，选择的结果可不限于所列举的项目

① 電話<u>なり</u>手紙<u>なり</u>で知らせる。／用电话或者写信通知。

② お昼は自分で作る<u>なり</u>、出前をとる<u>なり</u>、とにかく外出をしないでください。／午饭自己做或者叫外卖，总之不要出门。

2. 接在两个意义完全相反的词后，表示"忽而……忽而……""时而……时而……"

① 旅行には大なり小なり危険がつきものだ。/旅行或多或少有些风险。

② 大なり小なり人には欠点がある。/人多多少少都有缺点。

（七）に

接在体言、动词连用形以及部分形容词连体形之后，表示列举、添加、配合等，其意义和用法如下：

1. 表示对同类事物的添加

① 私が嫌いなのはピーマンにセロリに人参です。/我讨厌青椒、芹菜还有胡萝卜。

② この製品はゴムにベークライト等の絶縁物を使っている。/这个产品使用了橡胶和电木等绝缘物质。

2. 表示相关事物的对照、配合

① 東 男に京女。/京都的婆娘关东的汉。

② 鬼に金棒。/如虎添翼。

3. 以「动词连用形 + に + 同一动词」表示动作或作用的持续、反复、强化

① さあ待ちに待った夏休みが始まるぞ。/嘿，期待已久的暑假要开始了。

② 汽車は遅れに遅れて、北京駅に着いたときは夜中を過ぎていた。/火车不断晚点，到北京站的时候，已经过了半夜了。

（八）の

接在体言、用言终止形和副词之后，其意义和用法如下：

1. 表示不完全并列

① 掃除をするのとご飯を作るのと少しも暇がない。/又是打扫卫生又是做饭的，一点空闲都没有。

② ここのとそこのと、探すまでもありません。/不必到处寻找。

2. 表示强调

「の」常接在用言终止形后，以「～の～ないの（って）」或「～の～なんの（って）」的形式表示强调。

① 汚いの汚くないの、まったく話にならない。/脏得简直不像话。

② 痛いのなんのって、とてもがまんできない。/痛得简直无法忍受。

3. 表示引用

常带有不耐烦的语气，一般使用「～の～のと」「～の～ないのと」「～の～なんのと」形式。

① 部屋が狭いの汚いのと言って、けちをつけている。/说房间小啦、脏啦，尽挑

刺儿。

② あの二人は、なくなった本について、貸したの借りていないのと言い合っている。/那两人为了一本丢了的书争吵不休，一个说借给你了，一个说我没借。

（九）　や

接在体言、相当于体言的句节和部分副词之后，表示不完全并列，常以「～や～や～など」的形式与副助词「など」呼应使用。所并列的最后一个项目之后不再用「や」，多翻译为"……啦……啦"。

① 田中さんはカメラを買いました。みんなの写真や風景を撮りたいと言っています。/田中买了相机。他说想为大家拍照，还有拍风景，等等。

② 今、事務室に中村さんや加藤さんがいます。/现在，办公室里有中村和加藤。

③赤いのや黄色いのが飛び交っている。/红的、黄的在飞来飞去。

（十）　やら

接在体言、用言连体形或「用言连体形＋の」之后，语感比「や」随便。用「やら」表列举时，最后并列的一个词后一定还要加上一个「やら」。其意义和用法如下：

1. 表示同类事项的不完全并列

① 動物園には象やらライオンやら熊やら、いろいろな動物がいます。/动物园里有各种各样的动物，像大象啦、狮子啦、熊啦，等等。

② 昨日は大雨が降るやら、大風が吹くやら、たいへんな天気でした。/昨天又是下大雨，又是刮大风，天气糟透了。

2. 常以「～のやら～のやら」的形式，列举相反事项或情况，表示不知是哪一方

① 男なのやら女なのやら、区別のつかない恰好をしている。/打扮得分不清是男的还是女的。

② この薬は効くのやら効かないのやら、誰も分かりません。/谁也不知道这药有没有效。

第五节　提示助词

一、提示助词的概述

提示助词与谓语相呼应，起提示、强调作用，或增添某种语法意义。

提示助词接在体言、用言连用形、副词及部分助词之后。提示助词提示主语或宾语成

分时，可以代替格助词「が」或「を」。提示助词原则上可以与格助词、副助词等其他助词重叠使用，一般接在其他格助词之后。常用的提示助词有「は·も·でも·だって·さえ·すら·しか·こそ·なんて」。

二、提示助词的用法

（一）は

接在体言、副词、助词以及活用词的连用形之后，其意义和用法如下：

1. 提示主题或话题

① 林さんのお父さんは大学の教授です。/小林的爸爸是大学教授。

② 地球は丸いのです。/地球是圆的。

③ 昨日の映画はとてもおもしろかったです。/昨天的电影十分有趣。

2. 表示对比和区别

① 大きい字は見えますが、小さい字は眼鏡をかけなければ見えません。/大的字可以看得见，小的字必须戴眼镜才能看清楚。

② ワインは飲めますが、ウイスキーは飲めません。/红酒可以喝，但威士忌喝不了。

③ この子はうちではよく話しますが、外ではあまり話しません。/这个孩子在家里滔滔不绝，但在外面就不怎么说话。

3. 表示特别强调，后续否定语时加强否定语气，常与助词「に·と·で·より·から·まで·へ」等重叠使用

① 昼ご飯は食堂で食べます。食堂では安く食べられるから。/午饭在食堂吃。因为在食堂吃很便宜。

② 梅雨季節には、食べ物も腐りやすい。/梅雨季节，食物也容易腐烂。

③ 私はこの会社の社員ではありません。/我不是这个公司的员工。

（二）も

接在体言、副词、助词以及活用形的连用形之后，有时可接在形容词、动词连体形和形容动词词干之后，其意义和用法如下：

1. 表示同类事物的累加

一般用「Aは～、Bも～」的形式。如只说「Bも～」，那么「Aは～」作为前提被省略。有时「も」后的语句可以承前省略。

① お母さんは教師です。私も教師です。/妈妈是教师，我也是教师。

② 彼は車を買いました。彼の弟も車を買いました。/他买了车，他的弟弟也买了车。

③ 今日も寒いです。/今天也很冷。

2. 表示并列性统括

常以「～も～し～も」或「～も～ば～も」的形式表示两个同类事项的并列。

① 佐藤さんは成績が良いし、歌も堪能です。/佐藤不仅学习成绩好，唱歌也很好听。

② 日本語の勉強は楽しい時もあれば、苦しい時もあります。/学习日语既有开心的时候，也有困难的时候。

3. 接在疑问词后表示全面肯定

① だれも休みが欲しい。/谁都想要假期。
② どこも行ってみたいです。/想去各个地方看看。
③ どんな時も大丈夫です。/什么时候都可以。

4. 接在疑问词或者不可分割的单数的数量词后表示全面否定

① 公園にはだれもいなかったです。/公园里空无一人。
② 試験問題は一つもわかりません。/试题一道都不会。
③ 昨日のパーティーでは一人さえも知らなかった。/昨天的聚会上一个人都不认识。

5. 用「～も～も～ない」的形式表示对偶式的否定

① 時間も趣味もない。/既没有时间，也没有兴趣。
② 中国語も英語もできない。/既不会说中文，也不会说英语。

6. 表示类推

举出一个极端的事例，类推更无论其他，多与否定的说法搭配使用。

① 一年生にもできる算数です。/一年级学生都会做的算术题。
② 最近は忙しくてご飯を食べる時間もない。/最近忙得连吃饭的时间都没有。

7. 表示说话人认为数量较大或程度较高

① 渋滞で観光地まで17時間もかかりました。/因为堵车，我们花了 17 个小时才到景区。

② この調査は100人も参加する必要があります。/这个调查需要100人参加。

8. 表示说话人认为数量较少或程度较低

① 家賃は一ヶ月にあたり2000円も要らない。/房租每个月才不到 2000 日元。
② 自分の専攻に関しては少しも言えない。/关于自己的专业什么都讲不出来。

9. 表示说话人主观推测的大致数量

① 王さんの子供は身長が150センチもあっただろう。/王先生的孩子身高应该有150厘米了吧。

② 昨日は雨が何時間も降っただろう。/昨天下了好几个小时的雨吧。

10. 表示说话人认为达到某数量就能使某事项成立

常以「～ば」「～たら」或「～と」的形式表示推测，句尾常与「～だろう」「～でしょう」「～と思う」等相呼应。

① 1 時間もあればゆっくり話すことができるでしょう。/就算有 1 个小时也能好好聊天了吧。

② 先生にも相談したらきっと理解してくれると思う。/跟老师好好说，应该会得到理解的吧。

11. 表示加强语气

① 猿も木から落ちる。/智者千虑，必有一失。

② 頭が痛くて、電話をかける気力もない。/头很疼，连打电话的力气都没有了。

（三）でも

接在体言、副词、助词以及活用词的连用形之后，其意义和用法如下：

1. 表示类推

举出一个极端的事例，类推其他。

① 昼前でも気温が 35 度もある。/就是上午气温也有 35 度。

② 山椒は小粒でもぴりりと辛い、頑丈な人でも病気には勝てない。/花椒就算一小颗也辣得刺人，人就算结实也难敌病痛。

2. 表示例举

随便提出一个或多个事物。多用在会话中，表示婉转、谦逊、曲折等含义。

① そんなに暇だったら、小説でも読めばいいのに。/那么闲的话，哪怕是读读小说也好。

② 今週の日曜日、近くの野生動物園へでも行こう。/这个星期天，我们去附近的野生动物园吧。

③ 今は季節がいいから、海でも山でも楽しいです。/现在正是好季节，去海边也好，去山里也好，都很好玩的。

3. 接在疑问词后表示全面肯定

① 子どものためならどんなことでも我慢できる。/为了孩子无论什么事情都能忍受。

② 誰でも歓迎だ。/无论是谁都欢迎。

（四）だって

接在体言、副词以及部分助词之后，其意义和用法如下：

1. 表示类推

举出一个极端的事例，类推其他。

① 先生だって間違えることはある。/老师也有错的时候。

② 今からだって十分間に合う。/即使现在开始也完全来得及。

2. 接在疑问词后表示全面肯定

① 誰にだって、一つや二つは秘密がある。/谁都有一两个小秘密。

② 彼女はいつだって微笑んでいる。/她无论什么时候都笑容满面。

3. 接在疑问词或者最小数量单位后，与否定内容相呼应，表示全面否定

① 誰だって恥なんかかきたくないよ。/谁都不想出丑啊。

② 一度だって遅刻したことがない。/一次也没有迟到过。

4. 并列正反两项，表示任何一项都不会阻碍后项的成立

① 大きいのだって小さいのだって味には変わりはないよ。/大的也好，小的也好，味道都一样。

② 日本の教育は今だって昔だって塾が支えているんだ。/日本的教育无论是以前还是现在都是由补习班支撑着。

（五）さえ

接在体言、副词、助词以及活用词的连用形之后，其意义和用法如下：

1. 表示类推其他
举出一个极端的事例，类推其他，多带有消极意义。

① 早めに任務を完成するために、老人（で）さえ、残業をされています。/为了早点完成任务，就连老人也被要求加班。

② 一年も日本にいたのに、カタカナさえ読めないのか？/在日本待了1年，连片假名都不会读吗？

2. 表示唯一的最低条件
一般以「～さえ～ば～」的形式出现，相当于"只要……就……"。

① 時間さえあれば、もう少し仕事をやっておきたい。/只要还有时间，还想再多工作一会儿。

② 雨さえ降らなければ、運動会は予定通りに行う。/只要不下雨，运动会按期举行。

3. 表示添加

① いつも心優しい彼でさえ、許してはくれなかった。/就连平常很温柔的他也不肯原谅我。

② ただでさえ大変な育児は、転勤家族にとってはさらに大変である。/照顾孩子已经很麻烦了，对于工作调动的家庭而言更是雪上加霜。

（六）すら

接在体言和格助词之后，为文语表现，其意义和用法如下：

1. 举出一个极端的事例，类推其他

① 専門家ですらはっきりと判断できないことを、私が完全に理解できるはずがない。/就连专家都无法判断的事情，我不可能完全理解。

② 心配されるのが面倒なので、病気のことは親にすら言わなかった。/由于觉得被人担心是件麻烦事，所以生病的事情连父母都没告诉。

③ あの時、私は途方に暮れてしまい、死のうとすら考えていた。/那时，我走投无路，甚至想到了死亡。

2. 表示添加

大企業はもちろんのこと、この辺の町工場ですら週休2日だという。/大企业就不用说了，据说就连这一带的街道工厂都实施双休日了。

（七）しか

接在体言、副词（状态和程度副词）、助词以及活用词的连用形之后，可提示主语、宾语、补语、状语，其意义和用法如下：

1. 与否定形式的谓语相呼应，对数量、种类、程度等进行限定

① コアラはユーカリの葉しか食べません。/考拉只吃桉树叶。

② 帰る時には財布の中には100円しか残っていなかった。/回去的时候钱包里只剩下100日元。

2. 接动词连体形后，以「～するしかない」的形式表示除此之外别无选择

① 息子は桜大学に進学することを希望している。しかし、今の息子の学力ではとても無理だから、別の大学を受験させるしかない。/儿子想进入樱花大学。但是凭他现在的学习水平是不可能实现的，只有让他报考其他大学。

② 修理が無理だとしたら、買いなおすしかないですね。/若修不好，只能重新买一个了。

3. 接在「体言＋で」后，表示不值得评价或评价不高的事物，意为"只不过是……而已""仅仅……而已"

①「準優勝は最後の敗者でしかない。」と彼は悔しそうな顔をしている。/他遗憾地说："亚军只不过是最后一个失败者而已"。

② 彼の態度はまさに冷淡でしかなかった。/他的态度真是冷淡。

（八）こそ

接在体言、副词、接续词、助词以及活用词的连用形之后，用于加强语意，重点突出某事项。

1. 提示并强调主语、宾语、补语、状语等

① 山田さんこそ会長にふさわしいです。/山田才是适合当会长的那个人。

② 今だから<u>こそ</u>こんな事も笑って話せるのです。／正因为是现在才能笑着说出来。
③ 全力を尽くして<u>こそ</u>いい結果がでます。／尽了全力才能有好结果。

2. 以「～ばこそ」「～からこそ」的形式，表示强调既定原因、理由

① 雪だから<u>こそ</u>、うちにいたくない。雪の日にうちにいるのは寂しすぎる。／正因为下雪所以才不想待在家里。雪天在家会感到很寂寞。
② 実は、知らない人ばかりだったから<u>こそ</u>、言いにくいことも言うことができたのだ。／实际上正是因为互不认识，所以才能将难以启齿的事情讲出来。

3. 与接续助词「が」「けれども」等呼应，先明确地肯定前一事态，然后转折

① はっきりと口に<u>こそ</u>出さないけれども、腹の中感謝していらっしゃるよ！／虽然嘴上没讲出来，但心里感谢着呢！
② この料理は形<u>こそ</u>悪いが、味はよい。／这道菜虽然卖相不好，可味道还不错。

（九）なんて

接在体言、相当于体言的句节以及部分助词之后，表示以举例的方式提出话题，意义和用法如下：

1. 表示举例，语气减轻或委婉表达时使用

① お見舞いならカーネーション<u>なんて</u>どうですか。／去看望病人的话，康乃馨之类的怎么样？
② 今日は琴音ちゃんの誕生日だから、ケーキ<u>なんて</u>買ってあげたら、きっと喜ぶと思います。／今天是琴音的生日，给她买个蛋糕什么的话，她肯定会很高兴。

2. 表示轻蔑、责备或者意外的语气

① 病気に<u>なんて</u>負けないぞ。／我可不会输给病痛什么的。
② スキー<u>なんて</u>簡単ですよ。だれでもすぐできるようになります。／滑雪这玩意儿非常简单，不论是谁都能很快学会。

第六节　副助词

一、副助词的概述

副助词表示限定或者增添某种语法意义。副助词与其所附的实词一起构成的句素可以做状语，修饰后面的用言；也可以构成具有体言性质的词语，后接格助词「だ」「である」等组句。
副助词可与其他助词重叠使用，可以代替格助词「が」或「を」。与格助词重叠时，

可在其前，也可在其后；与提示助词重叠使用时，只能在其前；与接续助词重叠时，一般在其后。常用的副助词有「だけ・のみ・きり・ばかり・くらい（ぐらい）・ほど・まで・か・ずつ・など（なんか、なんぞ）」。

二、副助词的用法

（一）だけ

接在体言、副词、助词及活用词连体形之后，其意义和用法如下：

1. 表示限定范围和数量

① このことは君にだけ話すよ。/这件事我只对你说。

② 計画は完璧だ、後は実行するだけだ。/计划很完美，接下来只看实施了。

2. 表示相应的程度

① 遠慮しないで食べたいだけ食べてください。/不要客气，想吃什么就吃。

② これだけ言っても、お前はまだ分からないのか。/我说了这么多，你还是不明白吗？

3. 以「~ば（たら）~だけ」的形式表示随着前项程度的提高，后项也随之提高

① ピアノは練習すればするだけ指が動くようになる。/钢琴只要多加练习，手指就会灵活起来。

② 交渉は時間をかければかけるだけ余計にもつれていった。/这次谈判，花的时间越长，纠纷却反而越大了。

4. 以「~だけに」等形式表示原因

① 一生懸命勉強しただけのことはあって、今度の試験はよくできた。/正因为努力学习了，考试也考得相当好。

② かれらは若いだけに徹夜をしても平気なようだ。/他们到底年轻，即使熬个通宵也不在乎。

（二）のみ

接在体言、助词及活用词连体形之后，属于书面语，口语通常说成「だけ」或「ばかり」。其意义和用法如下：

1. 表示范围的限定

① 後は結果を待つのみである。/接下来只有等待结果了。

② この部屋は会社の幹部のみ入ることができる。/这个房间只有公司的领导才能进去。

2. 表示不限，常用「のみならず」的形式，后项多有「も」呼应

① 彼は映画俳優のみならず、脚本家や監督もしている。/他不单是电影演员，还是

剧本家和导演。

② 最近は不景気で、ビール<u>のみならず</u>お酒全体が売れない。/最近经济不景气，不光啤酒，全部酒类都卖不出去。

（三）きり

接在体言、助词及活用词连体形之后，有时读作「ぎり」或「っきり」，其意义和用法如下：

1. 表示相关事物的限度、限期、限量等，与「だけ」的用法相似

① 今日は特別に許しますが、これ<u>っきり</u>ですよ。/今天是特别许可，仅此一次啊。

② あの人とは三年前に会った<u>きり</u>です。/和他仅在三年前见过一面。

③ あれは机一つある<u>きり</u>の部屋です。/那是一个仅有一张桌子的房间。

2. 以「～たきり」的形式，表示结果的持续

① 寝た<u>きり</u>、ついに起き上がらなかった。/睡着后，最后也没起来。

② 北京で仕事を探すなどと言って、家を出た<u>きり</u>帰ってこない。/说是去北京找工作，离家之后就再没回来。

（四）ばかり

接在体言、部分助词、副词及活用词连体形之后，有时可以插在接续词「て」与补助动词「いる」之间，在口语中有时说成「ばっかり」。其意义和用法如下：

1. 接在表示数量意义的词后，表示大概数量和程度，相当于汉语的"左右""上下"

① 三日<u>ばかり</u>会社を休んだ。/请假三天不上班。

② 少し<u>ばかり</u>でいいから、砂糖をください。/请给我砂糖，一点就可以了。

2. 表示限定范围

① うちの子は漫画<u>ばかり</u>読んでいる。/我家孩子光看漫画。

② 父は末の子に<u>ばかり</u>甘い。/爸爸总是溺爱最小的那个孩子。

3. 接在动词过去时后，表示动作刚发生

① 彼女は日本から帰ってきた<u>ばかり</u>だ。/她刚从日本回来。

② 買った<u>ばかり</u>のパソコンは泥棒に盗まれてしまった。/刚买的电脑被小偷偷走了。

4. 表示一切准备就绪，或动作即将发生，多用「ばかりになっている」「～ん（ぬ）ばかり」等形式

① この事件がきっかけで、社員たちが今まで抑えていた不満が今にも爆発せん<u>ばかり</u>だ。/以这次事件为契机，职员们至今为止压抑着的种种不满如今快要爆发了。

② 魯迅は悲しみと憤りに胸が張り裂けん<u>ばかり</u>である。/鲁迅的胸中充满了悲愤，几乎要迸发出来。

5. 接动词连体形或动作性名词后，表示事情一直朝着坏的方向发展

① 水害のせいか、野菜の値段が上がる<u>ばかり</u>だ。/可能是由于水灾的缘故，蔬菜的价格一直上涨。

② 物価がどんどん上がり、生活は苦しくなる<u>ばかり</u>だ。/物价不断上涨，生活越来越困苦。

③ 現代の食生活や社会環境では、人間の免疫力が弱まる<u>ばかり</u>だ。/在现代的饮食生活与社会环境下，人类的免疫力不断下降。

6. 以「ばかりに」的形式，表示由于某种原因导致不利的结果

① あの女優さんは変な青年実業家と結婚した<u>ばかり</u>に多くの借金を背負っちゃった。/那个女演员因为跟个不靠谱的青年企业家结婚，结果背负了大量的债务。

② 何をやっても自分勝手な<u>ばかり</u>に、失敗を重ねてきた。/由于我自己太任性，无论做什么均以失败告终。

③ 望みが高い<u>ばかり</u>に、なかなか嫁にいけない。/由于眼光太高，所以至今也没能嫁出去。

7. 以「～ばかりか」或「～ばかりでなく～も」的形式，表示递进关系

① 久しぶりに実家に帰った娘に家事に手伝わせない<u>ばかり</u>か、帰るとき、冷蔵庫の物まで持てるだけ持たせてやった。/好久没回娘家的女儿今天回来了，不仅没有让她帮忙做什么家务，临走时还让她把冰箱里的东西带了个够。

② 考えが甘い<u>ばかり</u>でなく、やり方にも問題がある。/不仅想法不成熟，做法也有问题。

（五）くらい（ぐらい）

接在体言、部分助词和副词及活用词连体形之后，其意义和用法如下：

1. 表示大概数量

①40 歳<u>くらい</u>の男が、子供を連れて大通りにでた。/40 岁左右的男子带着孩子走在大道上。

②2 人分<u>くらい</u>のご飯を彼一人で食べた。/他一个人吃了约两个人分量的饭。

2. 表示状态、程度

① そんなに遊びの時間がある<u>ぐらい</u>なら、少し勉強したほうがいいですよ。/若有那么多时间玩耍，不如学习一下。

② 子ども<u>くらい</u>もある大きな犬を見たことがあるか。/你见过跟小孩子一般大的狗吗？

3. 表示最低限度或微不足道

① すこし歩いた<u>ぐらい</u>で疲れた疲れたって言うな。/就走了这么点路，别老喊累了累了的。

② これ<u>ぐらい</u>の損は平気だ。/这么点儿损失我不在乎。

4. 以「ない」呼应的形式表示最高程度,意为"没有比……更……的了" "……最……"

① 中国<u>くらい</u>人口の多い国はない。/没有比中国人口更多的国家了。

② お前<u>ぐらい</u>馬鹿な奴は見たことがない。/没见过像你这么笨的人。

(六) ほど

接在体言、部分助词及活用词连体形之后,其意义和用法如下:

1. 接在表示数量的词之后,表示大致的数量

① 会場にはまだ10人<u>ほど</u>残っている。/会场里还剩下 10 来个人。

② 三日<u>ほど</u>休ませていただきます。/请允许我休息 3 天左右。

2. 以「~ほど~ない」的形式表示比较的基准

① 私の病気はそれ<u>ほど</u>でもないから、明日来られますよ。/我的病并没有那么严重,明天可以来。

② 今度の試験問題は、それ<u>ほど</u>難しくないと、先生が言った。/老师说这次的考试没那么难。

3. 表示动作或状态的程度

① 私の仕事は山<u>ほど</u>ある。/我的工作就像一座大山那么多。

② 二人は驚く<u>ほど</u>似ている。/那两个人惊人地相似。

4. 表示随着前项程度的提高,后项也随之提高,常用「~ば~ほど」的形式

① 圧迫すればする<u>ほど</u>、その反抗は強くなる。/越是压迫,反抗就越强烈。

② 人数は多ければ多い<u>ほど</u>いい。/人数越多越好。

5. 以「~ほど~はない」的形式表示最高级的比较

① 彼女<u>ほど</u>よく勉強する学生はいない。/没有哪个学生像她那么努力学习。

② 中国<u>ほど</u>人口の多い国はない。/没有比中国的人口还多的国家。

(七) まで

接在体言、助词及活用词连体形之后,其意义和用法如下:

1. 表示极端的事例

① 夢に<u>まで</u>見るほど彼女のことが脳裏に焼きついて離れない。/她在我的脑海里留下了深刻的印象,我连做梦都梦到她。

② 病人は自分の名前<u>まで</u>忘れてしまう状態だ。/病人目前处于连自己的名字都忘了的状态。

2. 表示程度、限度

① 日本語を勉強して、留学生試験に合格する<u>まで</u>になりました。/学习日语,直到通过了留学生考试。

② そんなに怒ることはない。本当のことを言った<u>まで</u>だ。/不过是说出了事实而已,不至于那么生气。

3. 表示添加

① 今年いいことばかりだ。新しい家に引っ越したし、子供も生まれた。その上、宝くじ<u>まで</u>当った。/今年尽遇到好事。搬了新家,孩子出生了,甚至还中了彩票。

② こんな寒い風でたくさんなのに、雨<u>まで</u>が降り出した。/这么冷的风就够呛了,偏又下起了雨。

（八）か

接在体言、部分助词、副词及活用词终止形之后,其意义和用法如下:

1. 接在疑问词后表示不确定

① 部屋にだれ<u>か</u>います。/房间里有人。

② 犬はどこ<u>か</u>にいるでしょう。/狗大概（躲）在什么地方。

2. 表示不确切的推断,多用于提示事物的原因、理由、情况等

① 年のせい<u>か</u>、顔が全体に下がってきたような気がします。/可能是年龄的关系,总感觉脸整体逐渐下垂。

② 応援の力<u>か</u>実力以上のできを見せた。/可能是由于大家声援的作用吧,发挥出了比本身实力更高的水平。

3. 以「～とか」「～とかいう＋名词」等形式含糊地提示某一事物,对所引用的内容持有不确定的态度

① 木村さんの息子は貿易協会<u>とか</u>いうところで働いている。/木村家的儿子好像在一个叫什么贸易协会的地方工作。

② 昨日車を点検してもらったところ、店の人にエンジン部品に不具合がある<u>とか</u>言われた。/昨天送车去检查的时候,修理店的人说什么发动机部件有故障。

（九）ずつ

接在数词、程度副词和表示程度的副助词之后,其意义和用法如下:

1. 表示等量的分配

① 薄いノートと厚いノートを2冊<u>ずつ</u>買いました。/薄笔记本和厚笔记本各买了两本。

② 10人<u>ずつ</u>を1チームとする。/以每十人为一队。

2. 表示等量的反复

① 毎朝 1 本ずつ牛乳を飲む。/每天早晨喝一瓶牛奶。

② この薬を1日に3回ずつ服用する。/一天服用三次这种药。

3. 表示均匀变化

① 少しずつ日が長くなる。/白天一点一点地变长。

② 日本に来て以来、日本に対する考え方が少しずつ変わってきた。/来日本后，对日本的想法逐渐改变了。

（十）など

接在体言、体言性词语、用言及部分助动词终止形或部分助词后，在口语中常说成「なんか」「なんぞ」「なぞ」「なんて」等。其意义和用法如下：

1. 表示示例

① 試験中にとなりの人と話したり、携帯を見たりなどのことはしてはいけません。/考试中不能和旁边的人说话、不能看手机等。

② 小泉氏などの政治家にインタビューしました。/采访了小泉等政治家。

2. 举出一例，概括其他

① 家が貧しかったので、小遣いがほしいなど思ったことがない。/以前家里很穷，从没想过要零花钱什么的。

② 時間がないからゆっくりなどしていられない。/没时间了，不能慢吞吞的。

3. 对示例的东西表示轻蔑、谦卑或意外的心情

① そんなバカげた話なんて誰が信じるものか。/这类荒唐话谁信啊。

② そんなに重要な仕事は、私になんかできるはずはない。/那么重要的工作，我这种人担当不了。

第七节　终助词

一、终助词的概述

终助词位于句尾，表示疑问、判断、感叹、劝诱、希望、禁止、警告、命令等各种语气。它可以接在体言、用言的终止形、助词以及其他各种词的后面，与其他助词重叠使用时，只能在其后。终助词在使用习惯上有男女之分，如「かい」「ぞ」「ぜ」等为男性专用，「かしら」「の」「わよ」等为女性多用。

常用终助词有「か・かしら・かな・け（っけ）・こと・とも・さ・ぜ・ぞ・な

（なあ）・ね（ねえ）・の・もの（もん）・ものか（もんか）・よ・わ」。

另外，接续助词「から・が・けれども・のに」等也有终助词的用法。

二、终助词的用法

（一）か

终助词「か」接在体言、动词、形容词、助动词终止形、形容动词词干以及副词、助词之后。其意义及用法如下：

1. 表示疑问、提问

① 机の上に何がありますか？／桌子上有什么东西？

② 明日の会議は何時からですか？／明天的会议从几点开始？

2. 表示反问、反驳，带有怀疑、否定的态度

① 果たしてそうだろうか？／果真是那样吗？

② 本当に行けますか？／真的行得通吗？

3. 表示谴责、责备

① 道に急に飛び出しては危ないじゃないか。／突然跑到路上不是很危险吗？

② こんな簡単な問題も解けないのか？／这么简单的问题都做不出来吗？

4. 接在否定形式后，表示劝诱、恳求、征求对方同意及委婉的命令

① 明日、一緒に映画を見に行きませんか？／明天一起去看电影吧？

② 早くしないか！みんな待っているんだぞ。／快点吧！大家都在等着你呢。

5. 以自言自语的形式表示犹豫不决的意志、愿望

① どうしたらよいか、一つ考えてみよう。／怎么办才好呢？想想吧。

② 明日のデート、どの洋服を着ればいいのかな。／明天的约会穿哪件衣服好呢。

6. 表示惊讶或感叹

① あら、直美ちゃんか！お久しぶり。／啊，是直美啊！好久不见。

② おや、君もいたか。／哎哟，你也在啊！

（二）かしら

终助词「かしら」接在体言、动词、形容词、助动词终止形、形容动词词干以及副词之后，一般为女性用语。其意义及用法如下：

1. 表示怀疑、犹豫，常用于自言自语的场合

① どこかしら、たしか体温計は引き出しの中においてあったはずよ。／体温计在哪儿呢？我记得是放在抽屉里面了啊。

② これを買いに行こうかしら。／要么咱们去买这个？

2. 表示询问、质问

① あなた、今から出れば、終電に乗れる<u>かしら</u>。/老公，现在出发的话，赶得上末班电车吗?

② このワンピースはどう? 私に合う<u>かしら</u>。/这件连衣裙怎么样? 还适合我吧。

3. 接疑问词后表示不确定

① なぜ<u>かしら</u>胸騒ぎがしてならない。/不知为什么闹心得很。

② 息子が新しい幼稚園に行きたくないとごねていたら、どこ<u>かしら</u>おばあさんがやってきて、飴をくれたりするんです。/儿子正在闹别扭不想去新幼儿园的时候，不知从什么地方来了个老奶奶给他糖吃。

4. 以「～ないかしら」的形式自言自语以表示愿望

① 早く終わってくれない<u>かしら</u>。/能不能早点结束呢?

② 毎日雨ばかりいやね、早くいい天気にならない<u>かしら</u>。/每天都下雨真讨厌，怎么还不快点儿转晴呢?

5. 以「～ないかしら」的形式表示请求

① もう一回説明して頂けない<u>かしら</u>。/可以拜托你再说明一次吗?
② この本を貸してくれない<u>かしら</u>。/这本书可以借给我吗?

（三）かな

终助词「かな」接在体言、动词、形容词、助动词终止形和形容动词词干之后。其意义和用法如下:

1. 以自问、自言自语的语气表示疑问，常带有不可理解的语气

① 一日でこんなにたくさんの宿題を済ませるのは可能<u>かな</u>。/一天内有没有可能做完这么多作业?

② これ、おいしい<u>かな</u>。/这个好吃吗?

2. 表示自己的打算

① ちょっとコーヒーでも飲んでいこう<u>かな</u>。/喝点咖啡再走吧。
② 私もやってみよう<u>かな</u>。/我也试试看吧。

3. 表示疑问

① そう<u>かな</u>。/是吗?
② 毎日運動をしているが、なんで痩せないの<u>かな</u>。/每天都运动，怎么还不瘦啊?

4. 以「～ないかな」的形式表示愿望

① ちょっと手伝ってくれない<u>かな</u>。/你能帮我一下吗?
② 早く夏休みが来ない<u>かな</u>。/怎么还不快点到暑假呀?

（四）け（っけ）

终助词「け（っけ）」接在形容动词及助动词「だ・た」终止形之后。其意义和用法如下：

1. 以回忆的语气表示对往事的确认、感叹等

① この本、おもしろかったっけ。/这本书真有意思。
② 子供の頃、よくこの辺りで遊んだっけ。/小时候经常在这一带玩耍。

2. 表示询问或重新确认有些遗忘的事情

① お名前は何とおっしゃいましたっけ？/你叫什么名字来着？
② この前、僕が君に会ったのはいつだっけ？/我上一次见你是什么时候来着？

（五）こと

终助词「こと」接在用言及助动词（「う・よう」「まい」除外）终止形之后，也可接在形容动词连体形之后。其意义和用法如下：

1. 表示感叹、惊讶等语气，女性用语

① まあ、かわいい赤ちゃんだこと。/哇，这个宝宝真可爱！
② ずいぶんお久しぶりですこと。/好久没见啦。

2. 以「～ことよ」的形式表示断定、主张、叮嘱、提醒等，女性用语，语气缓和

① パパを邪魔してはいけないことよ。/不要打扰爸爸哟。
② その万年筆は書きにくいことよ。これをどうぞ。/那支钢笔实在不好写，请用这支吧。

3. 以「～ないこと」或「～いいこと」的形式表示询问、提问，有希望得到对方确认或赞同的口气，女性用语

① みなさんお変わりないこと？/大家都好吧？
② 明日、お宅にお邪魔していいこと？/明天去你家好吗？

4. 表示劝诱或征求意见，多用「～ないこと」的形式，女性用语

① 近くの喫茶店でお茶でも飲みませんこと？/到附近的咖啡店喝杯茶好吗？
② あの映画が面白そうだから、行ってみないこと？/听说那部电影很有趣，我们也去看吧。

5. 表示规定、命令，常用于书面语，语气较生硬

① 応募書類を作成し、学会事務局に締め切り日までに提出すること。/准备好报名资料，在截止日期前提交给学会事务局。
② 休む時は、必ず学校に連絡すること。/如果要请假，必须和学校取得联系。

（六）さ

终助词「さ」接在体言、助词、动词、形容词、助动词（「だ・ようだ・そうだ・らしい」除外）终止形和形容词词干之后，可后续终助词「ね（ねえ）」，一般为男性用语。其意义和用法如下：

1. 表示轻微的断定、主张

① 心配しなくていい。明日は明日の風が吹くさ。/不用担心，明天的事明天再说。
② 言伝よりは直接本人に会って相談するのさ。/与其传口信就不如直接找本人商量。

2. 与疑问词呼应，表示质问、反诘、责怪等语气，多为男性使用

① どうして約束を守らないのさ？/为什么不遵守诺言呀？
② 今まで一体何をしていたのさ？/一直以来你到底都干了什么呀？

3. 接在词、句节之后，起调整或加强语气的作用

① あのさ、この間のお金さ、返してくれない。/哎，上次的钱，可以还我了吗？
② じゃあさ一、明日みんなここに集まって、対応策を考えましょう。/那么，明天大家在这里集合，一起想想对应办法吧。

4. 接在「と」或「って」之后，表示据说、传闻，带有与己无关的语气，有时暗含轻视、嘲讽情绪

① もうおしまいですとさ。/据说已经结束了。
② あいつ、あの声でノド自慢に出たんだってさ。/据说他就凭那副嗓子出席唱歌比赛呢。

（七）ぜ

终助词「ぜ」接在用言、助动词终止形之后，为男性用语，多用于关系亲密者之间或长辈对晚辈。其意义和用法如下：

1. 表示以亲密的语气叮嘱或提醒对方

① 明日は休日出勤だぜ。/明天要加班哦。
② 早くしないと、遅刻するぜ。/不快点的话要迟到喽。

2. 表示得意、告诫、警告、威胁对方，语气较为粗俗

① 勝手にしろ。俺は知らんぜ。/你看着办好了，我可不管。
② あまりくだらん事は言わんほうがいいぜ。/你最好别说些不三不四的话！

3. 表示感叹或感动的语气

① 頑張るぜ。/加油！
② なかなかうまいぜ。/真棒！

（八）ぞ

终助词「ぞ」接在用言、助动词终止形之后，为男性用语，语气比「ぜ」强。其意义和用法如下：

1. 以自言自语的形式表示自己的判断或感觉

① あいつは怪しいぞ。/那家伙有点不对劲。
② あ、郵便屋さんだぞ、手紙がきたかな。/啊，是邮递员。不知来信了没。

2. 表示语气强烈的叮嘱或提醒

① そろそろ出かけるぞ。/现在该出门了。
② いいか、投げるぞ。/准备好了吗？我要扔啦！

3. 表示告诫、警告、威胁对方

① 知らない人について行っちゃダメだぞ。/不能跟陌生人走。
② うそをついたら、承知しないぞ。/你若撒谎，我可饶不了你！

4. 接在助动词「う・よう」之后，表示反语、反诘，多用于书面语

① あの提案には、誰が賛成できようぞ。/有谁会赞同那个提案呢？

（九）とも

终助词「とも」接在用言终止形之后，一般为回答对方的话，表示理所当然，也可以表示肯定对方的判断。

①「明日行くかい。」「行くとも。」/"明天去不去？""当然去。"
②「今日中報告書が出せるかい。」「出せるとも。」/"今天内能提交报告书吗？""当然能。"

（十）な

终助词「な」接在用言和助动词终止形以及部分助词之后，多为男性用语。其意义和用法如下：

1. 接在意志动词终止形或连用形之后，表示禁止或命令，多为男性用语

① 今日は好きなだけ飲みな。/今天喝个尽兴吧！
② 図書館で大声で喋るな。/不要在图书馆大声说话。

2. 表示感叹，有时以「なあ」的形式出现，增强语感

① 彩香ちゃんの彼氏は本当に優しいなあ。/彩香的男朋友可真体贴啊。
② 今日は、また結構な天気ですな。/今天又是好天气啊。

3. 表示征求同意或叮嘱、询问

① 本当にこれでいいな。/真的就这样可以吗？

② 君はこの資料を上木先生に届けてくれ、できる<u>な</u>？／你替我把这份资料送到上木先生那儿，行吧？

4. 表示愿望，常以「ないかな」「いいな」「がな」等形式出现

① 友達の李さんは新型アイフォンを買った。私も新しい携帯がほしい<u>な</u>。／朋友小李买了新款苹果手机。我也想要台新手机啊。

② お金がたくさんあればいいが<u>な</u>あ。／要是有一大笔钱就好了。

5. 表示轻微的判断

あれっ、どうしたの？ なんだか顔色が悪いような気がする<u>な</u>あ。／啊，怎么啦？我觉得你脸色好像很差啊。

（十二）ね（ねえ）

终助词「ね（ねえ）」接在用言终止形、形容动词词干以及体言、副词和助词之后，敬体句中不分性别，而在简体句中「～动词·形容词终止形＋ね」「～だね」「～かね」「～さね」为男性用语，「～形容动词词干·体言·副词＋ね」「～よね」「～わね」为女性用语。其意义和用法如下：

1. 表示轻微的感叹、感动

① 本当に素晴らしいです<u>ね</u>。／真是太精彩了。

② そう頼まれては困った<u>ね</u>。／你这样请求我，真叫我为难啊。

2. 以缓和的语气表示主张或判断

① 私は正しいと思います<u>ね</u>。／我认为是正确的。

② 近いし、荷物も多くないですから、私は一人で持って行きます<u>ね</u>。／就在附近而且行李不多，我一个人拿去吧。

3. 表示确认或征求对方同意、要求对方证实、催促对方回答

① これでいい<u>ね</u>。／这样行了吧？

② はいじゃあ、撮りましょう<u>ね</u>。／那我开始拍了。

4. 表示叮嘱、提醒

① いい子にして<u>ね</u>。／要当个乖孩子哦。

② 無駄遣いはしないで<u>ね</u>。／不要乱花钱啊。

5. 接在词或句节之后，调节说话的语调或加强语气，多用于关系密切的人之间

① 私<u>ね</u>、昨日、電気屋さんで電池を買ったら、抽選で5000円の図書券が当ったの。／我昨天在电器店买电池的时候，抽中了5000日元的图书券呢。

② 放課後<u>ね</u>、みんなでカラオケに行かない？／放学后，我们一块儿去唱卡拉OK吧？

（十三）の

终助词「の」接在用言、助动词（「う・よう」「まい」除外）连体形以及助动词「です・ます」终止形之后，一般为女性、儿童用语。其意义和用法如下：

1. 用下降调，表示语气缓和的断定

① 家のことは心配しないで、受験勉強を頑張ればいいの。/你不用担心家里的事，努力备考就行了。

② この本はとても面白いの。/这本书有趣极了。

2. 用下降调，表示催促、命令、禁止

① 何も分からないくせに、文句など言わないの。/你什么也不懂，就不要发牢骚啦。

② ご飯は黙って食べるの。/吃饭时不许说话！

3. 用上升调，表示询问、质问，语气较「か」柔和

① どこへ行くの？/你要到哪里去？

② いい発想だね。これは自分で考えたの？/真是个好主意啊。这是你自己想出来的吗？

（十四）もの（もん）

终助词「もの（もん）」接在用言、助动词终止形之后，一般为年轻女性、儿童用语，与「だって」呼应使用时常常带有撒娇的语气，「もん」是口语用法。其意义和用法如下：

1. 说明原因、理由、根据

① 私は先生ですもの。生徒を守るのが当然でしょう。/我是老师，保护学生是理所当然的吧。

② それは人が少ないよ、雨が降ってるんだもの。/人当然会少啊，因为下雨了嘛。

2. 表示不满、抗议、辩解

① だって、私はなにも知らなかったんだもの。/可是，我什么都不知道啊！

② 彼女と一緒にやりたくないよ、いつも私のことを叱っているんだもん。/我不想和她一起做，因为她总是骂我。

3. 表示轻微感叹

これだもん。いやになるよ。/你就是这样，真烦人。

（十五）ものか（もんか）

终助词「ものか（もんか）」接在用言连体形之后，表示反语、强烈的疑问、反驳或强烈的否定，多为男性使用，口语中可用「もんか」的形式。女性用「ものですか」或「ものかしら」等形式。

① 諦めるもんか！俺は最後まで頑張るぞ！／怎么能够放弃！我要努力到最后！

② あの店、二度と行くもんか！／那种店，怎么还会去第二次！

③ こんなところで死ぬもんか！／怎么可以死在这种地方！

（十六）よ

终助词「よ」接在用言终止形以及体言、副词和助词之后，也可接在动词、动词活用形以及助动词的命令形之后。「～よ」「～だよ」为男性用语，「～ことよ」「～てよ」「～のよ」「～わよ」为女性用语。其意义和用法如下：

1. 表示断定、主张、叮嘱或提醒对方注意

① これからは無理になさらないで、体第一にしてくださいよ。／以后你别那么拼命了，把身体放在第一位吧！

② 申込みは明後日までだよ。／报名后天就截止哟。

2. 与疑问词呼应，含有质问、责备的语气

① 何を言ってるのよ。／你在说些什么话呀！

② こんな大事なことなのに、なぜ黙っていたのよ。／这么重要的事情，你之前为什么不说啊！

3. 接在表示命令、请求、劝诱等词语之后加强或缓和语气

① 気をつけるんだよ。／小心啊。

② おいおい、しっかりしてくれよ！／喂喂，给我好好干啊！

4. 接在词或句节之后，调节说话的语调，引起说话人的注意，增加亲切、随便的口吻

① もしもよ、本当にそうなったらどうする？／假设哦，如果是真的话该怎么办？

② 母さん、ただいまー！今、着いたわよ。／妈，我回来了！刚到家。

5. 表示呼唤，书面语用法，多见于诗歌

① 主よ、助け給え。／上帝啊，帮帮我吧。

② 少年よ、大志を抱け。／少年啊，要胸存大志！

（十七）わ

终助词「わ」接在用言、助动词之后，在女性的对话中用得较多。其意义和用法如下：

1. 表示感叹、惊奇

① えっ！エレクトーンが弾けるなんて、思いつかなかったわ！／哇，你会弹电子琴！真没想到啊！

② そうですか。なんだか、まだ信じられませんわ。／是吗，我到现在都还不敢相信这是真的。

2. 表示轻微的断定和主张

① 週末にどこかへ行こうか。ドライブに出かけるのもいい<u>わ</u>。／周末我们去哪儿玩玩吧。开车兜风也行啊。

② 別のやり方のほうがいいと思う<u>わ</u>。／我觉得用别的方法比较好。

第七章

单句和复句

第一节 单句句子成分

从句子结构来看，日语句子可以分为单句和复句两大类。单句是指具有一个主谓结构的句子，复句指具有多层主谓结构的句子。单句的结构主轴是主语和谓语，但句子中可以同时有几个或多个修饰语、修饰语节出现。例如：

① 台風の影響で新幹線が遅延した。（単文）/因为台风的原因新干线延迟了。

② 台風の影響で新幹線が遅延したので、太郎は慌てた。（複文）/因为台风的原因新干线延迟了，太郎很紧张。

从句子成分来看，单句成分可分为主语、谓语、宾语、对象语、补语、定语、状语，另外还有感动语、同位语、接续语等其他成分。

一、主语

主语是句子动作、作用或状态的主体。主语一般由体言、体言性质的词语或句节后续主格助词「が」构成，「は」可以替代「が」。

主语的构成是多方面的，其形式如下：

（1）由"体言、体言性词组＋「が」""体言、体言性词组＋副助词＋「が」""体言、体言性词组＋提示助词"等形式构成。

① 何か間違いがなければよいが……/要是不出什么纰漏就好了。

② ここまでが、僕の限界です。/至此已是我的极限了。

③ 日曜日ぐらい、ゆっくり休みたい。/至少星期天想放松休息一下。

用「が」构成的主语是主语的典型结构，实际上在很多情况下「が」会被副助词或提示助词代替。用「は」代替时可起到提示主语以加强陈诉、对比叙述等作用，用「も」代替时可起到兼提追加等作用。

（2）由"用言＋「のが」""用言＋形式体言＋「が」""用言＋「たり」"等并列助词等形式构成。

どんなことでも起きりうるのが、世の中である。/世界上什么事情都有可能发生。

（3）由"形容词、动词的基本形＋「が」"等形式构成，主要是文言残余和惯用说法。

無いが意見の総じまい。/［对放荡子弟而言］万千规劝不如钱财散尽。

在某些语言环境及语言条件之下，日语的主语可以省略。如在会话之中双方都心知肚明的情况下，或者可根据上下文可推断主语时，为了避免重复，有时会省略主语。另外，在命令句、感叹句、一般操作句及表示自然现象的句子中一般也不出现主语。

二、谓语

谓语是对主语的说明、叙述或描写，是日语句子成分中最重要的成分，一般由用言或体言后续助动词「だ」「です」「である」等形式构成，说明主语做什么、怎么样、有什么性质、处在什么状态等。谓语的构成主要有三种形式。

（1）由体言或体言性词组后续助动词「だ」「です」「である」、推测助动词「らしい」构成。

① 彼女は大学生<u>です</u>。/她是大学生。

② そのことはどうも嘘<u>らしい</u>。/那件事怎么看都像是假的。

（2）由用言、用言＋助动词、用言＋补助动词等形式构成。

① 桜が<u>咲いている</u>。/樱花正盛放。

② あの山は<u>高くない</u>。/那座山不是很高。

③ 慎重に考えて<u>ほしいね</u>。/希望你慎重考虑啊。

（3）由「サ」变动词词干、名词等单独构成，常用于标语、口号、标题等之类，也用于口语中。

「お前だれ?」「新之助。」/"你小子是谁?""新之助。"

三、宾语

宾语是表示他动词涉及的对象或目的的成分，一般由体言、体言性质的词语或句节构成。宾语与动词的意义关系因动词而异，最常见的是：宾语是动作、行为所涉及的直接对象，或是动作、行为所造成的直接结果，或是表示使役的对象。

① 父が<u>帰ってくるの</u>を待っている。/等爸爸回来。

② 弟は新聞紙で<u>紙飛行機</u>を作った。/弟弟用报纸折了纸飞机。

③ 母は<u>娘</u>を学校へ行かせた。/妈妈让女儿上学去了。

在形态上，宾语位于动词之前，用格助词「を」表示，有时也可以用「は」「も」「こそ」「ばかり」「だけ」「のみ」「まで」等助词来替代。

④ <u>刺身は</u>食べたくないです。/不想吃生鱼片。

⑤ 林さんはカラオケで<u>古い歌ばかり</u>歌います。/林先生唱卡拉OK尽唱些老歌。

值得注意的是，有些自动词要求其动作场所用「を」表示，如「家を出る」，这里的「家を」不能视为宾语，因为它们并不是动作所涉及的对象，而是表示场所，一般称之为状语。

四、对象语

形式上为主谓关系而逻辑内容上为动宾关系的句式「～が～」中,「が」前面的部分称为对象语,「が」后续的用言多是表示希望、需要、好恶、巧拙、难易、感觉的形容词或形容动词,以及表示能力、愿望等意义的自动词和愿望助动词。

① 私は水が飲みたいです。/我想喝水。

② 田中さんは小さいごろから野球が好きです。/田中从小喜欢棒球。

③ 李さんは三ヶ国語が話せる。/小李会说三个国家的语言。

④ それが分かってもあなたには教えないよ。/就算我知道也不会告诉你。

五、补语

补充语是补充说明谓语动作、状态的成分,其主要语法功能是在动作行为的间接对象、间接结果、起讫、着落点、施受关系、时空条件等方面对动词加以补充说明。补充语由体言或相当于体言的词或词组后续补格助词「に」「で」「へ」「より」「から」「まで」「と」等构成,补格助词「を」后续移动性自动词也构成补充语。日语的"补语"与汉语的"补语"概念不太相同。日语的"补语"大多与汉语的"状语"结构相当,而且都在被修饰的「用言」之前,有些与汉语的宾语相当。

① これから親孝行をしっかりしようと思います。/我打算从今以后好好地孝敬父母。

② ご家族によろしくをお伝えください。/请代我向您家人问好。

③ 飛行機が地上を離れました。/飞机离开了地面。

六、定语

定语是修饰或限定体言的成分,位于它所修饰、限定的体言之前。定语的构成方式有五种。

(1) 由体言或体言性质的句节后续领格助词「の」构成。

① 国際間の問題は極めて複雑です。/国际间的问题极其复杂。

② 多くの人がこの本で変わった。/很多人因为这本书而改变。

(2) 由用言连体形、连体词构成。

① ここ数年、日本を訪れる中国人観光客が増えてきた。/近年来,去日本旅游的中国游客多起来了。

② 李さんは輸出貿易について次のような例を挙げて説明する。/李先生列举以下的例子对出口贸易进行说明。

(3) 体言加补格助词后续「の」构成。

① これは母への手紙です。/这是给妈妈的信。

② この清酒メーカーは、昔ながらの製法で日本酒を造っている。/这家清酒工厂按照传统的制造方法酿造日本酒。

（4）副词或副助词加「の」构成。

① たくさんの本を読みました。/读了很多书。

② ぴったりの服はなかなか見つからない。/合身的衣服不太容易找得到。

（5）另外，残存的文语领格助词「が」也可接在体言或动词连体形之后构成定语。

① 赤貧洗うが如し。/一贫如洗。

② 行くがほどのことはない。/不值得一去。

七、状语

状语是修饰用言、用言性词组的成分，处于它所修饰的用言、用言性词组之前。状语的构成主要包含五种。

（1）数量词、时间名词、方位名词等体言、体言性词组。

① 今日の午後、中山路の辺りで追突事故がありました。/今天下午，中山路一带发生了汽车追尾事故。

② 毎日毎日、国にいる家族のことを思っている。/每天都思念国内的家人。

（2）形容词、形容动词的连用形。

① 静かにドアを閉めます。/轻轻地关门。

② 山田さんの息子さんは、今年の春、めでたく一流企業に入った。/山田的儿子今年春天很荣幸地进入了一流企业。

（3）副词、副词性词语。

① 宿題がなければ休みはもっと楽しいでしょう。/如果没有作业的话，假期应该会更快乐吧。

② はっきり説明しなさいよ！/请解释清楚！

（4）用言后续接续助词、副助词以及部分助动词连用形。

① スピーチする前に、よく準備したので、うまくできました。/由于演讲前做了充分的准备，所以很成功。

② 雨が降りそうなので、スポーツ大会は中止します。/因为可能要下雨，所以运动会中止。

③ 会議は3時間ぐらい続いたそうです。/会议大约持续了3个来小时。

（5）体言或体言性词组、用言或用言性词组后接副助词、部分助动词、形式名词或惯用句型。

① 趣味は<u>人によって</u>、だいぶ違います。/兴趣因人而异，大有不同。

② <u>もしかすると</u>留守中に彼が訪ねてくるかもしれない。/说不定我不在家的时候他会来访。

③ <u>無謀な森林の伐採は森に住む小動物の命を奪うだけでなく、ひいては</u>地球的規模の自然破壊に繋がるものである。/盲目的森林砍伐不仅夺取了森林里小动物的生命，还破坏着全球性的自然环境安全。

八、其他

（一）独立语

独立语是指与句子的其他成分不发生结构关系，而是以感叹、应答、呼唤、提示、接续等语气修饰（或关联）全句的成分。

表示感叹、应答、招呼、提示的独立语一般位于句首，由感叹词和体言等构成。在口语中，其后有较为明显的停顿；在文章中，其后有逗点。

① <u>あっ</u>、泥棒だ。/啊，小偷！

② <u>はい</u>、かしこまりました。/好的，明白了。

③ <u>十月一日</u>、この日は中国の国慶節です。/十月一日，这一天是中国的国庆节。

④ <u>社長</u>、先方は今月末までに送金してくれと言ってますが……/总经理，对方说这个月底前会汇款过来……

表示接续的独立语多由接续词构成，可用于连接两个句子，也可连接从句与主句、分句与分句、段落与段落。这类独立语后有时加逗号。

⑤貴社益々ご盛栄のことと、お喜び申し上げます。<u>さて</u>、早速ですが追加注文書をご送付致します。/谨祝贵公司生意兴旺。现将追加订单发送给贵公司。

（二）提示语

当句中某一个词或词组需要特别加以强调时，可以把它从句中提前到句首，使其脱离原来的文脉而独立起来，提到句首的这个成分就叫作提示语。通常需要在原来的位置上加入一个「これ・それ」一类的代名词等指示性词语。指示语处于句子之首，口语中其后有停顿，书面语中其后有逗号。

① <u>美術大学への進学</u>、これが私の目標です。/考上美术大学，这就是我的目标。

② <u>勇気と、冷静さと、知恵</u>。これがあれば、あなたは悩みから解放されます。/勇气、冷静、智慧。有了这几样，你就能够从烦恼中解脱出来。

有时，从句也可以充当提示语。

③ <u>思ったことを手で書き出してみる！</u>これが何より大切な作業です。/将脑子里所想的事情写出来！这是比什么都重要的任务。

（三）插入语

插入语是为了对句中某一词或某一词组进行注释和补充说明而插入的句子特殊成分，它和全句、句内其他成分没有直接关系。如果将插入语部分省去，句子仍然是完整的。

① 山田さんは、<u>この件には全然関わっていない人だが</u>、やはり小野さんのやったことがひどかったと言ってたね。/山田先生，他与这件事完全无关，但也说小野做得太过分了。

② 二階のあのお姉さん、<u>何という名前だったかな</u>、さっき手作りのケーキを持ってきたんだよ。/二楼的那个姑娘，叫什么来着，刚才拿了自制的蛋糕过来。

③ その時から、<u>つまり第二次世界大戦以来</u>、世界は新しい状況を迎えた。/从那时候起，也就是第二次世界大战以来，世界迎来了新局面。

第二节　句子成分的省略

在一定的语言环境或语言条件允许的情况下，句子中的一部分成分可以省去，使得文章或谈话的语言更为简洁明快，这种现象叫作句子成分的省略。省略的使用需要根据谈话的场面、句子的脉络进行判断，在不影响表达理解的情况下运用。另外，在一些约定俗成的谚语、惯用句以及诗歌中也多有省略。

从省略的成分来看，日语句子中常被省略的成分有三种。

一、省略主语或人称代词

日语的敬语体系较为发达，在使用敬语时往往省略人称主语，但并不影响对主语的辨别。另外，由于很多动词具有主观性，即使主语被省略，听话者也能很容易识别、理解。

① （あなたは）この資料をご覧になりましたか。/（您）看过这份资料了吗？

② （あなたに）ちょっと部屋に来てもらえますか。/（你）能来一下房间吗？

③ 親が出張でいないので、（私は）とても寂しい。/由于父母出差不在家，（我）很寂寞。

在表示祈使、商量、邀请、命令、号召、感叹、疑问等的句子中，由于对象明确，主语一般被省略。

④ おい、なにをしているの？/喂，（你）在干什么呢？

⑤ ちょっと手伝ってもらえませんか。/请（您）帮一下忙好吗。

在复合句中，前项提到的某一事项，后面再次叙述该事项时可以承前省略。同样，对于后面将要提到的某一事项，在句子前一部分出现时亦可以省略。复合句中的这种省略不

限于主语，其他成分也可以省略。

⑥ 妻と同行するつもりだったけれども、（妻が）病気になって私一人で出かけた。／本来计划妻子也与我同行，可是她生病了，所以我一个人去了。

⑦ 実際には、絵画も複雑な技巧を（必要とし）、俳句も複雑な技巧を必要とする。／其实，绘画需要复杂的技巧，俳句也是。

⑧ 桂林の山水は世界一美しいと言われているから、一回（桂林に）行って見たい。／听说桂林的山水是世界第一美，所以想去一趟桂林看看。

二、省略谓语

谓语是日语句子的核心部分和成立的前提，它以各种关系承接其他成分，并且和这些成分之间保持着重要的文脉，具有重要的作用与地位，通常不能省略。但在其他成分能够暗示其文脉的条件下，谓语也可以省略。省略谓语部分的句子一般以格助词结句，格助词的出现，为听话者提示了省略的谓语动词，方便其理解句子意思。谓语省略句在文体简练的谚语、标题、口号中表现得最为突出，在会话中也经常出现。

① よりよい明日へ（向かう）。／向越来越好的未来出发。

② こころを、力に（あたえる）。／给心灵以力量。

③ 李さんは「おはよう」と（言って）教室に入る。／李先生一边说"早"，一边走进了教室。

省略谓语的句子常显得富有余韵，给听话者或读者留下想象的空间，也使语气更为婉转。另外，在并列结构的句子中，如果谓语承接一个以上的相同格成分，保留一个谓语将其他省略，可以使得句子的表达更为简洁明了。

④ 先日、お伺いいたしたく存じましたが、こちらに不都合がありまして（できませんでした）。／前几天我想去拜访您，可是这边有些事情（没有去成）。

⑤ 姉さんは文学を、私は語学を、弟は工学を専攻している。／姐姐的专业是文学，我的专业是语言学，弟弟的专业是工学。

三、省略句末部分

日语表达具有暧昧的特点，会话中经常省略句末部分。"半遮半掩""欲言未尽"的表达方式，使得语气委婉，可以巧妙地将难以启齿的话语意思传达给对方。

①「今度は遊びに来てくださいね。」「ええ、是非。（おじゃまします）」／"下次一定来玩哦。""好的，一定（去）"。

② 自分でもそう思うんですけど、なかなか。（思うようにできません）／我也是这么想的，可是怎么也（做不到）。

在拜托他人做某事或自己提出建议的时候，常常使用这种委婉的省略方式。

③ あのう、お仕事中、すみませんが、（実はあなたにお願いがあるんです。）/不好意思，打扰您工作了，（其实有点事想拜托您）。

④ よろしかったら、先生のお宅へお伺いしたいと思いまして（いかがでしょうか）。/如果可以的话，我想到老师家去拜访（可以吗）。

第三节　句子成分的位移

句子内各种成分按照语法规则先后排列，具有一定的顺序。出于修辞的需要，有时候可以改变某一成分的语序，使听话人获得更为强烈的印象。

一、句子成分的位移常见情况

句子成分的位移常出现在以下几种情况中。

（1）为强调、突出某一部分内容而将其提前。

① 子供にはこの本はまだ難しいのではないでしょうか。/对于孩子而言这本书还是太深奥了吧。（补语提前）

② 今年の販売目標を、私たちは全力を挙げて達成させなければならない。/今年的销售目标，我们必须竭尽全力达成。（宾语提前）

（2）在说话时，往往难以严格地按照语法规则完整地组织句子，而是不自觉地先将重要的信息表达出来，后来感到不充分，再加以补充，使句子意思完整。

① まだ終わっていないか。課長に頼まれた報告書は。/还没完成吗？科长交代的那份报告书。

② どのチームが勝ったの。昨日の試合には。/哪支队伍赢了？昨天的比赛。

（3）在书面语中，有时为了使前后两个句子或两个段落的衔接更为紧密，会将后句中与前句意义紧密相关的部分提前。

広い広い野原に出ました。美しい畑や田んぼや村が続いていました。その間を、私たちは、ゆっくり歩きました。/我们来到了一望无际的原野，美丽的田地和村庄接连不断。我们在其中慢慢地散步。

二、分子成分的位移常见形式

句子成分的位移通常是以句素为单位的，主要有四种形式。

（1）谓语提前，主语后置。

① お見えになったか。お客さんは。/到了吗？客人。

② 一人で部屋の掃除を済ませたか、<u>小野さんが</u>。/他一个人把房间打扫完了吗?
小野。

（2）谓语提前，宾语、补语后置。

やりとおしましょう。<u>最後まで</u>。/干到底吧。

（3）被修饰语提前，修饰语后置。

王さんの彼氏がダイアモンドを送ってあげたの。<u>大きな</u>。/小王的男朋友送了她钻
石。大大的。

（4）独立语中的接续语后置。

困ったなあ、<u>しかし</u>。/真不好办啊，不过。

（5）主句置前，分句后置。

いつも絵本を買ってくれるのです。<u>本屋へ行くと</u>。/总给我买画册，一去书店的话。

第四节　复句的分类和特点

句中只有一层主谓关系的句子叫作简单句。与此相对应，由两层或两层以上的主谓结
构复合而成，在意义上是一个整体的句子叫作复句。复句根据其主谓结构不同，主要可分
为三类：主从句、并列句、包孕句。

一、主从句

在一句中有两层或两层以上的主谓结构，而且在这些主谓结构中，一层是主句，其他
是从句。从句往往从目的、原因、让步、时间、地点、比喻等方面修饰限定整个主句；主
句表示在从句的修饰限定下所出现的结果或做出的推论等。主句和从句之间常常用接续助
词或接续性形式体言、接续性补助动词等连接起来。

根据从句和主句之间关联词语的语法意义以及从句所表明的意义，可以将主从复合句
分为表示条件、让步、转折、程度、比喻、原因、目的七种类型。

（一）表示条件的从句

条件从句说明事件发生的条件，通常用「～かぎり」「～なら」「～たら」「～ば」
等与条件相关的词语表示。

① もしも1千万円の宝くじに当たったら、何でも買ってあげますよ。/如果中了一
千万日元的彩票的话，你想要什么我都给你买。

② 彼は暇さえあればいつもテレビを見ています。/他只要有时间就总是看电视。

③ プロであるかぎり、その大会への出場資格はない。／只要是职业运动员就没有资格参加这次运动会。

（二）表示让步的从句

让步从句通常用「～とも」「～ても」「～といえども」「～ところで」等与让步相关的词语表示。

① 国へ帰っても、ここの人々の親切は絶対に忘れません。／即使回国，也绝对不会忘记这里的人们的亲切。

② うちの夫は出世したところで課長どまりだろう。／我家先生即使出人头地，顶多也就做到科长就到头了。

（三）表示转折的从句

转折从句常用「～が」「～けれども」「～のに」「～ながら」「～に反して」「～にもかかわらず」「～とはいえ」「～ものの」等与转折相关的词语表示。

① あれだけ努力したにもかかわらず、全ては失敗に終わってしまった。／尽管那么努力，但一切还是以失败告终。

② 君も僕のことを好きだと思ってたけど、僕は一人相撲を取っていたんだね。／我一直以为你也喜欢我的，原来是一厢情愿啊。

③ 過労死という言葉がありますが、会社のために死ぬなんて馬鹿げていると思います。／有个词语叫作"过劳死"，但我觉得为公司而死也太傻了。

④ 真夜中過ぎたのに娘はまだ帰ってこない。／都过了半夜了，女儿还没有回来。

（四）表示程度的从句

表示程度的状语从句其程度往往随主句变化而变化，常用「ほど」「ぐらい」「だけ」等副助词表示。

① 東京中を足が棒になるほど歩き回ったが、探していた本は見つからなかった。／跑遍整个东京，腿都要跑断了，也没有找到我要找的书。

② 一歩も歩けないくらい疲れていた。／累得连一步都走不动了。

③ まじめな人ほどストレスが溜まる。／越是认真的人，越容易精神疲劳。

（五）表示比喻的从句

常用「～ように」「～なんて（など）」「～とおり」等表示。

① 彼女の心は氷のように冷たい。／她的心像冰一样冷酷。

② 私が言うとおりに繰り返して言ってください。／请按照我所说的重复一遍。

（六）表示原因的从句

通常用「～から」「～ので」「～ために」「～によって」「～だけに」「～だけあっ

て」等表示。

① 株価が急落した<u>ために</u>市場が混乱している。/由于股票价格暴跌，市场发生混乱。

② お茶の先生<u>だけに</u>言葉遣いが上品だ。/到底是茶道老师，讲起话来很文雅。

③ 天気がよかった<u>ので</u>、朝六時に起きて外に出た。/因为天气好，早晨六点钟就起床到户外去了。

（七）表示目的的从句

常用「～ために」「～ように」「～には」表示。

① 息子を留学させる<u>ために</u>大金を使った。/为了让儿子留学花了不少钱。

② 奥さんが家で仕事ができる<u>ように</u>、田中さんは家を改築した。/为了让妻子能够在家里工作，田中改建了房子。

③ 栄養の面からも健康を維持していく<u>ために</u>は、歯は最低二本は必要である。/为了从营养方面也能维持健康，牙齿至少要有两颗。

二、并列句

并列句中有两个或两个以上的主谓结构，且它们之间彼此平等、结构独立，是并列关系。相互并列的小句叫分句，根据分句间的相互关系，可将并列句分为五类。

（一）表示对等关系的并列句

前一分句常由「～し」「～が」「～けれども」「～ば」「～とともに」「～と同時に」等构成。

① 電気も消えている<u>し</u>、鍵も掛かっているし、きっと留守ですよ。/黑着灯，又锁着门，肯定不在家。

② 年を取る<u>とともに</u>、記憶力が衰えてきた。/随着年纪的增长，记忆力也衰退了。

（二）表示对应关系的并列句

前一分句常由活用词连用形构成，或者使用「～が」「～けれども」「～に対して」等。

① 花が咲き、鳥が歌う。/花儿开放，小鸟唱歌。

② 兄が背が高いの<u>に対して</u>、弟のほうはクラスで一番低い。/哥哥的个子很高，而弟弟却是班里最矮的。

（三）表示顺承关系的并列句

前一分句常由「て」等接续助词以及「～てから」「～あと」「～あとで」等构成。

① 仕事が終わって<u>から</u>遊びに行きましょう。/工作结束后去玩吧。

② 友達と旅行の約束をしてホテルも予約してしまった<u>あとで</u>、その日が実は出張だったことを思い出した。/和朋友约好去旅行并且连饭店都订好了，才想起来那天得去出差。

（四）表示递进关系的并列句

前一分句的构成形式一般为「~ばかりでなく」「~ばかりか」「~だけでなく」「~のみならず」「~うえに」。

① 若い人<u>のみならず</u>老人や子供たちにも人気がある。/不仅年轻人，也受到老人和孩子们的欢迎。

② 東京は日本の政治の中心<u>ばかりでなく</u>、経済、教育、文化などの分野でも日本の中心地になっています。/东京不仅是日本的政治中心，而且是日本的经济、教育、文化等领域的中心。

（五）表示选择关系的并列句

前一分句的构成形式多为「~か」「~とか」「~かあるいは」「~かまたは」等形式。

① 奨学金をもらっていない留学生には授業料を免除する<u>とか</u>、部屋代の安い宿舎を提供するとかして、経済面での援助をする必要がある。/对于没得到奖学金的留学生，需要给予经济方面的援助，比如免除授课费啦，或者提供价格便宜的宿舍啦，等等。

② 来週の金曜日までに到着するように郵送する<u>か</u>、または、持参してください。/请下周五之前寄到或者直接拿过来。

三、包孕句

包孕句有两个或以上主谓结构，其中一个主谓结构是主句，其他的主谓结构是从句。根据从句在句子中充当的成分不同可将从句分为主语从句、谓语从句、宾语从句、补语从句、定语从句、状语从句。

（一）主语从句

在从句中充当主句主语的句子叫作主语从句。由于句子不能直接做句子成分，所以一般需要用形式名词「の」或「こと」来连接。主语从句的构成形式一般为「句子＋形式名词＋が（は）」，也有在从句与形式名词之间加入「という」「ような」的。主语从句的主语一般使用「が」表示，但有时也用「の」表示。

① 私は、<u>人生でもっとも尊いもの、そして欠かすことのできないものは、人間としての自覚と自負心、自信と自重の念である</u>と思います。/我觉得人生最难能可贵、不可或缺的就是人的自觉性、自豪感、自信心以及自爱。

② <u>このことを私に教えてくれたのは</u>山田さんです。／告诉我这件事的是山田先生。

（二） 谓语从句

在从句中充当主句谓语的句子叫作谓语从句。构成形式有：「从句＋形式体言＋断定助动词」「从句＋补助惯用型（ようになる・はずだ・といっていい・のだ・わけだ・ではないか）」以及「从句＋ようだ/らしい」等。

① あの人は<u>ピアノが上手だ</u>。／他钢琴弹得很好。
② これは、<u>この作家の最高の傑作だといってもいいだろう</u>。／这可以说是这个作家最好的作品了吧。
③ 赤ちゃんは<u>ずいぶん活発に動くようになりました</u>。／婴儿已经活动得相当自如了。

（三） 宾语从句

在从句中充当主句宾语的句子叫作宾语从句。宾语从句的形式有：「句子＋形式名词＋宾格助词」「句子＋か＋宾格助词」「句子＋か或など」等。

① 俺は詩によって名を成そうと思いながら、<u>進んで師に就いたり、求めて詩友と交わって切磋琢磨に努めたりすること</u>をしなかった。／我一方面想着要靠诗歌成名，另一方面却没有拜名师结诗友，也没有努力切磋琢磨。
② <u>彼がいったい何をするつもりであるか</u>、僕には少しも知らない。／我根本不知道他究竟打算干什么。

（四） 补语从句

在从句中充当主句补语的句子叫作补语从句。补语从句的形式有：「句子＋形式名词」「句子＋补格助词」等。

① <u>ここ数年の経済動向から見ても</u>、彼の予測が妥当なのではないかと考えられる。／从这几年的经济动向来看，他的预测还是很准确的。
② <u>やらずに後悔するよりは</u>、無理にでもやってみたほうがいい。／与其没干而后悔，还不如硬干一下试试。

（五） 定语从句

在从句中充当主句定语的句子叫作定语从句。定语从句的形式有：「句子＋体言」、从句与体言或体言性词组间加入「という」「ような」「の」等。

① 犯人は<u>事件のことを初めて聞いたかのような</u>態度を取った。／犯人的态度就像第一次听说这一事件似的。
② <u>子供に先立たれること</u>ほどつらいことはない。／没有比白发人送黑发人更令人伤心的了。
③ 同じベンチに、<u>ひげの長い小柄の</u>父さんも腰掛けていた。／同一条长凳上，还坐

着一个留着长胡须的瘦小的老头。

（六）状语从句

在从句中充当主句状语的句子叫作状语从句。其形态标志是：从句后接接续助词、副助词、比况助动词「ようだ」的连用形、修饰惯用型等。状语从句可以修饰主句的谓语，也可以修饰句中的某一个用言，但不能修饰整个句子。修饰整个句子的从句，一般处于句首，算作主从句。

① 父は私の顔を見れば「勉強しろ」と言う。／爸爸一看到我就说"好好学习"。

② お母さんは忘れ物が多いので、しょっちゅう私や妹に覚えとくようにと頼みます。／妈妈爱落东西，总让我和妹妹帮她记着。

以上三种复句各自充分表现了主从、并列和包孕的特征，但有些多层次复句是由这几种复句互相交叉、互相渗透构成的。这种多层次复句包含三层或三层以上的主谓关系，其最外层的主谓关系可归类为主从句、并列句、包孕句三种复句，但这些复句可以具有多样的结构。譬如，包孕复句中的从句或者并列复句的从句可以是包孕句、并列句、主从句，主从复合句中的主句或者从句也可以是包孕句、并列句、主从句。

附　　录

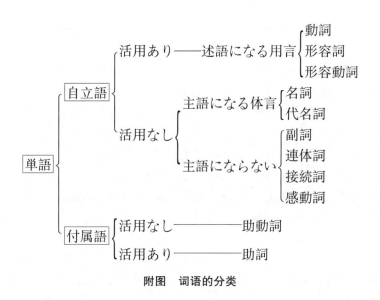

附图　词语的分类

附表　五十音图

わ行	ら行	や行	ま行	は行	な行	た行	さ行	か行	あ行	行/段
わ wa	ら ra	や ya	ま ma	は ha	な na	た ta	さ sa	か ka	あ a	ア段
	り ri		み mi	ひ hi	に ni	ち chi	し shi	き ki	い i	イ段
	る ru	ゆ yu	む mu	ふ fu	ぬ nu	つ tsu	す su	く ku	う u	ウ段
	れ re		め me	へ he	ね ne	て te	せ se	け ke	え e	エ段
を wo	ろ ro	よ yo	も mo	ほ ho	の no	と to	そ so	こ ko	お o	オ段

参 考 文 献

[1] 皮细庚. 新编日语语法教程［M］. 上海：上海外语教育出版社，2011.

[2] 刘振泉. 日语语法新编［M］. 北京：北京大学出版社，2003.

[3] 杨树曽. 新时代日语语法教程［M］. 上海：上海外语教育出版社，2019.

[4] 顾明耀. 标准日语语法［M］. 北京：高等教育出版社，1997.

[5] 曹大峰. 现代日语高级语法教程［M］. 济南：山东大学出版社，1993.

[6] 翟东娜. 日语语言学［M］. 北京：高等教育出版社，2006.

[7] 鈴木重幸. 日本語文法・形態論［M］. むぎ書房，1972.

[8] 吉川武時. 日本語文法入門［M］. アルク，1989.

[9] 南不二男. 現代日本語文法の輪郭［M］. 大修館書店，1993.

[10] 佐治圭三，真田信治. 日本語教師養成シリーズ　言語学［M］. 東京法令出版社，1996.

[11] 森山卓郎. ここからはじまる日本語の文法［M］. ひつじ書房，2000.

[12] 仁田義雄. 副詞的表現の諸相［M］. くろしお出版，2002.

[13] 仁田義雄. 日本語の文法カテゴリをめぐって［M］. ひつじ書房，2009.

[14] 庵功雄. 新しい日本語入門［M］. スリーエーネットワーク，2001.

[15] グループ，ジャマシイ. 教師と学習者のための日本語文型辞典［M］. くろしお出版，1998.

[16] 野田尚史. はじめての人の日本語文法［M］. 教育出版，1979.

[17] 野田尚史，益岡隆志，佐久間まゆみ，田窪行則. 日本語の文法4　複文と談話［M］. 岩波書店，2002.

[18] 尾上圭介. 文法と意味Ⅰ［M］. くろしお出版，2001.

[19] 丹羽哲也. 日本語の題目分［M］. 和泉書院，2006.

[20] 日本語記述文法研究会. 現代日本語文法1［M］. くろしお出版，2010.